Costume and the Culture of
China and the West

服饰与中西文化

张玲 谢滋 著

中国传媒大学出版社
·北京·

前言 PREFACE

"大学之道,在明明德。"大学教育的本质在于弘扬光明正大的品德,使人达到自我完善的境界。现代高等教育推行的通识教育旨在培养全面发展的社会建设者。它有别于强化"一技之长"的专业教育,通过跨学科视野,拓宽知识的广度,深化思维的深度,以增进受教育者社会责任感、文化意识、伦理意识和批判意识的养成。

"服饰与中西文化"课程2018年入选中国传媒大学第一批通识教育核心课程名录,隶属"艺术审美与人格心灵"素养板块。经过5年的教学探索与经验积累,2023年获评第二批国家级一流本科课程。立足"衣以载道,立德树人"的教学目标,本次与课程配套教材的出版正是这一目标的理论实践。在体例设定、内容择取方面,本书具有以下特色:一是专业的兼容性,区别于现有服饰文化研究的专业书籍,也不同于一般服饰史类教材,本书强调"无学科门槛",注重知识的普遍性,以简驭繁,纲举目张,使学生了解中西服饰中蕴含的文化精髓;二是价值的导向性,择选典型服饰案例,并非单一描述其存在现象,而是将之视为"价值的载体",融知识理解与价值传递为一体,突出在文化意识、伦理意识方面的德育功能;三是视角的双向性,"立足中国—观看西方",在中西服饰文化比较中,让学生明确文化传承的社会责任,理性看待西方文明,增强审美欣赏力和批判思辨力。

本书分为上、下两篇,上篇"服饰与中国文化"、下篇"服饰与西方文化"。以时间为序,梳理中西服饰的发展脉络及文化特征,阐释政治制度、文化观念、社会思潮对服饰变化的影响。以点带线，以线及面，启发学生运用辩证思维及历史智慧去理解和解决现实中的具体问题。

上篇"服饰与中国文化"部分，从"古典""转型""重构"三重逻辑出发建立对不同历史时期中国服饰文化的认知维度。第一章阐述礼仪化、制度化的古代服饰在国家治理方面发挥的媒介作用，以及个体乃至群体对服饰秩序的超越，在"立"与"破"的二元辩证中，引发对重塑现代服饰的社会礼仪功能、推进中华礼服文化建设的思考。第二至第五章，分别从形制、色彩、材质、纹饰四个方面揭示中华传统服饰的人文精神内涵：上衣下裳、深衣制诸多"有意味的形式"是对自然秩序、人伦秩序的视觉化重构；"五行五色"与"五德五色"概念融入衣冠制度，既有对宇宙时空秩序的哲思，又为社会不同等级提供了衣饰色彩规范；麻衣粗劣之别构筑"凶礼"五服制度，以明辨亲疏内外，并向"伦理化"的传统法律体系延伸；明、清时期文武官员官服胸背处饰以文禽武兽与官员品级一一映射，深刻再现了章纹系统与政治制度之间的紧密关联。第六章聚焦贯穿中国古代服饰史的胡汉文化交流互鉴现象，从赵武灵王"胡服骑射"到唐朝的"胡风劲起"，从北魏的"全面汉化"到元朝的"汉制衮冕"，皆为中华文化多元一体格局形成中的生动缩影。第七章着眼于辛亥革命浪潮下以长袍、洋装、中山装、旗袍为代表的近代服饰变革，在新旧交替之间，着装的开放化、时尚化趋势日益凸显。第八章探索现代服饰文明古为今用、传承创新的可持续发展原则，突出传统服饰文明的内在精神动力及当代价值。

下篇"服饰与西方文化"部分，从古希腊时期到20世纪末，围绕欧洲和美国各个历史时期最具代表性的服装概念、造型或人物进行阐述。第九章以古希腊"无形之形"的特殊服装风貌为切入点，探讨其自然、和谐的精神内涵及其所传递的对自然的崇尚和对人性的尊重；古罗马服饰则在继承古希腊之风的基础上，具有了建构社会身份等级和性别角色的象征属性。第十、十一章，侧重中世纪至洛可可时期两性服装在结构上的变化；服装由遮蔽男女差异转而成为强化性别特质和炫耀财富与地位的视觉标识。第十二章着眼于新古典主义时期和法国大革命爆发前后的服饰变革，展示了服饰从以宫廷时尚为主导转而向资产阶级品位靠拢的嬗变过程。第十三、十四章聚焦于19世纪频繁更迭的女装和缓慢发展的男装所呈现出的"二重奏"现象，它不仅体现了时尚的演进，也深刻反映了社会结构和文化价值观的转变。第十五、十六章阐述两次世界大战对于女装现代化的推动，以及二战后着装观念的更迭——身体与服饰之间的关系被反复重新诠释，服饰呈现出了异彩纷呈的多元化样态。

　　从中西服饰文化的观照比较中，可形成对自身文明特质的深刻理解。中国素有"衣冠上国"之美誉，所谓"衣服从其仪，君子德也；衣以饰外，德以备内，内修外饰，礼有制也"。中国传统服饰文化所承载的伦理维护、道德教化之功，深深根植在中华民族的生活方式、审美观念中，至今仍具有可供借鉴的积极意义。在实现中华民族伟大复兴的新的历史时期，传承中华服饰文明优秀的精神瑰宝，弘扬"衣以载道"的文化传统，不仅有助于个人在博学与精专、知识与价值的协调发展中实现自身人文素养的全面提升，更对于坚定文化自信、凝聚民族精神、彰显国家风范具有积极的促进作用。

张玲　谢滋

目录 CONTENTS

上篇　服饰与中国文化

第一章　垂衣裳而天下治 / 003

一、垂衣裳：秩序的建构 / 004

二、服之不衷：秩序的冲击 / 007

三、赓续传统：重构中华礼仪服饰 / 011

第二章　衣以载道
　　　　——中华传统服饰文化中的"形" / 019

一、天道人伦 / 020

二、比德劝善 / 026

三、惜物善用 / 033

第三章　时空秩序
　　　　——中华传统服饰文化中的"色" / 047

一、"五行五色"与"五德五色" / 048

二、服饰中的"正色"与"间色" / 050

三、神圣的礼服色彩 / 056

四、服色的限定与僭越 / 058

第四章　事天尚质
——中华传统服饰文化中的"质" / 067

一、轻裘缓带 / 068

二、麻衣如雪 / 071

三、丝衣其䋈 / 076

四、絮棉而衣 / 082

第五章　服章之美
——中华传统服饰文化中的"纹" / 091

一、权力等级 / 092

二、祥瑞福德 / 100

三、佛道信仰 / 106

第六章　多元一体
——中华传统服饰文化的交融 / 115

一、服饰审美的多样化 / 116

二、"兴"胡服 / 120

三、"效"汉装 / 126

第七章　西风东渐
——中华传统服饰文化的嬗变 / 137

一、中装的承续 / 138

二、洋装的盛行 / 140

三、中山装的创制 / 144

四、"旗袍"时尚 / 146

五、"旗袍"裂变 / 151

第八章　文化复兴
——中华传统服饰文化的传承创新 / 159

一、文化担当 / 160
二、道德规约 / 163
三、人文关怀 / 165
四、环境保护 / 168

下篇　服饰与西方文化

第九章　回溯经典
——古希腊与古罗马时期服饰文化 / 179

一、古希腊时期服饰文化 / 180
二、古罗马时期服饰文化 / 190

第十章　禁绝与超越
——中世纪与文艺复兴时期服饰文化 / 201

一、中世纪服饰文化 / 202
二、文艺复兴时期服饰文化 / 210

第十一章　奢靡之巅峰
——巴洛克与洛可可服饰文化 / 223

一、巴洛克服饰文化 / 224
二、洛可可服饰文化 / 233

第十二章　近代服饰的开端
——新古典主义与法国大革命时期服饰文化 / 245

一、新古典主义时期服饰文化 / 246

二、法国大革命时期服饰文化 / 254

第十三章　摇摆与反复
——浪漫主义时期与克利诺林时期服饰文化 / 263

一、浪漫主义时期服饰文化 / 264
二、克利诺林时期服饰文化 / 268

第十四章　转化与过渡
——巴塞尔时期与 S 形时期服饰文化 / 281

一、巴塞尔时期的服饰文化 / 282
二、S 形时期的服饰文化 / 290

第十五章　轻装时代的到来
——20 世纪上半叶服饰文化 / 301

一、一战前的女装 / 302
二、一战期间的服饰文化 / 304
三、20 世纪 20 年代服饰文化 / 306
四、20 世纪 30 年代服饰文化 / 310
五、二战时期的服饰文化 / 315

第十六章　颠覆与变革
——20 世纪下半叶服饰文化 / 323

一、二战后的服饰文化（1945—1957）/ 324
二、20 世纪 60—70 年代服饰文化 / 327
三、20 世纪 80—90 年代服饰文化 / 338

后记 / 352

▶▶▶▶ 上篇

服饰与中国文化

│ 第一章 │
垂衣裳而天下治

服饰是人类特有的文化现象。早在新石器时代，纺织技术的诞生将人类带入衣装文明的新纪元。作为中华文化之魂的礼乐文化，从最初的萌芽，经历漫长的孕育，在殷周之际趋于成熟。周公制礼作乐，开启了中国文化道德理性的时代。[1]服饰逐渐走向礼仪化、制度化，成为国家政治制度的组成部分。一方面，服饰制度规范着社会成员的着装行为，建立起"服制有等"的社会伦理秩序；另一方面，则是个体乃至群体对既定服饰秩序的超越，以实现着装选择的自由。随着帝制时代的结束，服饰等级制度已不复存在，但其所蕴含的"垂衣裳而天下治"的衣冠文明观却具有恒久的精神价值，为新时代方兴未艾的中华礼仪服饰文化建设提供宝贵的思想启迪。

一、垂衣裳：秩序的建构

衣冠文化在中国古代社会意义重大，与"礼乐"结合，可以教化人心，维护社会秩序的和谐与稳定。服饰等级的高低与个人德行相关联，并以国家制度的形式得以确立和强化。

（一）服饰之重

《易·贲》曰："观乎'天文'，以察时变；观乎'人文'，以化成天下"，唐代经学家孔颖达解释为："言圣人观察人文，则《诗》《书》《礼》《乐》之谓，当法此教而'化成天下'也"[2]。礼乐文化的功能在于教化人心。故钱穆说，"中国文化的核心是礼"，"礼是整个中国人世界里的一切习俗、行为的准则，标志着中国的特殊性"。在儒家的观念中，服饰是礼的反映，是宣扬礼乐教化、维护社会秩序的重要手段。《易·系辞下》载："黄帝、尧、舜，垂衣裳而天下治，盖取诸乾、坤。"[3]故柳诒徵言："衣裳为治天下之具也。"[4]与天地相参的衣裳制度被提升到"安邦定国"的认知高度。

历代儒家学者对服饰的重要性给予高度的肯定。汉儒董仲舒《春秋繁露·度制》载："凡衣裳之生也，为盖形暖身也。然而染五采、饰文章者，非以为益肌肤血气之情也，将以贵贵尊贤，而明别上下之伦，使教亟行，使化易成，为治为之也。若去其制度，使人人从其欲，快其意，以逐无穷，是大乱人伦而靡斯财用也，失文采所遂生之意矣。"[5]衣裳的五彩章纹之设，当以别尊卑上下，成人伦教化为要义，并非为满足感官的愉悦。东汉班固《白虎通义·衣裳》又言："圣人所以制衣服何？以为绤绤蔽形，表德劝善，别尊卑也。"[6]班固将服装的实用功能与社会功能清晰地揭示出来。清儒王夫之在《周易外传》中对衣裳之重有更清晰的体悟:"故衣裳之垂也,上下辨焉,物采昭焉,荣华盛焉。洁齐,以示无散乱也;宽博,以示无虔鸷也。天地方圜之仪则,天产地产之精华,咸备焉;阴阳损益之数,律度规矩准绳自然之式,咸在焉;以示人极之全也。而天下悉观感以生其敬爱,于是而圣人者亦有其无功之功,以与天地相参。故惟衣裳可以配乾坤,而非他制器尚象所得而拟焉者也。"[7] 王夫之不仅对服饰制度盛赞有加,认为唯衣裳可以配乾坤,还对儒家衣式之宽博,提出重要论断——以示无征伐之心的谦谦君子之德。由内而外散发的文质彬彬的儒雅之气正是构建人与人、人与社会和谐秩序的重要前提。服饰所具有的表德劝善功能,是御寒蔽体、明辨等差之外,更具道德深意的人文内涵所在。

(二)天命有德

古代社会服饰作为区别身份的等级符号,它与着装者之间该如何建立有序的对应关系?此重要的理论依据来自儒家五经之一的《尚书》。《虞书·皋陶谟》载:"天命有德,五服五章哉!"汉儒孔安国释义:"五服,天子、诸侯、卿、大夫、士之服也。尊卑彩章各异,所以命有德。"[8] 宋儒朱熹说得更加明白,"若德之大者,则赏以服之大者;德之小者,则赏以服之小者……尽是'天命、天讨',圣人未尝加一毫私意于其间,只是奉行天法而已"[9]。天命论对于古代思想的影响之大,实不可低估。[10] 在儒家看来,上至天子下及士庶,服饰章彩之别的根本依据即在于个人德行的高下。一国之君之所以尊享最高等级的服饰,缘于其具备与之匹配的厚德。故《荀子》曰:"志意致修,德行致厚,智虑致明,是天子之所以取天下也。"[11] "在心为德,施之为行"[12],故德行体现了知与行的内外统一。君主选官授爵,更要以"德行"为重要依据。北宋司马光对此深有感悟,在《资治通鉴》中他以汉哀帝刘欣滥行封赏为例,对统治者加以鉴戒,"王者代天爵人,尤宜慎之"(王嘉语),如若不然,"则众庶不服,感动阴阳,其害疾自深"[13]。

荀子曰:"德必称位,位必称禄,禄必称用。"[14] 无论是帝王还是臣僚,德不配位、服不配主,必会招致民众的不满甚至引发激烈的反抗。商朝的最后一任国君纣王,服饰、宫室极尽隆重华美,虽"锦衣九重,广室高台",但"居五年,纣为肉圃,设炮烙,登糟丘,临酒池,纣遂以亡"[15]。唐人孔颖达指出殷商之亡是"施其政令于民,无显明之德","皆在于怨,不可变易"[16]。可见丧失德政是商王朝走向覆灭的根本原因。无独有偶,建立大秦帝国的始皇帝嬴政,全面废止了通行三代的天子冕服制度,焚书坑儒、强征民力,可谓残暴至极。清人痛斥之:"其酷虐不可枚举,号为无道秦,后之人深恶痛绝。"[17] 秦的暴政引发了阶级矛盾与社会动荡，在农民起义的推动下，战火连绵，终二世而亡。这种德不配位、衣不配主的例子屡见不鲜。朱元璋建立的大明王朝，随着后期帝国统治的日渐腐朽，饱食俸禄的朝廷命官，虽冠冕堂皇，却道德败坏，无恶不作，百姓视之为"衣冠禽兽"。如此卑劣之人，已不配与官阶相称的"章服"了。中国历史上，官员被贬谪之时，首要之事便是将所服衣冠削降等级，在统治者看来，此"失德"者已丧失配享高等冠服的权利（虽然某些时候是一种妄判）。唐人白居易《琵琶行》有"江州司马青衫湿"之叹，琵琶声声，泪湿青衫，生动刻画出白居易贬谪后服等卑微的凄凉境遇。清代多见罪臣被摘去官帽"顶戴花翎"的例证，通过剥夺官服显在的等级符号，昭示服用者身份地位的跌落。

（三）服制有等

"天命有德"的思想在服饰中的体现以政令的形式固定下来，构成了古代政权国家重要的冠服制度。作为政治制度的一部分，受到以儒学为官方哲学的统治者的重视。冠服制度赋予天子及"受命"诸臣"等级有序"的着装权利，同时也限制着士庶的着装自由。上自天子下至黎民，服饰井然有序。

孔子曾言："周监于二代，郁郁乎文哉！吾从周。"[18]他充分肯定了姬周在礼制建设上的成就。周代所构建的完备的冠服制度模式，尤以祭服文化最具典型性。《周礼·司服》规定了周天子享有六种不同等级的祭服。[19]公侯伯子男孤卿大夫则依次降等服用，体现"服制有等"的政治伦理秩序。《周礼》所建构的冕服制度成为后世的样板，为以儒立国的统治者所效仿。秦虽灭礼学，冕服无存，但至东汉明帝，遍采《周礼》《礼记》《尚书》诸说，考订服制，再一次明确了君臣、士庶之间严格的等级界限。此后，虽经历了魏晋南北朝的政局大分裂，但无论是汉族政权还是少数民族政权，仍以复兴周礼来宣告正统，昭示政权的合法性。隋唐宋诸代，儒道释虽三家并存，唯宋代尤重儒术。宋代革除五代流弊，冕服制度向周礼看齐。皇权至上的尊君思想在服饰制度上进一步得到体现，大宋皇帝的礼服及常服在数量及品质上皆凌驾于诸臣之上。元明清三代，少数民族主导的元、清政权，均不同程度地继承了华夏礼乐文化传统，在服饰制度中又融入鲜明的民族文化特色，就整体而言，仍体现出以服饰来区隔身份的政治意图。朱元璋建立的大明政权，大力恢复汉家衣冠。在理学思想的影响下，制定出等级森严的冠服制度。皇权进一步得到加强，祭祀的冕服为皇家所独有，臣下再无权配享。

然而，从统治阶级的利益出发，对士庶着装的防范与限定从未停止。西汉大儒董仲舒对此多有阐发，强调服制对庶民身份的区隔作用，"散民不敢服杂采，百工商贾不敢服狐貉，刑余戮民不敢服丝玄纁、乘马"，"虽有贤才美体，无其爵，不敢服其服"。[20]在国家舆服制度的建设中，虽朝代不同，但庶民服饰在形制、色彩、材质、纹饰方面皆受到统治阶级的限定。随着中古以来皇权意识的不断加强，服饰之禁愈加繁密纷杂。汉代"贾人毋得衣锦绣绮縠绤纻罽"[21]；南朝萧齐"不得织成绣裙，道路不得著锦履，不得用红色为幡盖衣服，不得翦彩帛为杂花，不得以绫作杂服饰"[22]；唐代"妇人裙不过五幅，曳地不过三寸，襦袖不过一尺五寸"[23]；宋代庶人、商贾等"只许服皂、白衣，铁、角带，不得服紫"，"在京士庶不得衣黑褐色地白花衣服并蓝、黄、紫地撮晕花样，妇女不得将白色、褐色毛段并淡褐色匹帛制造衣服"[24]；元代"庶人惟许服暗花纻丝、丝绸绫罗、毛毳，不许用赭黄，冒笠不得饰以金玉，靴不得裁置花样。首饰许用翠花金钗篦各一事，惟耳环许用金珠碧甸，余并用银"[25]；明代"又令男女衣服，不得僭用金绣、锦绮、纻丝、绫罗，止许绸、绢、素纱，其靴不得裁制花样、金线装饰"，"民间妇人礼服惟紫绐，不用金绣，袍衫止紫、绿、桃红及诸浅淡颜色，不许用大红、鸦青、黄色，带用蓝绢布"[26]。由此显见，统治阶级通过发布政令，试图将褒博的衣式、精美的织物、艳丽的色彩垄断于特权阶层之内。但在实际生活中，广大庶民对衣装的选择并非为一纸禁令所限，而是不断超越服饰制度设定的重重壁垒。

二、服之不衷：秩序的冲击

体现国家意识形态的冠服制度虽规定了各级官僚及士庶的着装规范，但在现实生活中，无论是官僚集团还是士庶群体都存在着或多或少的僭礼逾制行为。更有不依旧规之人，着奇装异服，以骇俗观。而男女服饰的性别错置，也会引发正统论者的忧虑。"服之不衷，身之灾也"，在儒家看来，这些不合时宜的着装行为，会为自己乃至群体带来无法预料的灾难。

（一）僭上逼下

《礼记·杂记下》载："君子上不僭上，下不逼下。"[27]"'僭上'谓服饰过制，僭拟于上也；'逼下'谓服饰俭固，逼迫于下也。"[28]此谓奢不僭上，俭不逼下，君子应恪守与自己相称的服等。儒家这一上下有序的秩序构想，虽以舆服制度的形式书写于庙堂礼典中，但制度的约束力在现实中却往往受到不同程度的冲击。尤其在礼制凋敝的时代，正统论者眼中的服饰乱象便常有发生。

西周森严的等级制度走向瓦解，东周礼崩乐坏，服饰逾礼层出不穷。诸侯用周天子命数，奢僭罔极，商人富贾车服华奢比拟诸侯。[29]大秦帝国灭去礼学，郊祀之服唯取袀玄[30]，上下无别，僭越为常。汉承秦故，礼制疏略，倡优与皇后同饰。[31]魏晋南北朝虽兴礼作乐，以明正统，但服制律令常被打破。曹魏末期，公、列侯以下，大将军以上，皆得服绫锦罗绮纨素、金银饰镂之物，杂彩之服与贱人无异。[32]南朝刘宋时，制度日侈，商贩、仆佣与王侯、后妃同饰。甚至达到"尚方今造一物，小民明已瞬睨。宫中朝制一衣，庶家晚已裁学"[33]的程度。唐代官民逾制越礼，亦屡禁不绝，元稹诗有"豪家富贵逾常制，令族亲班无雅操。从骑爱奴丝布衫，臂鹰小儿云锦韬"句。宋承五代之奢，贵近之家，仿效宫禁，以致影响民间。[34]明、清两朝恪守理学，服制规章日趋严密，但也多见不循礼制者。明中叶，习俗奢靡，庶人之妻，多用命服。[35]至清代，京、外竞尚浮奢，官民服饰及冠婚、丧祭，任意逾制。[36]在历代从未停歇的服饰僭越浪潮中，统治阶级内部的逾制犯上多居于主导地位，对世风影响显著。而庶民阶层中，经济实力雄厚的商贾始终是一支活跃的力量。他们不仅以穿着新奇、华丽奢侈为满足，还要模仿官员、命妇与士人的服饰，这反映出有钱阶级，致力于通过其经济力量，达到社会流动的企图。[37]

另外，与身份等级不相称的俭简在儒家看来也是不合时宜的。"进不斥尊，退不逼下，酌时沿古，于礼为中。"[38]儒家追求的是秩序井然、不偏不倚的中庸之道。过度素朴的穿着极易与下层混淆。史载楚国名相孙叔敖，为人简素，"冬羔裘，夏葛衣，面有饥色"，虽为良大夫，但"其俭逼下"[39]。前燕国主慕容儁及太子服饰与群臣无异，大臣申胤认为此举"礼卑逼下，有违朝式"[40]。后晋官僚刘仁之，因待客"衣服故败"，而被视为"乃过逼下"之嫌[41]。在宋儒看来，"贵不逼下，贱不拟上"，乃"臣庶之定分也"[42]。综上可见，在服饰选择上，臣民的僭上、君臣的逼下皆是"服之不衷"的体现，其目的旨在构建"循道行礼"的社会秩序。

(二)奇装异服

古人将奇装异服归入服妖之列。《尚书大传》："貌之不恭，是谓不肃，厥咎狂，厥罚常雨，厥极恶，时则有服妖。"[43]"风俗狂慢，变节易度，则为剽轻奇怪之服，故有服妖。"[44]异服常被看作灾异的先兆。早在先秦时期，异服会招致性命之灾。《礼记·王制》载："作淫声、异服、奇技、奇器以疑众，杀。"[45]奇装异服在后世也为主流意识形态所不取，在中华二十四史《五行志》的"服妖"章中多见此类记述。

第一章
垂衣裳而天下治

背离常态的服饰上的追"奇"慕"异",涉及形制、色彩、材质、装饰多个方面。东汉末年,男子之衣"好为长躬而下甚短",女子之衣"好为长裙而上甚短",寓意"阳无下而阴无上"[46],此征兆天下未安,汉室"禅位于魏"。魏明帝好奇装,常"著绣帽,披缥纨半袖"[47],缥为间色,非礼之色。史家将之视为魏主"不享永年""后嗣不终,遂亡天下"的先兆。晋武帝泰始初,世人衣服崇尚"上俭下丰",此被视为"君衰弱,臣放纵,下掩上之象也"[48]。惠帝元康末,妇人所着两裆衫,加于交领外衣之上,"此内出外也"。诸上不经之服,干宝认为皆是"晋之祸征也"[49]。北齐文宣帝衣装怪异,衣锦绮,傅粉黛,着胡服,微行市里[50],此被认为北齐政权走向覆灭的征兆。隋开皇中,宜阳公王世积家,妇人所有领巾与槊幡军帜相似。"妇人为阴,臣象也,而服兵帜,臣有兵祸之应矣"[51],王世积坐罪被诛(因太子杨勇之祸)有所应验。至唐开元中,奴婢服襕衫,而士女衣胡服,其后安禄山反,当时以为服妖之应。[52]天宝初,杨贵妃常以假鬓为首饰,而好服黄裙。近服妖也。唐末,京都妇人梳状如椎髻的"抛家髻",世俗尚以琉璃为钗钏,亦被认为是服妖,因抛家、流离,都是迁徙流离的兆头。[53]北宋皇祐初,宫中尚白角等肩冠梳,冠长三尺,梳长逾尺;后期,冠妇人服饰犹集翠羽为之,皆被视为服妖。南宋中,里巷妇女以琉璃为首饰,后连年有流徙之厄。[54]元正德年间,朝臣服曳撒大帽鸾带。曳撒大帽,行役所用,非见君服,皆近服妖也。[55]明清服妖之举更是花样频出。明成化年间,在宪宗的带动下,大臣皆在衬衣下着马尾裙,"体肥者一裙,瘦削者或二三,使外衣之张,俨若一伞,以相夸耀"[56],如此夸张诡异的衬裙被议者斥为服妖。明京城外的州县,里中子弟也好奇装,"其所制衣,长裙阔领,宽腰细褶,倏忽变异,号为时样,此所谓'服妖'也"[57]。清道光时,"崇阳乡民好服尖头帽鞋,站步不稳,识者谓之服妖"[58]。光绪中,江浙男子"帽尚尖,必撮其六折,使顶尖如锥"[59]。诸上奇鞋怪帽,皆被世人视为服妖之象。

综上不难发现,在历代服妖事例中,服饰形制上的变古创新往往格外引人注目,在造型语言上构成对"上下""内外"秩序的冲击和消解。而服饰品类的错用、色彩的混乱、材质的不当也是"服之不衷"的重要内容。这些由个人乃至群体的审美价值取向出发而创造出的"个性化"的服饰,体现出时尚性的特点。但服饰的时尚性受到伦理性的制约,二者既会发生冲突,又可出现互动性的转换。[60]如唐宋之服妖,唐代的女着胡服、宋代的等肩长冠由最初的违背伦常,皆发展为盛极一时的流行风尚。

(三)男女混装

男女有阴阳之别,内外之序,《礼记·内则》言"男女不通衣裳"[61],在"礼"的规范下服饰也被赋予了性别区隔的社会意义。早在周代,王、后的礼服形制便截然不同,男子为"上衣下裳"二部式,而女子则为"连衣裳"的"深衣制",以示"妇人尚专一""德无所兼"之意。男女礼服的制式差别,至隋代方有所改观,女性穿上了一向为男子所垄断的"二部式"礼服,后为唐宋诸代所继承。[62]而在礼仪生活之外,日常生活中的"男着女装"或"女着男装"现象多绵延不绝,贯穿于朝代更迭的历史演进中。

男着女装,崇尚阴柔之风始自先秦。《荀子·非相》载:"今世俗之乱君,乡曲之儇子,莫不美丽姚冶,奇衣妇饰,血气态度拟于女子。"[63]至魏晋时期,此风尤甚。魏明帝好妇人之饰,冕旒皆改以艳丽的珊瑚珠。[64]"美姿仪,面至白"的曹魏尚书何晏也好衣妇人之服,这种病态畸形的装扮时人斥为服妖。[65]宋代虽以文治国,崇尚白面书生的文弱之气,但男着女装却鲜见其例。明末男子又兴阴柔之好,嘉靖时以"红紫袴"为尚,初为市井轻薄之徒所服,后被诸生仿效,时人议为服妖。[66]清光绪时期亦不乏其例,"某中丞少好女装,人皆称之为三姑娘"[67]。历史上的"男着女装"现象多为正统文化所不容,因而受到世人的谴责。

女着男装,始于夏朝妹喜(桀的元妃)"冠男子之冠,桀亡天下"[68]的记载。战国时,齐国"灵公好妇人而丈夫饰者,国人尽服之",此风之盛皆因国君的一己之好。唐代"尚武"尤甚,"征蓬出汉塞,归雁入胡天",女着男装成为一时风尚。唐初太平公主穿起"紫衫、玉带、皂罗折上巾"的武官服,但为帝后所阻,时人斥为服妖。[69]盛唐开元初,女子"著丈夫衣服靴衫"[70]日渐流行,直至晚唐尤盛。唐武宗才人王氏着军校服,"相与驰出入,观者莫知孰为帝也"[71],女着男装竟达到"雌雄莫辨"的程度。宋代女着男装者,多为女官、宫人,或杂剧伶人,日常生活中较为少见,缘因崇尚阴柔之风的士大夫文化之影响。至晚明随着礼教的松动,"妇人之衣如文官,其裙如武职"[72],"伎女露髻巾网,全同男子",时人斥之为"堕弃本业"[73]。晚清同、光之交,伴随西风东渐的脚步,沪上"有戴西式之猎帽,披西式之大衣者,皆泰西男子所服者也。徒步而行,杂稠人中,几不辨其为女矣"[74]。晚清之际,女着男装除本土服饰外,又增添了西式洋装的新品类。

可以看出,日常生活中的男女混装,在儒家的观念中是"阴阳失调","内外不殊,王制失叙"的体现,因而会受到社会舆论的谴责。但也存在一种例外,即当女子披挂戎装，或为国出征、或辅佐君侧，皆被赋予积极的赞美意义。回顾历史中那些巾帼不让须眉的身影：商有辅佐武丁屡立战功的妇好；唐有举兵佐高祖定天下的平阳公主；宋有击鼓战金山的女将梁红玉；明有抗击女真屡建殊功的秦良玉。这些"弯弓征战作男儿"的女中豪杰，英武之气取代了传统道德规训下的坤柔之德。在国家大义面前，女性超越了传统礼教的性别之隔，以一身英姿飒爽的戎装，积极投身保家卫国的战事中来。

综上可见，在社会着装行为中，无论是僭上逼下，还是奇装异服，抑或是男女混装，在儒家看来皆是"服之不衷"的体现，会给自身乃至社会带来难以预料的灾难，因而多受到社会舆论的谴责。然而纵观历代舆服制度的建设，不难发现，恪守制度的规范性与颠覆制度的僭越性始终成为矛盾的两极，此消彼长，贯穿始终。但还应看到，这些传承有序、等级分明的冠服制度在国家政治生活中发挥着标识社会身份的重要符号功能，其对稳定社会秩序、强化族群意识、表彰个人功德起到积极的建构意义。

三、赓续传统：重构中华礼仪服饰

绵延数千载的中国传统服饰等级制度在辛亥革命的浪潮中走向终结。服饰打破了阶级界限，成为传递民主思想的媒介，但同时，服饰中"礼"的内涵也渐行衰微。中华人民共和国成立以来，经过七十余年的发展建设，我国经济实力、科技实力、国防实力、综合国力进入世界前列，国际地位实现了前所未有的提升，然而文化软实力还有待进一步增强。为实现2035年把我国建成文化强国的远景目标，文化的强大离不开中华优秀传统文化这一源头活水。"礼"是中国传统文化的核心[75]，继承和弘扬中华优秀传统礼仪文化是建设文化强国的必然要求，也是坚定文化自信的精神之基。

（一）规范化"中华礼服"的缺席

作为拥有五千年文明的礼仪之邦，我们有着制礼作乐的优良传统。丰厚的礼仪文化理论积累与历代传承的礼仪实践，构成了礼仪之邦的文化表征，通过融合与转化，礼仪也构成了今天社会主义先进文化的重要组成部分。[76]但不无遗憾的是，国家层面用以彰显民族精神的规范化的"中华礼服"却一直处于缺席之地。

在国家庆典、传统节日等重要礼仪场合，因尚未制定可代表新时期国家形象及民族精神的礼仪服饰，民众着装较为纷杂，或西装革履，或汉服古装，或牛仔休闲，衣着形象缺乏民族感、现代感、仪式感。同样，在国际社交舞台，由于中华礼服的缺席，以致长期以来我国民众不得不循袭西方标准的国际礼服规范。随着我国综合国力与国际地位的提升，民众对既能代表华夏精神又符合现代审美的中华礼服的期待与日俱增。在重要礼仪场合，穿着规范化的国家礼服成为一种身份标识，其对凝聚民族精神、增强文化自信具有积极的促进意义。

（二）"中华礼服"的新时代呼声

民国时期，西服洋装大行其道，崇洋风习影响至今。推进规范化、制度化的"中华礼服"建设已获得广泛共识。我国各领域的专家学者纷纷进言献策，以多种形式推进此议题的深化。

近年"两会"期间不断有代表发出倡议，启动"国服"建设。2009年，全国政协委员李延声提出建议设计"中华服"作为国服的提案，认为"中华服"的设计应体现华夏文化的理念与精神，应庄重、大气、方便，一定要体现中国的民族特色、时代精神和积极向上的精神风貌。2016年，民革中央在全国政协十二届四次会议提出"将中山装作为国家正式礼服"的倡议。2017年，全国政协委员汪国新、全国人大代表宋心仿提交进一步推动"中华国服正装"的提案，倡议应把中华国服正装当作一种"新常态"来推动，工作时间、正式场合首先要着中式正装。2018年，全国人大代表曹金萍再次呼吁尽快推进中国正装"国服"建设。2019年，全国政协委员杨朝明建言"举办国服评选，推出中华正装"。2021年，全国政协委员白庚胜提议"适时设计制作国服并制定国服制度"，再度引发民众热议。

与此同时，高等院校及服装团体也参与其中，为中华礼服建设提供学理支撑。2017年，首届中华礼服设计方案学术研讨会在清华大学召开，以"中式婚服设计方案"为主题，研讨具有中华文化内涵、有别于西式婚服的中式婚服设计的可行方案。2021年7月，"中国当代'华服'定义与规范学术论证会"在清华大学举行，本次会议融合高校院所和服装协会多家单位，对"华服"的定义及规范加以论证，为中华礼服建设提供了更加规范化的概念表述。同时，围绕中华礼服的设计实践也陆续开展。2020年7月，北京市文化创意产业促进中心、北京市文物局推出"新北京节日礼服设计大赛"，主题为"新时代·新北京·新礼服——礼敬中华优秀传统文化"，在设计实践领域为中华礼服的形象建设提供丰富的智库资源。2021年，中国服装设计师协会等多家单位联合主办第一届中国国际华服设计大赛，使华服概念进一步深入人心，并在国际范围内产生影响。从"两会"的倡议发声到高等院校的理论研讨，再到行业团体以大赛为抓手的实践探索，中华礼仪服饰文化建设在参与的深度和广度上都达到了前所未有的高度。

"垂衣裳而天下治"，实施以国家礼服建设为抓手的文化强国战略，对于构建人与自然、人与人、人与社会三位一体的和谐发展秩序，重塑"礼仪之邦"文化大国新形象，必将产生积极的推动作用和深远的影响。

※ 本章小结

服饰是人类创造的重要物质文明成就。古代中国在礼乐文化的深刻影响下，服饰超越"盖形暖身"的基本功能，成为国家政治制度的重要组成部分。"定人伦，明上下"，服饰制度在辅助国家治理、维护社会秩序方面发挥着积极的作用。社会群体中也存在着对既定服饰等级制度的超越，体现了大众对礼仪服饰"华章之美"的孜孜追求。在新的历史时期，推动中华礼仪服饰文化建设，开创衣冠文明新形态，对凝聚民族精神、增强文化自信、彰显大国风范具有积极的促进意义。

☼ 思考题

1. "惟衣裳可以配乾坤"，举例阐述历代先贤对"服饰之重"的理解。
2. 中国古代"奇装异服"与"男女混装"常有发生，儒家正统观是如何看待的？
3. "垂衣裳而天下治"，谈谈你对这句话蕴含的人文精神的理解。
4. 谈谈新的历史时期推动中华礼仪服饰文化建设的现实意义。

【注释】

[1] 彭林.礼乐文明与中国文化精神：彭林教授东南大学讲演录［M］.北京：中国人民大学出版社，2016：20.

[2] 周易正义：卷第三［M］//李学勤.十三经注疏.北京：北京大学出版社，1999：105.

[3] 周易正义：卷第八［M］//李学勤.十三经注疏.北京：北京大学出版社，1999：300.

[4] 柳诒徵.中国文化史：上册［M］.北京：中华书局，2015：67.

[5] 董仲舒.春秋繁露：度制第二十七［M］.张世亮，钟肇鹏，周桂钿，译注.北京：中华书局，2012：290.

[6] 陈立.白虎通疏证：卷九［M］.北京：中华书局，1994：432.

[7] 王夫之.周易外传：卷六［M］.北京：中华书局，1977：211-212.

[8] 尚书正义：卷第四［M］//李学勤.十三经注疏.北京：北京大学出版社，1999：108.

[9] 黎靖德.朱子语类：卷第七十八［M］.王星贤，点校.北京：中华书局，1986：2020.

[10] 晁福林.先秦时期"德"观念的起源及其发展［J］.中国社会科学，2005（4）：204.

[11] 荀况.荀子：卷二［M］//景印文渊阁四库全书：第695册.台北：台湾商务印书馆，1986：134.

[12] 周礼注疏：卷第十四［M］//李学勤.十三经注疏.北京：北京大学出版社，1999：348.

[13] 司马光.资治通鉴：卷三十五［M］.胡三省，音注.北京：中华书局，1956：1116.

[14] 荀况.荀子：卷六［M］//景印文渊阁四库全书：第695册.台北：台湾商务印书馆，1986：171.

[15] 韩非.韩非子：喻老［M］.高华平，王齐洲，张三夕，译注.北京：中华书

局,2015:231.

[16] 尚书正义:卷第十四[M]//李学勤.十三经注疏.北京:北京大学出版社,1999:379.

[17] 永瑢,纪昀.四库全书总目提要:卷首[M].海口:海南出版社,1999:3.

[18] 论语注疏:卷第三[M]//李学勤.十三经注疏.北京:北京大学出版社,1999:36.

[19] 周礼注疏:卷第二十一[M]//李学勤.十三经注疏.北京:北京大学出版社,1999:549.

[20] 董仲舒.春秋繁露:服制第二十六[M].张世亮,钟肇鹏,周桂钿,译注.北京:中华书局,2012:280.

[21] 班固.汉书:卷一下[M].颜师古,注.北京:中华书局,1962:65.

[22] 萧子显.南齐书:卷一[M].北京:中华书局,1972:14.

[23] 欧阳修,宋祁.新唐书:卷二十四[M].北京:中华书局,1975:531.

[24] 脱脱,等.宋史:卷一百五十三[M].北京:中华书局,1985:3574,3575.

[25] 宋濂.元史:卷一百五[M].北京:中华书局,1976:2680.

[26] 张廷玉,等.明史:卷六十七[M].北京:中华书局,1974:1649,1650.

[27] 礼记正义:卷第四十三[M]//李学勤.十三经注疏.北京:北京大学出版社,1999:1220.

[28] 孝经注疏:卷第二[M]//李学勤.十三经注疏.北京:北京大学出版社,1999:12.

[29] 左丘明.国语:卷十四[M].韦昭,注.上海:上海古籍出版社,2015:316.

[30] 范晔.后汉书:志第三十[M].李贤,等注.北京:中华书局,1965:3662.

[31] 班固.汉书:卷四十八[M].颜师古,注.北京:中华书局,1962:2242.

[32] 陈寿.三国志:卷九[M].陈乃乾,校点.北京:中华书局,1982:297.

[33] 沈约.宋书:卷八十二[M].北京:中华书局,1974:2098.

[34] 脱脱,等.宋史:卷一百五十三[M].北京:中华书局,1985:3579.

[35] 沈卫新,吴江区档案局,吴江区方志办.嘉靖吴江县志:卷之十三[M].扬州:广陵书社,2013:228.

[36] 赵尔巽,等.清史稿:卷三百四十二[M].北京:中华书局,1977:11121.

[37] 巫仁恕.奢侈的女人:明清时期江南妇女的消费文化[M].北京:商务印

馆，2016：38.

[38] 魏徵，令狐德棻.隋书：卷十[M].北京：中华书局，1973：206.

[39] 韩非.韩非子：卷十二[M]//景印文渊阁四库全书：第729册.台北：台湾商务印书馆，1986：717.

[40] 房玄龄，等.晋书：卷一百十[M].北京：中华书局，1974：2836.

[41] 魏收.魏书：卷八十一[M].北京：中华书局，1974：1794.

[42] 李攸.宋朝事实：卷十三[M]//景印文渊阁四库全书：第608册.台北：台湾商务印书馆，1986：161.

[43] 伏胜.尚书大传：卷三[M].上海：商务印书馆，1922：39.

[44] 房玄龄，等.晋书：卷二十七[M].北京：中华书局，1974：819.

[45] 礼记正义：卷第十三[M]//李学勤.十三经注疏.北京：北京大学出版社，1999：412.

[46] 范晔.后汉书：志第十三[M].李贤，等注.北京：中华书局，1965：3273.

[47] 房玄龄，等.晋书：卷二十七[M].北京：中华书局，1974：822.

[48] 房玄龄，等.晋书：卷二十七[M].北京：中华书局，1974：823.

[49] 房玄龄，等.晋书：卷二十七[M].北京：中华书局，1974：823.

[50] 魏徵，令狐德棻.隋书：卷二十二[M].北京：中华书局，1973：629.

[51] 魏徵，令狐德棻.隋书：卷二十二[M].北京：中华书局，1973：630.

[52] 欧阳修，宋祁.新唐书：卷二十四[M].北京：中华书局，1975：531.

[53] 欧阳修，宋祁.新唐书：卷三十四[M].北京：中华书局，1975：879.

[54] 脱脱，等.宋史：卷六十五[M].北京：中华书局，1985：1429-1430.

[55] 张廷玉，等.明史：卷二十九[M].北京：中华书局，1974：476.

[56] 王锜.寓圃杂记：卷第五[M]//元明史料笔记丛刊.北京：中华书局，1984：41.

[57] 通州志：卷二[M]//天一阁藏明代方志选刊.上海：上海书店出版社，2014：47.

[58] 赵尔巽，等.清史稿：卷四十二[M].北京：中华书局，1977：1588.

[59] 徐珂.清稗类钞[M].北京：中华书局，2010：6149.

[60] 陈宝良."服妖"与"时世妆"：古代中国服饰的伦理世界与时尚世界（下）[J].艺术设计研究，2014（1）：44-45.

[61] 礼记正义：卷第二十七[M]//李学勤.十三经注疏.北京：北京大学出版社，

1999：836.

［62］张玲.隋初皇后礼服"改制"考论［J］.故宫博物院院刊，2021（5）：85.

［63］荀况.荀子：卷三［M］//景印文渊阁四库全书：第695册.台北：台湾商务印书馆，1986：140.

［64］房玄龄，等.晋书：卷二十五［M］.北京：中华书局，1974：766.

［65］房玄龄，等.晋书：卷二十七［M］.北京：中华书局，1974：822.

［66］伍袁萃.林居漫录：下［M］.台北：伟文图书出版有限公司，1977：671.

［67］徐珂.清稗类钞［M］.北京：中华书局，2010：6172.

［68］房玄龄，等.晋书：卷二十七［M］.北京：中华书局，1974：823.

［69］欧阳修，宋祁.新唐书：卷三十四［M］.北京：中华书局，1975：878.

［70］刘昫，等.旧唐书：卷四十五［M］.北京：中华书局，1975：1957.

［71］欧阳修，宋祁.新唐书：卷七十七［M］.北京：中华书局，1975：3509.

［72］朗瑛.七修类稿：卷九［M］.上海：上海书店出版社，2009：97.

［73］张俊哲.祥符县志：卷之一［M］//中国科学院图书馆.稀见中国地方志汇刊：第34册.北京：中国书店，2007：24.

［74］徐珂.清稗类钞［M］.北京：中华书局，2010：6166.

［75］丁鼎.礼：中国传统文化的核心［C］//浙江大学古籍研究所.礼学与中国传统文化：庆祝沈文倬先生九十华诞国际学术研讨会论文集.北京：中华书局，2006：1-5.

［76］萧放.传统礼仪文化与当代中国礼仪实践［N］.光明日报，2022-01-12（11）.

| 第二章 |

衣以载道

——中华传统服饰文化中的"形"

服饰是人类社会"盖形暖身"的物质媒介，但在儒家的观念中，服饰被视为礼的重要内涵，承载着道德教化之功。服饰的形制、色彩、材质、纹饰便成为一种"有意味的形式"。形制，较之色彩、材质、纹饰而言，更容易凭借突出的造型语汇，建构视觉"意义"。形制并非单纯指物象外在的感观形式，还具有观念上格式制度的规约。中华传统服饰文化通过外在的"形"，将丰富的人文精神内蕴其中：天道人伦、比德劝善、惜物善用，从和谐、自律、节用出发，对着装者进行以物启智、正心修身的心灵滋养。

一、天道人伦

中国人有着对天地精神的信仰及对天道天命的敬畏，并提升自己的境界以"与天地精神相往来"[1]。中华宇宙观中蕴含天人合一的思想，强调人与宇宙的互动与和谐。人类社会的伦理秩序来自对自然法则的效仿。《汉书·师丹传》载："圣王制礼取法于天地，故尊卑之礼明则人伦之序正，人伦之序正则乾坤得其位而阴阳顺其节。"[2]《后汉书·延笃传》载："夫礼，天之经也，地之义也，人之行也。"[3]配天地，本人伦，中华传统服饰之"形"也蕴含着"天道人伦"的观念，是自然秩序在衣冠服饰上的生动投射。

（一）上衣下裳

古代华夏民族服饰形制有两种基本类型，上衣下裳和深衣制。前者等级高于后者，为衣裳不连属的"二部式"结构，是对天地秩序的人文化模拟。《易·系辞下》载："黄帝、尧、舜，垂衣裳而天下治，盖取诸乾坤。"衣法天，裳法地。故《裳铭》言："上衣下裳，天地则也。服从其仪，君子德也。"上衣下裳位序井然，是君子之德的体现。《诗经》曰"东方未明，颠倒衣裳"，可见衣裳秩序在古人观念中的重要性。

图2.1 〔宋〕聂崇义《新定三礼图》中的衮冕

上衣下裳的典型代表首推天子祭祀所用的冕服。《周礼·春官》载周天子吉服有六种，大裘冕、衮冕、鷩冕、毳冕、絺冕、玄冕，尤以"衮冕"最为隆重（图2.1）。东汉明帝纠正秦、西汉无冕之弊，恢复了冕服制度，祠天地明堂，仅取衮冕一服。[4]制度虽简略，但衮冕在形制细节上仍延续了周代对天地秩序的效法。衮冕服由冕冠、衣、裳，及蔽膝、佩绶等一系列配饰组成。《后汉书·舆服志》载东汉天子衮冕制度，冕冠延板近似长方形，前端为圆形，后端为方形，象征天圆地方之义。宋人认为"后方者不变之体，前圆者无方之用"，即做人宜取方圆之道，以方为体，以圆为用，克己要方，与人要圆，所谓外圆内方之义。不仅在造型上，冕冠在延板的长度、垂旒的数量上也尽合天道。冕板长一尺二寸，垂白玉珠十二串，皆与天数"十二"相应。故"数字化"是中国礼制的突出特征。[5]除了冕冠具有法天地之象外，冕服延续了先秦的上衣下裳制度，乾在上，坤在下，融乾坤秩序于一体。此外，君臣的裳裙在裙片数量上也别具深意，皆采用"前三幅、后四幅"的裁配方式。"前三幅以象阳，后四幅以象阴，故裳制不相连属"[6]，"乾为阳，喻天子，坤为阴，喻诸侯"[7]，裳裙前奇后偶、不相连属的裙片设定，集乾坤、君臣位序于一体，呈现天道与人伦的二元统一，构建了天人合一之境。自东汉以后，冕服一直作为上衣下裳制度的典型代表，其内蕴的天人同构的思想为历代统治者所看重，承袭不衰（图2.2）。

君臣人伦等序在古代朝服制度建设中备受关注。《春秋穀梁传注疏》载："君者臣之天，天无二日，土无二王。"[8]"尊君卑臣"思想随着帝制时代的来临而逐渐强化。大宋君臣朝服同为上衣下裳，但身份之别通过一些显在的服饰要素得以确立。皇帝享用通天冠服，百官则取进贤冠服，用于正旦、冬至、五月朔大朝会等礼仪活动。皇帝朝服包括通天冠、绛纱袍、绛纱裙、绛纱蔽膝及佩绶等繁多配件。[9]通天冠服形象可从南薰殿旧藏宋太祖赵匡胤父宋宣祖坐像轴中寻其面貌（图2.3）。与天子相比，诸臣朝服包括进贤冠（貂蝉笼巾）、绯罗袍、绯罗裙、绯罗蔽膝及佩绶等配件[10]，其具体形象可见于传世肖像

图2.2 〔唐〕阎立本《历代帝王图》晋武帝着衮冕形象（美国波士顿美术馆藏）

画《赵鼎像》(图2.4)。天子通天冠二十四梁,臣下进贤冠初为五梁,后为七梁,皆远逊于皇帝的设定。七梁之下又分六梁、五梁、四梁、三梁、二梁,依官阶递减。除梁数的不同外,佩绶也存在等差:天子用六彩组绶;臣下用锦绶,分七等:天下乐晕锦绶、杂花晕锦绶、方胜宜男锦绶、翠毛锦绶、簇四盘雕锦绶、黄狮子锦绶、方胜练鹊锦绶。在上衣下裳礼服系统中,君臣尊卑等序通过冠式、绶式等一系列显在的差异化表达,得到直观的呈现。

图2.3 〔宋〕佚名《宋宣祖坐像轴》通天冠绛纱袍(台北故宫博物院藏)

图2.4 〔宋〕佚名《赵鼎像》宋代官员朝服(美国旧金山亚洲艺术博物馆藏)

(二)深衣制

服饰形制的另一种基本类型是"深衣制",同样也蕴含着天道人伦的秩序法则。与上衣下裳的"二部式"不同,深衣制为"连衣裳"的一体式样,通过中腰线分割上下,以示衣裳有别、天地有序。不仅如此,深衣制中上衣四片、下裳十二片的造型规范与一年四季、一岁十二月的自然之法一一映射。

除了对天道的直观反映外,深衣制还体现出对人伦秩序的维护,即与"上衣下裳"相对照,在统治阶级内部礼服系统中,用以强调男女的性别差异。《周易注》载:"乾刚坤柔,各有其体",《周易集解》言:"乾天称父,坤地称母",坤柔之德成为对女性品德的期许。与周天子及历代皇帝冕服的上衣下裳不同,周代王后及前隋时代的皇后礼服皆采用"深衣制"[11]。《周礼·内司服》载:"掌王后之六服,袆衣、揄狄、阙狄、鞠衣、展衣、缘衣、素沙。"[12]施用于祭祀先王、先公、群小等礼仪场合。内外命妇仅取三翟以外的鞠衣、展衣和褖衣,以示上下尊卑的等级秩序。王后六服皆言衣,不言裳,象征"妇人尚专一德,无所兼,连衣裳不异其色"[13]。衣裳相连区别于男子的衣裳相殊,表征男女"各有其体"的伦理秩序(图2.5)。这种男女相殊的礼服形制,至隋代才发生改变。后妃礼服更易古老的"深衣制"传统,开始效法男子上衣下裳的"二部式"结构,后为唐宋诸代所继承[14](图2.6)。这一服制变革反映了中古时期女性社会地位的提高,女子与男子比肩,在礼服系统中皆采用"上衣下裳",而不再恪守女性"深衣制"礼服原初的精神意涵。

图2.5 "深衣制"袍服(阳陵出土西汉彩绘侍女俑)

图2.6 《宋神宗向皇后坐像》中的袆衣形象(台北故宫博物院藏)

(三)华夷之辨

除了服装基础形制所建构的天道人伦的礼制意义外,中华传统服饰文化中的形制语言,在身份认同、区别夷夏方面发挥着显在的视觉符号作用。华夷之辨是儒家意识形态的重要方面，以服饰为载体，通过形制式样和尺寸两个维度得到体现。

1. 领襟式样

服装领襟式样——交领右衽，是华夏民族最为经典的文化身份认同符号。孔子曾言："微管仲，吾其被发左衽矣。"强调了"左衽被发"与"右衽束发"的夷夏之别。"被发左衽""断发纹身"等词语常被贴上"非我族类"的标签。[15]衣领衽式的"左"与"右"问题，已不是简单的款式之别，而是国家视域下"夷夏之防"的政治话语。传统政治文化中的正统论，除了讲求国家法统的合法性之外，华夏种族的血统和儒家文化的道统也同样是很被看重的因素。[16]交领右衽不仅用以表征种族血统、儒家道统，还

图2.7 〔南宋〕佚名《孔门弟子像》中穿交领右衽服的子贡（故宫博物院藏）

成为国家法统合法性的显著标志（图2.7）。统一天下的秦始皇虽焚书坑儒，尽灭礼学，但郊祀之服"袀玄"仍采用交领右衽的古典式样。在中国历史上，不乏有入主中原的少数民族政权，如北魏（鲜卑）、金（女真）、元（蒙古）诸朝，在礼服制度上多效法汉族政权，皆采用交领右衽的形式，以彰显自身统治的合法性。被汉族和少数民族统治者高度重视的领襟式样，其深层文化意义的认知与传播仅局限于精英阶层内部。对于下层普通民众而言，衣襟式样的选择多依从于本民族的着装传统，如汉族多穿右衽，而少数民族多习左衽。历史上在少数民族政权统治区，如金国属地，宣圣殿中还出现了"左衽孔子"的情况，可见民间庶众对右衽并非像精英阶层那般强调，而是采取了入乡随俗的态度。

2. 尺寸宽窄

历史上除了"交领右衽"的服装形制被视为华夷之辨的显著标志外，服装尺寸的"宽窄"之别，也成为文化身份认定的重要依据。

"胡服骑射"是中国历史上一个突出的政治文化事件,开创了华夏族向周边少数民族学习的先例。赵武灵王效法"短衣长裤"的夷狄装束,"胡服骑射以教百姓",大大提高了赵国的战斗力。虽遭遇到"莅国者不袭奇辟之服,中国不近蛮夷之行"的种种指责[17],但服制改革最终得以推行。至魏晋南北朝时期,国家法统正闰之争的重要筹码还体现在衣衫褒博的政治竞技中,以形塑"褒博以示无虔骛也"的中华正统形象。天下一统的隋唐政权华夷正闰观念趋于淡化[18],并不刻意强调服饰上的文化差异。经历五代的政权割据,与辽金西夏诸国比邻的大宋政权,华夷之防的意识格外强烈,宽博的着装风格再次受到士人的推崇(图2.8),而将"窄袖革靴"视为夷狄的象征(图2.9)。北宋沈括在《梦溪笔谈》中的态度颇具代表性,"中国衣冠,自北齐以来乃全用胡服。窄袖绯绿,短衣,长靿靴,有鞢䩞带,皆胡服也。窄袖利于驰射,短衣长靿皆便于涉草"[19]。南宋理学家朱熹也持有类似的观点:"中国衣冠之乱,自晋五胡,后来遂相承袭。唐接隋,隋接周,周接元魏,大抵皆胡服","今世之服,大抵皆胡服,如上领衫靴鞋之类,先王冠服扫地尽矣!"[20]南宋儒士罗大经对士大夫热衷戎服窄衣甚为忧虑,发出"然则古道何时而可复乎"[21]的慨叹。自北朝而兴的圆领窄袍取代了文质彬彬的男子日用冠服,服装尺寸的紧缩、领式的异变(由交领变为圆领),令坚守文化正统

图2.8 〔宋〕佚名《包文正公小像》宋代宽博的公服(美国弗瑞尔美术馆藏)

图2.9 宋摹《虢国夫人游春图》穿圆领袍的虢国夫人(辽宁省博物馆藏)

性的士大夫们深感不安。而到了以驱除鞑虏，复兴"汉衣冠"为旨要的大明王朝，凸显华夷之别的褒衣博带之风再起，衣式之宏阔波及礼服与常服多个领域。

与汉族政权始终以服装尺寸的宽大来体现自身文化的正统性一致，少数民族政权对此多有效仿。先有以北魏为首的北方诸国，后有西夏、金、元各代后继者，习汉法、兴冕旒、以夏变夷、隆兴华风（图2.10）。在中国人传统的华夷观念中，华夷界限通常是文化而不是种族。"中国而用夷礼则夷之，夷而进于中国则中国之"[22]，历史上当入主中原的少数民族政权，主动接受汉文明、汉衣冠，便具备了承续华夏正统的契机，这正是文化至上的华夷观念的反映。无论是对右衽的主动选择，还是对褒衣博带的自觉实践，服饰上发生的"以夏变夷"现象，亦折射出以儒家思想为核心的中华正统文化所具有的强大包容力和向心力。时至今日，儒家文化仍是推动世界和谐发展的重要精神力量。

图2.10　北魏皇帝礼佛图局部（巩义石窟寺第一窟南壁）

二、比德劝善

除了天道人伦的精神内涵，服饰形制还被赋予与道德相关的文化符号意义，通过有意味的形式构建，对穿着者起到"比德劝善"，教化人心的作用。"比德"观是我国先秦、两汉时期以儒家思想为基础的关于自然美的审美观，认为自然美是在于自然物象可以与人的某些品德的美相比拟，从而成为品德美、精神美的一种象征。[23]服饰作为与自然物相区别的人造物，同样也是"比德"观照的对象，具有比拟人的品格、劝诫言行的道德实践意义。这种道德塑造与儒家倡导的"善"的价值观紧密相连。《孟子·公孙丑上》言："君子莫大乎与人为善。"[24]善与为人之本、安身立命联系在一起,体现着中国人崇德向善的美好追求。儒家将服装形制作为一种符号化的物质媒介,将道德意涵植入其中,通过穿着者的耳濡目染,达到"子服尧之服……是尧而已矣"的潜在影响。

(一)深衣之五法

深衣历史悠久,是中华古典服饰中最具道德深意的"法服",上至天子下及士人皆可穿用。深衣出现于春秋、战国之交,是将上衣下裳连在一起的服装,形制构成具有严格的规定性。《礼记·深衣》对深衣制度有较为详细的记述:

> 古者深衣,盖有制度,以应规矩绳权衡。短毋见肤,长毋被土,续衽钩边,要缝半下。格之高下,可以运肘;袂之长短,反诎之及肘。带,下毋厌髀,上毋厌胁,当无骨者。制十有二幅,以应十有二月。袂圜以应规,曲袷如矩以应方,负绳及踝以应直,下齐如权衡以应平。故规者,行举手以为容。负绳抱方者,以直其政,方其义也。故《易》曰:"《坤》六二之动,直以方也。"下齐如权衡者,以安志而平心也。五法已施,故圣人服之。故规矩取其无私,绳取其直,权衡取其平,故先王贵之。故可以为文,可以为武,可以摈相,可以治军旅。完且弗费,善衣之次也。[25]

深衣形制内涵深邃,在领、袖、背缝、下摆部位分别对应"规、矩、绳、权、衡"五法。"曲袷如矩以应方",深衣衣襟交叠,领口方正似矩;"袂圜以应规",袖型圆润似规;"负绳及踝以应直",背缝中正笔直;"下齐如权衡以应平",衣摆顺直水平。深究其意,"规矩"取其无私,"绳"取其正直,"权衡"取其平心,故圣人对深衣极度推崇。因其内施五法,德教突出,而被文武贵贱广泛使用。深衣是贵族的燕居服,士庶的吉服。

战国至西汉时深衣广泛流行,只是到了魏晋以后,由于它已被别的服饰取代,才逐渐湮灭不彰。[26]到了以儒立国的大宋王朝,北宋的理学家周敦颐、政治家司马光、南宋的理学家朱熹成为推动深衣文化复兴的重要力量。其中以朱子深衣最具典范意义。它是在传统古制深衣基础上,兼顾宋人的着装习尚,而创制的极具时代特色的新样式。朱子深衣在连衣裳、下裳十二片、内施五法、结构尺寸、材质等方面严格遵照古制深衣的制度规范,但在领型式样上却变古创新,将传统右衽"交领"改为对襟"直领",立体着装时再将对襟穿成交领,从而大大减少了胸围的尺寸,使深衣更加修身合体(图2.11)[27]。这一融通之法适应了南宋人求简易的着装习尚,堪称古语境中"守正创新"之典范。随着程

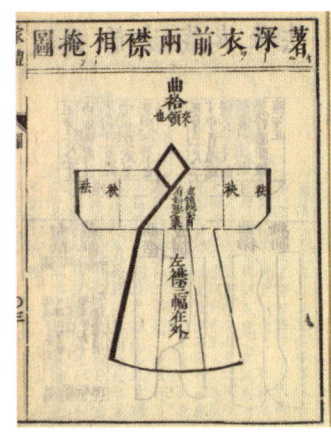
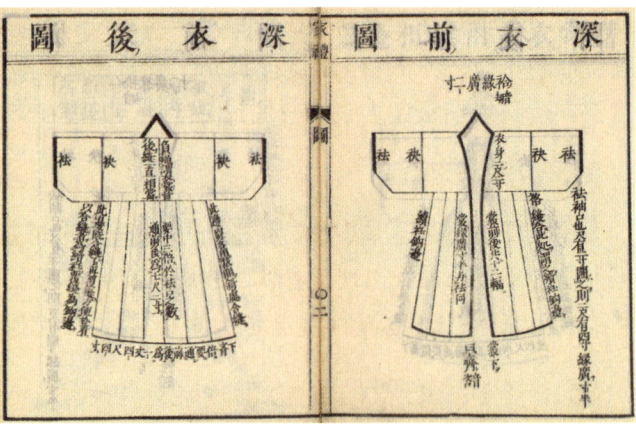

图2.11 朱子深衣图（朱熹撰《家礼》，和刻本）

朱理学在南宋后期得到官方推崇，朱子深衣也备受青睐，并远播东亚诸国。致力恢复"汉衣冠"的朱明王朝，深衣文化再度兴起。但与宋代不同的是，明代深衣更遵循古制，仍保持传统的交领右衽式衣襟结构，着装风格更趋宽适（图2.12）。"规、矩、绳、权、衡"五法在明代深衣中仍得到很好的继承。深衣成为明代儒士们克己复礼、明志修身的精神载体，普及度较广。深衣内蕴"五法"，影响深远。与"上衣下裳"相对应的"深衣制"服装，即以"深衣"文化为滥觞，在材质、色彩上因时异变，承续发展。

（二）垂旒与充耳

图2.12 明代深衣（传世画像）

冕为祭服之冠，黄帝以来，盖已有之，而制度仪等，至周始备。周冕有六，除大裘冕外，衮冕、鷩冕、毳冕、绨冕、玄冕五冕皆设"垂旒"和"充耳"。此二者在冕冠的形制构成要素中别具深意，并非如"笄""纮"等要素具有固定冠帽的实用功能，而纯然是一种人为设计的意义载体，是先秦时期"比德"观念影响下的产物。

1. 垂旒：蔽明

《礼记·玉藻》载："天子玉藻，十有二旒，前后邃延，龙卷以祭。"[28]周天子衮冕，以五彩缫（青、赤、黄、白、黑），前后十二旒，旒有五彩玉十有二。即天子衮冕的延板上有前后旒各十二。就前旒而言，设五彩缫绳十二道，每一道穿五色玉珠十二颗。玉珠相距一寸，垂旒长一尺二寸，垂而齐肩。设计华丽的长长珠帘造成对视线的遮挡，其用意何在呢？《大戴礼记》云："冕而加旒，以蔽明也。"《礼含文嘉》载："前后邃延，不视邪也。"[29] 寓意王者明有所不见，不视非也。唐代名臣李德裕曾献《丹扆箴》六首于敬宗，其中《辩邪箴》曰："居上处深，在察微萌。虽有谗慝，不能蔽明。汉之有昭，德过周成。上书知伪，照奸得情。燕、盖既折，王猷洽平。百代之后，乃流淑声。"[30] 贤相托诗箴讽，以汉昭帝的睿智善断，规劝敬宗皇帝要分辨忠正奸邪。

垂旒还贯穿于天子衮冕之外的四冕中，"鷩冕，前后九旒。毳冕，前后七旒。希冕，前后五旒。玄冕，前后三旒。旒皆五采玉十有二"[31]。依冕服等级，五彩缫的数量依次递减，障目的程度虽减弱，但"蔽明"的象征意义犹存。不仅君王要明辨正邪，臣下亦应兼备此德。近尊而曲，依命数，"上公衮冕，三采缫（朱白苍），前后九旒，旒有三采玉九。侯伯鷩冕，三采缫，前后七旒，旒有三采玉七。子男毳冕，三采缫，前后五旒，旒有三采玉五。孤卿以下，皆二采缫，二采玉焉"[32]。君臣虽在缫数、珠数、用色上体现上下有等的尊卑观念，但在"不视邪"的道德要求上君臣一体，无所偏倚。

汉魏以来，皇帝衮冕形制多有损益，"垂旒"或简或繁，但这一关键形制要素始终得以保留。秦灭礼学，东汉明帝时初用衮冕，旒首创白玉珠，前后各有十二颗，但垂旒长度仅为前四寸、后三寸，远不及周天子的十二寸（齐肩）。诸臣垂旒为青玉或黑玉，且有前旒无后旒。魏明帝好妇人之饰，十二旒皆用珊瑚珠。东晋南渡因美玉难得而改用白璇珠。隋唐衮冕效法汉制，为白珠十二旒。五代华奢无度，前后珍珠十二旒外，又加翠旒十二（碧凤御之）。大宋回归正统，效法周礼，五色丝贯五色玉，前后各十二旒，长一尺二寸。元代追慕华风，效习衮冕，十二旒皆取珍珠为饰。明王朝尤效周礼，衮冕垂

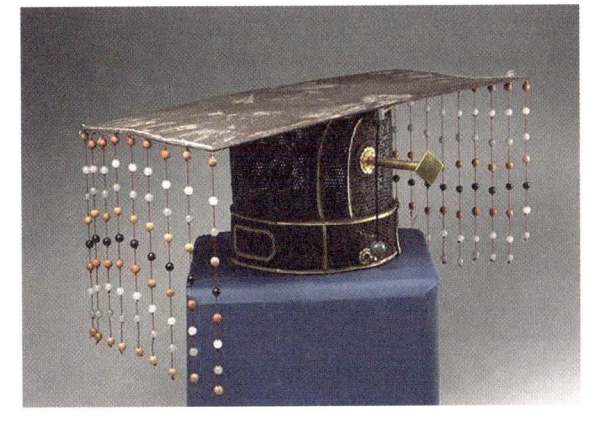

图2.13　明代鲁荒王九旒冕（鲁荒王墓出土）

旒诸特征与先秦古制相合（图2.13）。宋明两朝以儒立国，皆"服周之冕"，在冕冠制度上拨乱反正，使"垂旒"从外在形式到内在精神又重归正统。

2.充耳：掩听

充耳是古冕中又一具有道德象征意义的形制要素。《大戴礼记》曰："瑱纩塞耳，以蔽聪也。"《礼含文嘉》："加以鞋纩，不听谗也。"[33]《汉书》："鞋纩充耳，所以塞聪。""聪有所不闻，举大德，赦小过，无求备于一人之义也。"[34]充耳的道德指涉在于规劝从政者要善于掩听，不信谗言，不求全责备。

鞋纩之制东汉始载。《后汉书》："冕皆广七寸，长尺二寸……旁垂鞋纩。"唐人李贤注引吕忱曰："鞋，黄色也。黄绵为之。"薛综曰："以珩玉为充耳也。诗云：'充耳琇莹。'毛苌传曰：'充耳谓之瑱。天子玉瑱。琇莹，美石也。诸侯以石。'"[35]关于鞋纩、瑱、纮的关系，唐人孔颖达说得极为明白，以一五彩绦绳横于冕板上，两头下垂，系黄绵，绵下又悬玉瑱以塞耳。[36]五彩绦名"纮"，悬挂瑱之绳，垂于冠的两旁。绦绳君五色，臣三色。[37]依孔氏之言，充耳由纮、鞋纩、瑱三部分组成[38]，鞋纩、瑱皆有"蔽聪"之意。充耳兼具等级性，鞋纩，人君"以黄"，卿大夫"以青"，士"以素"。[39]瑱，天子玉石，诸侯美石[40]，突出君臣秩序。

充耳之制在历代冕冠制度中多被继承。梁制平天冠（通天冠平冕）"傍垂鞋纩，琉珠以玉瑱"[41]。隋天下一统，君臣六等之冕，皆有鞋纩，黄绵大如橘，更为醒目突出（图2.14）。唐承隋制，设鞋纩充耳。[42]《文选》曰"夫君人者，鞋纩塞耳"，唐代李善注："黄绵大如丸，悬冠两边当耳，不欲妄闻不急之言也。"[43]当反映唐制特点。白居易诗有"德宗立仗御紫庭，鞋纩不塞为尔听"句，薛能诗有"端拱乾坤内，何言鞋纩垂"句，可见鞋纩文化已嵌入文人的思想意识之中。宋制先备"鞋纩充耳"，后又"玉瑱，以玄纮垂瑱"。[44]宰相司马光对"充耳之意"有更深刻的阐释，"是以先王鞋纩塞耳，前旒蔽明，欲其废耳目之近用，推聪明于四远也"[45]。告诫皇帝不能只听近处、看眼前，应把目光放远，行大爱

图2.14〔唐〕阎立本《历代帝王图》隋文帝缀充耳形象（美国波士顿美术馆藏）

于天下，而不是施小惠于所见。张纲诗亦有"天子亟欲闻尽言，前席还应虚黈纩"之语。金国效袭华风，"黈纩二，真珠垂系，上用金萼子二"[46]，黄绵与珍珠组配，并缀金叶装饰。元承宋制，黄绵、玄纮、玉瑱两朝大略相合。[47]大明循古创新，黄玉黈纩（非黄绵），承以白玉瑱，以玄纮悬系[48]，更具特色。冕冠上一对小小的充耳，作为道德教化的政治符号，随着时代的迁流，原初的文化意涵与时政相关联，不断得以丰富与深化。

（三）貂蝉与白笔

貂蝉与白笔是中国古代官僚冠服体系中极具特色的冠首装饰物。此制度设计的最初用意并非美观，而欲"以物比德"，通过价值赋予对穿着者起到道德劝诫的作用。

1. 貂蝉：内劲外温与品性高洁

貂蝉，为"貂尾"与"金珰附蝉"的统称，是武冠上的文饰。《后汉书》载："赵武灵王效胡服，以金珰饰首，前插貂尾，为贵职"，武冠又称"赵惠文冠"[49]。《晋书·舆服志》载："惠者蟪也，其冠文轻细如蝉翼，故名惠文。"[50]武冠以轻透著名（图2.15）。秦灭赵，以君冠赐侍臣，故秦、汉以

图2.15　武弁大冠（马王堆三号汉墓出土）

来，侍中、常侍诸近臣冠首有貂蝉装饰（武官则去貂蝉）。北魏初朝贵多假常侍以取貂蝉之饰[51]，可见其代表了恩宠与荣耀。南北朝后期，此物的使用受到限制。隋朝虽有所恢复，但使用范围较前为小。唐代簪貂之官以左右散骑常侍为主。唐代以后不再簪貂尾，宋代用雉尾充当，元以后更易为鹖尾，明代仍如此。[52]

赵武灵王所创武冠上的貂尾、金珰附蝉二饰，究竟寓意何在呢？应劭《汉官》曰："说者以金取坚刚，百炼不耗；蝉居高饮洁，口在掖下；貂内劲捍而外温润。"[53]以金珰、寒蝉、貂尾分别象征坚刚、高洁、内劲而外温之德，对武臣有"比德劝善"的教化之意。由此，蝉的精神用意不断被深化。西晋文学家陆云作《寒蝉赋》，更赋予蝉以"文、清、廉、俭、信"五种如君子般的品德：

> 夫头上有绥，则其文也；含气饮露，则其清也；黍稷不享，则其廉也；处不巢居，则其俭也；应候守常，则其信也；加以冠冕，取其容也。君子则其操，可以事君，可以立身，岂非至德之虫哉？[54]

儒家文化所倡导的仁、义、礼、智、信，与蝉的道德品格多有相合。

随着蝉精神寓意的不断丰赡，从北周开始，金附蝉上升为天子通天冠上的显赫装饰（之前仅设金博山）[55]，"附蝉"成为隋唐至宋明天子通天冠制度的定式。中古以来，蝉文化仍承传不衰，象征君子高洁之德。唐代诗人骆宾王受冤下狱，写下《在狱咏蝉》一首："露重飞难进，风多响易沉。无人信高洁，谁为表予心！"托蝉言志。貂蝉在宋代政治文化中被进一步放大。"貂蝉笼巾"成为大宋官员权高一等的政治身份标识。宰相、亲王、使相、三师、三公所服的七梁花额冠上外罩笼巾，附貂蝉为饰。《宋史·舆服志》载："貂蝉冠一名笼巾，织藤漆之，形正方，如平巾帻。饰以银，前有银花，上缀玳瑁蝉，左右为三小蝉，衔玉鼻，左插貂尾。"[56] 貂蝉笼巾的形象可见于南京博物院藏明人绘《范仲淹肖像》（图2.16）。在臣下朝服系统中增设貂蝉装饰，其用意是期望警醒那些身居高位者能洁身自好，内性刚劲又处事温和，这样方能上下和睦、公正廉洁，以至国泰民安。[57] 貂蝉遂成为高官显爵的代名词。南宋陆游《汉宫春》曰："凭寄语，京华旧侣，幅巾莫换貂蝉。"辛弃疾《水调歌头》曰："头上貂蝉贵客，苑外麒麟高冢。"元明两朝延续此制，仍"貂蝉盈座，悉属公侯"。元末明初人陶安作七言律诗《貂蝉冠》，是其生动写照：

图2.16 〔明〕佚名《范仲淹肖像》宋代貂蝉笼巾（南京博物院藏）

> 尾裁丹黑蟪纹苍，簪插缨垂列庙堂。氄锦柔温摇采弁，翼绡清洁附金珰。鲛龙制度存遗意，獬豸锋棱接后行。台鼎选贤非狗续，玉阶风露鬓边凉。[58]

自"惠文冠"创制，貂蝉而兴，延续至明，其精神意涵不断丰富发展，施用范围也从皇帝近侍向高官显贵延伸。貂蝉一词亦作为官僚政治文化中的"身份术语"，而被文人墨客借引抒怀。

貂蝉之兴是儒家"比德"观念影响深远的生动写照。

2. 白笔：匡谏

簪白笔制度起源于汉代即有的簪笔礼制——珥笔于首，以便记事，由早期实用性的毛笔发展为装饰性的白笔。簪白笔制度应用于朝服系统，最初仅限于魏明帝时"奏不法"的御史一职，晋、南朝宋、南齐诸朝将其扩展到"三台五省二品文官"及"内侍"。隋唐则将白笔制度进一步扩大到七品文官以上。大宋更是无论文武官员皆簪白笔。[59] 百官朝服冠帽上的白笔究竟为何种形制呢？《宋史·舆服志》有明确的记载："立笔，古人臣簪笔之遗象。其制削竹为干，裹以绯罗，以黄丝为毫，拓以银镂叶，插于冠后。"[60] 宋人所谓的立笔即是白笔，其具体形象可见于南宋陈居中绘制的《文姬归汉图》，虽是宋人绘汉事，却反映了同时代的冠服特点（图2.17）。画中白笔立于官员所戴进贤冠的后中轴处，笔身外覆红罗，呈前弯状，笔尾固定于冠底沿处，中间穿过纳言，笔尖以黄丝为毫，并以镂叶托衬。此白笔造型与宋制甚合。

《中华古今注·簪白笔》载："古珥笔之遗象也。腰带剑珥笔，示君子有文武之备焉。"[61] 实际上，白笔更大的象征意义还在于告诫人臣要秉笔直言，发挥应有的辅政职能。匡谏亦是忠君的表现。《宋书》载："臣子之节，得失必书，不及匡谏，犹以为罪。"[62] 李白诗有"铁冠白笔横秋霜。三军论事多引纳"句，徐寅诗有"须簪白笔匡明主，莫许黄貂博少师"句，以御史为喻，意在传达"耻君不及尧舜，以谏争为己任"的忠臣政治伦理。"白笔"这一颇具警世意义的政治文化符号后期在官僚群体中渐呈普及之势，兼顾上下，无论文武。其使用范围的扩大，是朝堂政治下忠君思想不断强化的外在反映。

三、惜物善用

"惜物善用"是中华民族的传统美德。在古人看来，节俭是"惜福延寿"之道。遵循物的本质而善用之，是为工巧。《春秋公羊传》注曰："巧心劳手以成器物曰工。"[63]《说文·工部》："巧，

图2.17 （传）〔宋〕陈居中《文姬归汉图》宋代进贤冠后的白笔（台北故宫博物院藏）

技也。"故"径尺之帛，方寸之木，薄物也，非良工不能裁之"[64]制衣同样要以"工巧"为上，力求做到惜物善用。中华古典服饰形制结构中即承载此种智慧。直到今天，物尽其用，提高资源的使用效率，仍是我国建设"节约型"社会所遵循的重要原则。

（一）秦之裙与袴

北京大学藏秦代简牍中有一部自名《制衣》的书，有竹简27枚，现存649字，记载了秦人"下帬""上襦""大襦""小襦""前袭""袴"的尺寸和制法。[65]从对裙、裤剪裁方法的细致分析，即可看出秦人"惜物善用"思想的流露。

1.裙："交窬"斜裁

《制衣》第一篇共三章，为裙的剪裁方法：

> 大袤四幅，初五寸、次一尺、次一尺五寸、次二尺、皆交窬，上为下=为上，其短长存人。
>
> 中袤三幅，初五寸、次一尺、次一尺五寸，皆交窬，上为下=为上，其短长存人。
>
> 少袤三幅，初五寸、次亦五寸、次一尺，皆交窬，上为下=为上，其短长存人。
>
> 此三章者，皆帬（裙）颡（制）也，因以为衣下帬（裙）可。[66]

大袤、中袤、少袤是根据人的体型而分成的三个型号，三者剪裁方法大同小异。以大袤为例，见裁剪图（图2.18）。依图可见，大袤的裁剪是将四个全幅织物"交窬"斜裁为八幅。秦代纺织品的法定幅宽是二尺五寸，第一个全幅取值五寸（余二尺）、第二个全幅取值一尺（余一尺五寸）、第三个全幅取值一尺五寸（余一尺）、第四个全幅取值二尺（余五寸）。大袤结构由两两相对的八个直角梯形构成。八个窄边构成大袤腰部形态，八个宽边构成大袤底摆形态。大袤较为合理的拼缝方式有两种：方式一造型较为平直，为腰线弱曲型（图2.19），穿着后裙摆较为服帖，其形象可见于秦始皇陵出土的3号、4号百戏俑（图2.20）；方式二造型曲度较大，为腰线强曲型（图2.21），穿着后裙摆有活泼的波形褶皱，秦始皇陵2号俑坑出土的跪射俑所着裙式与之相符（图2.22）。两式大袤腰部尺寸均为四尺四寸（按秦一尺长23.1厘米，合101.6厘米），下摆尺寸为一丈二尺四寸（合286.4厘米），甚为宽大。[67]

两式大袤裙虽裁片拼合方式不同，但皆是在四个全幅布料上采用"交窬"法

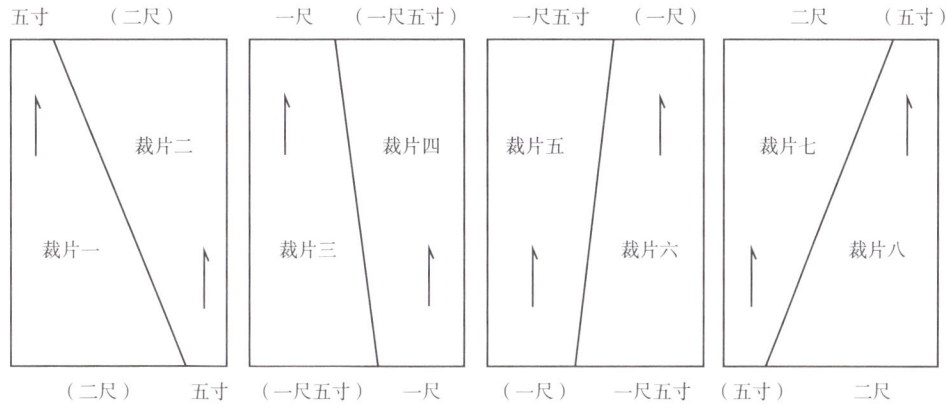

图2.18 大袤剪裁方式(自绘)

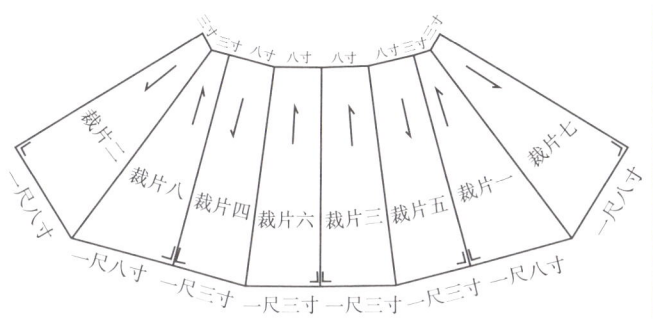

图2.19 腰线弱曲型大袤(自绘)

图2.20 秦始皇陵K9901陪葬坑3号百戏俑(左)和4号百戏俑(右)

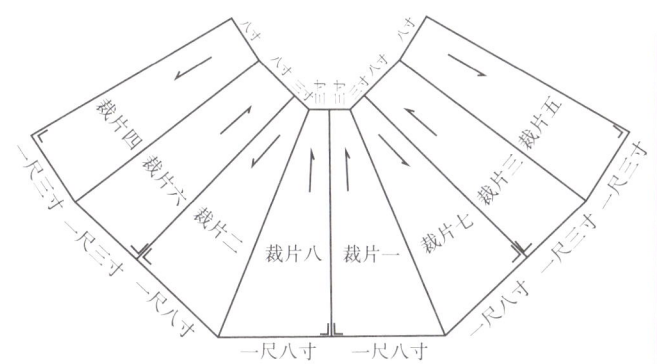

图2.21 腰线强曲型大袤(自绘)

图2.22 秦始皇陵2号坑跪射俑

剪裁。交窬是一种斜裁法，通过经向斜线剪裁，将一个矩形全幅布料分割成两个相等的直角梯形，构成制衣所需的裁片，布料的利用效率高达100%，无任何剩余的零料。“交窬”斜裁法在秦人制裙、制裤、制襦时均有应用，实现了“物尽其用”的节俭原则。

2. 袴：“裆片”巧用

《制衣》末篇为袴的裁剪方法：

> 褻（制）绔长短存人。子长二尺、广二尺五寸而三分，交窬之，令上为下=为上。羊枳毋长数。人子五寸，其一居前左，一居后右。此黄寄褻（制）述也。[68]

古“绔”通“袴”，今用作“裤”。“子”为袴的一部分，此指袴裆。据简文分析，绘制袴的裁剪图（图2.23）。依图可见，秦袴以二尺长的全幅布料（二尺五寸）为基础剪裁结构，袴腿长度则因人增减。将二尺五寸的幅宽按上下皆为一尺、五寸、一尺进行三分，交窬斜裁，于两斜线相交处（纵向一尺高处）再垂直剪开，直至脚口。袴前后片处理方法相同。将“人子”从腰口处移出，并将腰线拼合完整，裆部打开的豁口由“人子”填补，成为裆片结构。秦人着袴的形象可见于秦始皇陵2号坑出土的车左俑（图2.24），铠甲下的及膝战袍下，显露出利落、合体的袴脚造型。秦始皇陵K0007陪葬坑Ⅱ区出土的箨舟俑所着袴式亦属于狭长适体风格（图2.25）[69]。窄长的合裆袴便于活动，反映了秦人“修我甲兵。与子偕行”（《诗经·秦风·无衣》）的尚武品格。

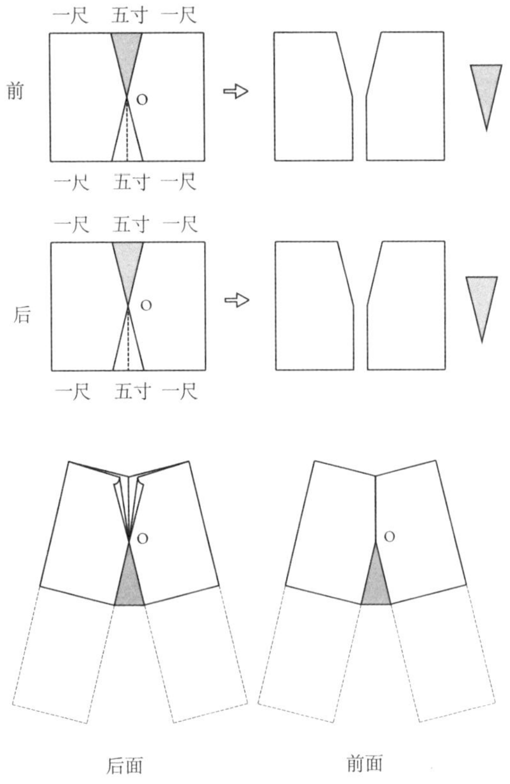

图2.23 袴剪裁示意图（自绘）

第二章
衣以载道——中华传统服饰文化中的"形"

图2.24　秦始皇陵2号坑战车车左俑

图2.25　秦始皇陵K0007陪葬坑筰舟俑

《制衣》所记载的秦人裁裤法，可谓别具匠心，不仅巧妙生成制裤所需的裆片结构，同时又解决了腰部收拢问题，布料的利用效率高达100%，是"惜物善用"的经典之作。与今天普遍穿着的西裤相比，秦裤具有人体适应性强、制作简易、工艺巧妙的优点。中华古法制衣技艺值得现代服装产业学习和借鉴。

（二）宋之衫与裤裙

宋代是中华文化发展的高峰。女性日常服饰追求简约、轻盈、雅逸的审美趣味[70]，通行于上下阶层。在剪裁方式上，追求化繁就简，化零为整，最大限度地减少对布料的浪费。

1. 衫：内出领缘法

宋代女衫廓形为"T"形，领型为对襟直领式样。在领式的剪裁上，尤以南宋最具特色。从多件出土的南宋女装实物标本发现，以衫为代表，对襟直领女上衣几乎均有一个共同的特征，即在领缘偏上距离上平线2—4厘米处皆有一条水平的接缝线，且左右对称分布，上接一段独立的

图2.26　接缝领拼接示意图——纱罗对襟上衣（福州茶园村宋墓出土）

"拼缝领"（图2.26）。不仅女装如此，南宋对襟式男装也具有相同的领型特点，可见男女配领工艺统一。

此对襟直领上的小小分割线很容易被人忽略，而将此领型理解为以现代工艺裁配。即需额外裁剪一条两倍于衣长的长宽带，对折后夹缝在前门襟处。但实际配领工艺远比现代方法巧妙。以福州茶园村宋墓所出"浅黄色牡丹花卉纹罗衫"为例，对其配领方法给予实证还原。宋代女衫领襟部位的关键技术在于"由衣片折转而成的对襟边"[71]。由此出发，对"浅黄色牡丹花卉纹罗衫"配领工艺给予细节揭示（图2.27）。

此种装配领方法工艺简单，缝纫便捷，可称之为"内出领缘法"。即领缘左右分割线以下部分结构由女衫前衣襟自然折叠而成，充分利用自身材料。仅领缘分割线以上部分的一小段"拼缝领"需另外裁配。此配领方式大大节省了罗料的使用量，可谓极富巧思，物尽其用。[72]

2. 裤、裙：全幅使用

南宋女性裤与裙的裁制工艺也透露着"惜物善用"的思想。以最具时代特色的"裆裤"为例，此裤为南宋女性所独有，是各阶层皆穿的时髦外裤。如福州南宋黄昇墓所出黄褐色罗两外侧开中缝合裆裤，整体呈A字形，两侧开长衩，样式新颖，洒脱飘逸。裤子主体结构由6片裁片组成，裤筒4片，裆片2片。腰部结构由4片矩形裁片组成，腰面1片，腰里1片，系带2片。腰面为罗料，其余皆为绢。裆裤裁片除裆片、腰面外，均为经向正裁。裤筒4片皆使用全幅罗料。为最大限度地提高衣料利用率，矩形裆片则巧妙采用纬向剪裁（图2.28），这从一个矩形裆片长度恰好等于全幅宽度可得到证明。腰面为一个全幅罗料加一个小补片构成。就裆裤的主体结构而言，罗料的利用效率达100%。[73]

南宋女性的褶裥裙无论是顺裥裙还是暗裥裙皆用全幅制成。如福州黄昇墓所出褐色罗印花褶裥裙（41）即用四个全幅罗料构成，腰部折叠21个顺裥后（呈现扇形），再拼缝腰头、腰带而成（图2.29）。江西德安周氏墓所出驼色如意珊瑚纹罗裙（C15），由四个全幅布料构成，居中折叠三个暗裥，构成裙身（图2.30）。裙里、裙腰及裙带均为绢料。由此可见，两种褶饰的女裙，主体裙身罗料的利用效率皆达100%。

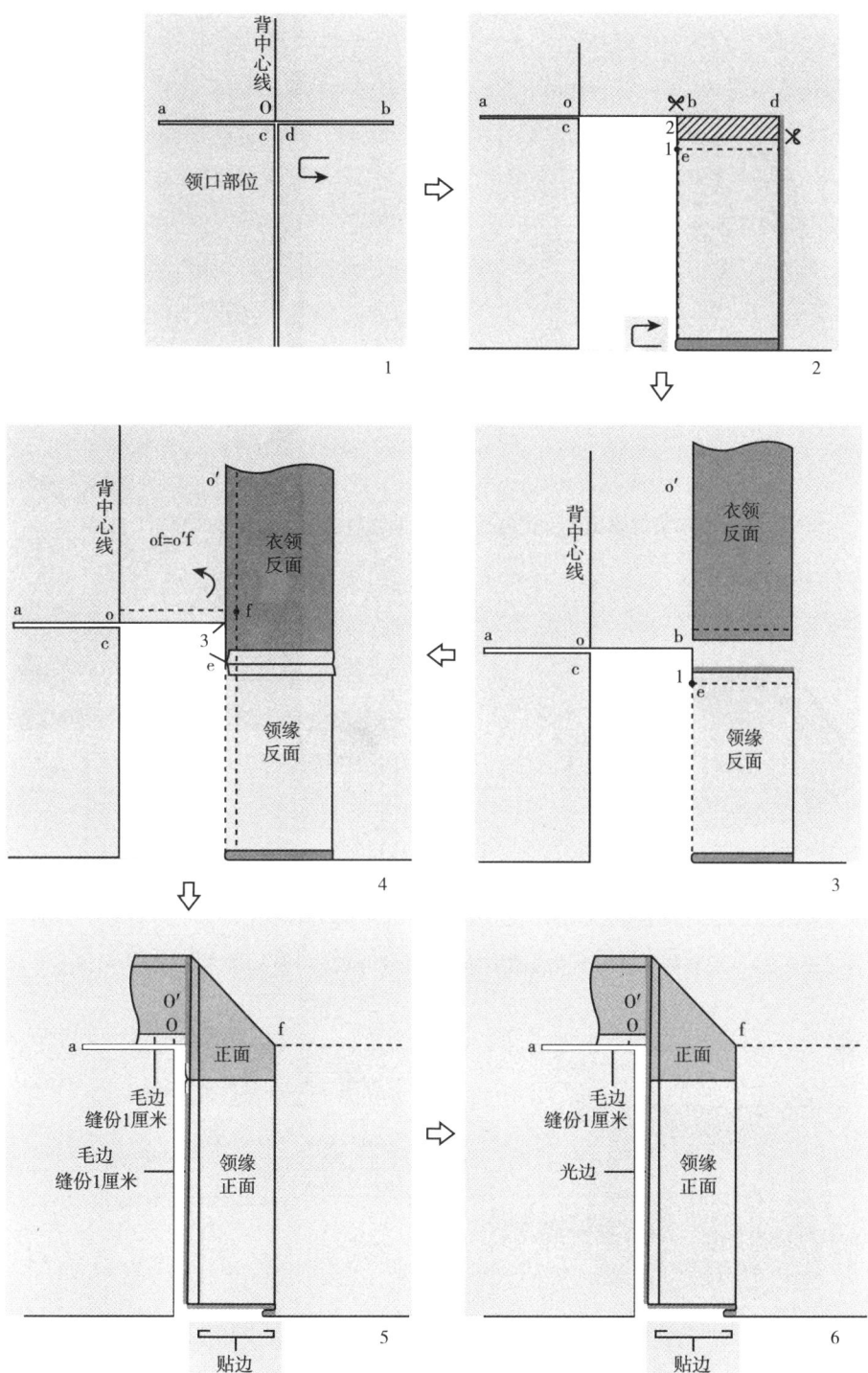

图2.27 配领工艺示范图（自绘）

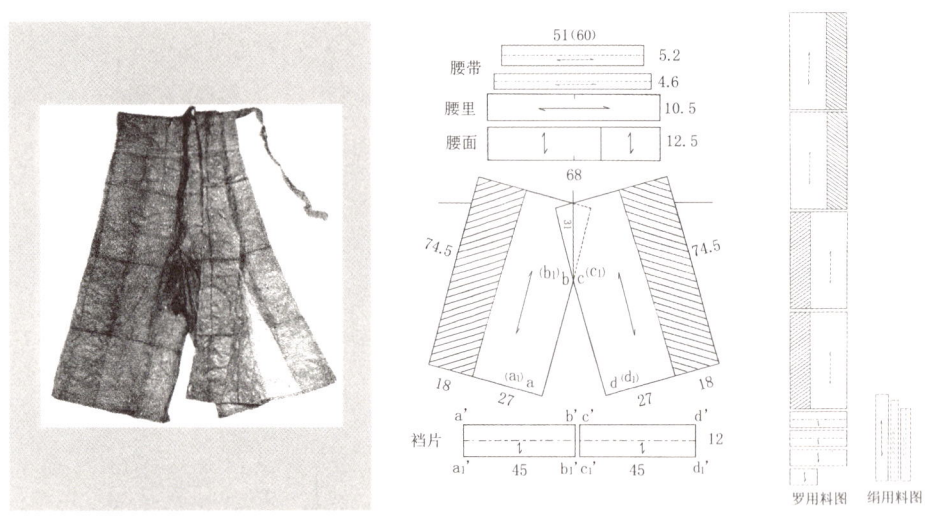

图 2.28　南宋黄昇墓出土女性裆裤（福建博物院藏）及构成方式分析（自绘）

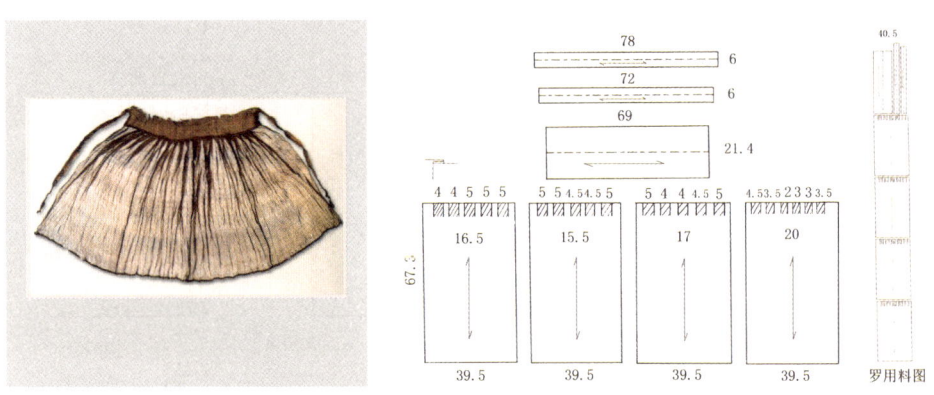

图 2.29　南宋黄昇墓出土女性褶裥裙（福建博物院藏）及构成方式分析（自绘）

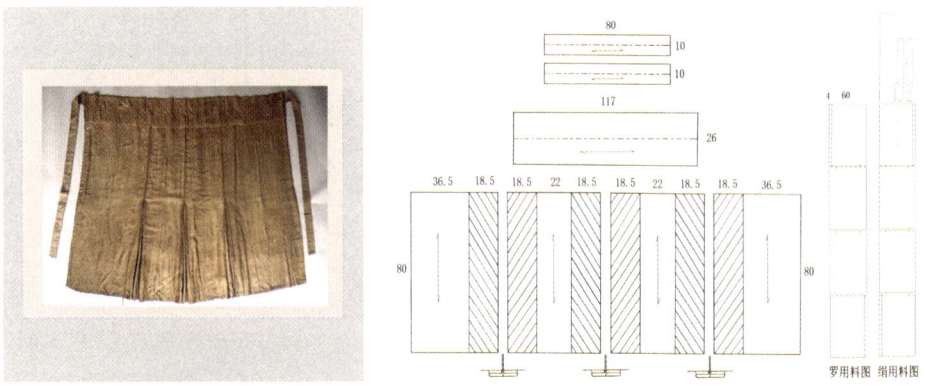

图 2.30　江西德安周氏墓出土女性暗裥裙（江西德安县博物馆藏）及构成方式分析（自绘）

※ 本章小结

中华传统服饰文化中的"形制"语言，作为一种有意味的观念符号，承载着天道人伦、比德劝善、惜物善用等丰富的人文精神内涵。在以儒家礼乐文化为正统的中国古代社会，服饰不仅是满足"盖形""暖身""装扮""美化"诸多"形而下"的实用需求，更为重要的是发挥着协调人伦、启迪心智的"形而上"的教化之功，其对培养社会成员和谐、自律、节用的美好道德品格具有积极的促进作用。

☼ 思考题

1. 衮冕是天子最具典型性的祭服，其形制语言如何体现"天道人伦"的观念？
2. 被儒家推崇的深衣制度如何体现"比德劝善"的人格影响？
3. 中华传统服饰在形制构成上如何体现"惜物善用"的精神？试举例说明。
4. 本土服饰的"守正创新"可以借鉴哪些优秀的传统造型智慧？

注释

[1] 郭齐勇.中国哲学的丰富内涵与独特优势[J].人民论坛,2017(24):39.

[2] 班固.汉书:卷八十六[M].颜师古,注.北京:中华书局,1962:3505.

[3] 范晔.后汉书:卷六十四[M].李贤,等注.北京:中华书局,1965:2105.

[4] 范晔.后汉书:志第三十[M].李贤,等注.北京:中华书局,1965:3663.

[5] 阎步克.服周之冕:《周礼》六冕礼制的兴衰变异[M].北京:中华书局,2009:7.

[6] 脱脱,等.宋史:卷一百五十二[M].北京:中华书局,1985:3543.

[7] 春秋穀梁传注疏:序[M]//李学勤.十三经注疏.北京:北京大学出版社,1999:4.

[8] 春秋穀梁传注疏:卷第十九[M]//李学勤.十三经注疏.北京:北京大学出版社,1999:322.

[9] 脱脱,等.宋史:卷一百五十一[M].北京:中华书局,1985:3530.

[10] 脱脱,等.宋史:卷一百五十二[M].北京:中华书局,1985:3550.

[11] 张玲.隋初皇后礼服"改制"考论[J].故宫博物院院刊,2021(5):84.

[12] 周礼注疏:卷第八[M]//李学勤.十三经注疏.北京:北京大学出版社,1999:202.

[13] 仪礼注疏:卷第五[M]//李学勤.十三经注疏.北京:北京大学出版社,1999:76.

[14] 张玲.隋初皇后礼服"改制"考论[J].故宫博物院院刊,2021(5):87.

[15] 邢义田.立体的历史:从图像看古代中国与域外文化[M].北京:生活·读书·新知三联书店,2014:82.

[16] 刘浦江.正统与华夷:中国传统政治文化研究[M].北京:中华书局,2017:17.

[17] 刘向.战国策:卷十九[M].缪文远,缪伟,罗永莲,译注.北京:中华书局,2012:559.

[18] 刘浦江.正统与华夷:中国传统政治文化研究[M].北京:中华书局,

[19] 沈括.梦溪笔谈：卷一[M]//全宋笔记：第二编：三.郑州：大象出版社，2006：10.

[20] 黎靖德.朱子语类：卷第九十一[M].王星贤，点校.北京：中华书局，1986：2327.

[21] 罗大经.鹤林玉露：乙篇卷一[M]//全宋笔记：第八编：三.郑州：大象出版社，2017：101.

[22] 刘浦江.正统与华夷：中国传统政治文化研究[M].北京：中华书局，2017：31.

[23] 张伯良.由"比德"到"畅神"[J].南京师大学报（社会科学版），1988（4）：66.

[24] 孟子注疏：卷第三下[M]//李学勤.十三经注疏.北京：北京大学出版社，1999：97.

[25] 礼记正义.卷第五十八[M]//李学勤.十三经注疏.北京：北京大学出版社，1999：1561-1562.

[26] 孙机.中国古舆服论丛：增订本[M].北京：文物出版社，2001：135.

[27] 朱熹.家礼[M].和刻本：2-3.

[28] 礼记正义：卷第二十九[M]//李学勤.十三经注疏.北京：北京大学出版社，1999：872.关于周礼冕旒形制，汉唐时期的郑玄、贾公彦、孔颖达等经学家均认为冕板前后皆垂有十二旒。而明儒王应电、清儒江永等则断定冕无后旒。学者丁鼎考证诸说，认为"冕无后旒"说难以成立。丁鼎，于少飞."冕无后旒"说考论[J].中国文化研究，2015（1）：86-94.

[29] 魏徵，令狐德棻.隋书：卷十二[M].北京：中华书局，1973：263.

[30] 刘昫，等.旧唐书：卷一百七十四[M].北京：中华书局，1975：4515.

[31] 论语注疏：卷第十五[M]//李学勤.十三经注疏.北京：北京大学出版社，1999：212.

[32] 论语注疏：卷第十五[M]//李学勤.十三经注疏.北京：北京大学出版社，1999：212.

[33] 魏徵，令狐德棻.隋书：卷十二[M].北京：中华书局，1973：263.

[34] 班固.汉书：卷六十五[M].颜师古，注.北京：中华书局，1962：2866.

[35] 范晔.后汉书：志第三十[M].李贤，等注.北京：中华书局，1965：3363-

3364.

［36］春秋左传正义：卷五十二［M］//李学勤.十三经注疏.北京：北京大学出版社，1999：1497.

［37］春秋左传正义：卷五［M］//李学勤.十三经注疏.北京：北京大学出版社，1999：141.

［38］洪之渊.《诗经》中的两种服饰考略［J］.社会科学战线，2007（2）：307.

［39］马端临.文献通考：卷一百十一［M］.北京：中华书局，2011：3394.

［40］范晔.后汉书：志第三十［M］.李贤，等注.北京：中华书局，1965：3664.

［41］魏徵，令狐德棻.隋书：卷十一［M］.北京：中华书局，1973：215.

［42］刘昫，等.旧唐书：卷四十五［M］.北京：中华书局，1975：1936.

［43］萧统.文选：卷第三［M］.李善，注.上海：上海古籍出版社，1986：133.

［44］脱脱，等.宋史：卷一百五十一［M］.北京：中华书局，1985：3523，3528.

［45］司马光.资治通鉴：卷一百三十八［M］.胡三省，音注.北京：中华书局，1956：4338.

［46］脱脱，等.金史：卷四十三［M］.北京：中华书局，1975：976.

［47］宋濂，等.元史：卷七十八［M］.北京：中华书局，1976：1930.

［48］张廷玉，等.明史：卷六十六［M］.北京：中华书局，1974：1616.

［49］范晔.后汉书：志第三十［M］.李贤，等注.北京：中华书局，1965：3668.

［50］房玄龄，等.晋书：卷二十五［M］.北京：中华书局，1974：767.

［51］李百药.北齐书：卷十八［M］.北京：中华书局，1972：236.

［52］孙机.中国古舆服论丛：增订本［M］.北京：文物出版社，2001：169，172.

［53］范晔.后汉书：志第三十［M］.李贤，等注.北京：中华书局，1965：3668.

［54］严可均.全上古三代秦汉三国六朝文：全晋文卷一百［M］.北京：中华书局，1958：2034.

［55］令狐德棻，等.周书：卷七［M］.北京：中华书局，1971：125.

［56］脱脱，等.宋史：卷一百五十二［M］.北京：中华书局，1985：3558.

［57］颜晓军.旧金山亚洲艺术博物馆藏《赵鼎像》研究［J］.新美术，2014，35（8）：31.

［58］杨镰.全元诗：第56册［M］.北京：中华书局，2013：423.

［59］谷重.古代簪笔制度考辨［J］.中国书法，2016（16）：140-142.

［60］脱脱，等.宋史：卷一百五十二［M］.北京：中华书局，1985：3558.

［61］中华古今注：卷上［M］//苏鹗.苏氏演义：外三种.吴企明，点校.北京：中华书局，2012：89.

［62］沈约.宋书：卷七十九［M］.北京：中华书局，1974：2048.

［63］春秋公羊传注疏：卷第十七［M］//李学勤.十三经注疏.北京：北京大学出版社，1999：369.

［64］杜佑.通典：卷第十七［M］.王文锦，王永兴，刘俊文，等点校.北京：中华书局，1988：418.

［65］刘丽.北大藏秦简《制衣》简介［J］.北京大学学报（哲学社会科学版），2015，52（2）：43-44.

［66］彭浩，张玲.北京大学藏秦代简牍《制衣》的"裙"与"袴"［J］.文物，2016（9）：72.

［67］彭浩，张玲.北京大学藏秦代简牍《制衣》的"裙"与"袴"［J］.文物，2016（9）：73-80.

［68］彭浩，张玲.北京大学藏秦代简牍《制衣》的"裙"与"袴"［J］.文物，2016（9）：82.

［69］彭浩，张玲.北京大学藏秦代简牍《制衣》的"裙"与"袴"［J］.文物，2016（9）：82-84.

［70］张玲.那更罗衣峭窄裁：南宋女装形制风格研究［M］.北京：中国传媒大学出版社，2019：337.

［71］福建省博物馆.福州南宋黄昇墓［M］.北京：文物出版社，1982：13.

［72］张玲.那更罗衣峭窄裁：南宋女装形制风格研究［M］.北京：中国传媒大学出版社，2019：190-193.

［73］张玲.那更罗衣峭窄裁：南宋女装形制风格研究［M］.北京：中国传媒大学出版社，2019：152-154.

| 第三章 |

时空秩序

——中华传统服饰文化中的"色"

东汉经学家许慎的文字学著作《说文解字》对"色"字作如下释义:"色,颜气也。""色"本义指人的面部气色,后泛指物体的颜色。中国传统色彩并非简单的视觉色相,而是一种观念,一种关于社会建构的认识表现。[1]中国传统服饰色彩观根植于内涵丰赡的宇宙时空秩序系统之中。就服饰色彩而言,既有对时空逻辑的哲思,体现天人合一之境,又寓有鲜明的礼教内涵,用以标识个体乃至群体的社会属性。服饰色彩被赋予特定的政治意涵,其对社会关系的治理、人伦秩序的构建发挥着显在的影响。

一、"五行五色"与"五德五色"

"五行说"是中国传统哲学思想中影响最为广泛的重要学说之一。它以数术的方式力图说明宇宙的根本秩序,强调事物之间的相互影响与联系。[2]中国人的色彩观与五行思想密切关联,衍生出"五色"这一具有时空属性的审美观念。"五德终始说"的创立将"德性"纳入五行系统,以"五德五色"的循环往复对历史变迁与王朝兴衰作出解释。

(一)五行五色

"五行"一说始见于《尚书·洪范》:"五行:一曰水,二曰火,三曰木,四曰金,五曰土。"[3]先秦哲学家用五行理论来解释世间万物的运动形式及其转化关系,从而形成独特的宇宙观。木代表生长,火代表破灭,金代表敛聚,水代表浸润,土代表融合。五种要素相互作用,既相生又相克:木生火、火生土、土生金、金生水、水生木,木克土、土克水、水克火、火克金、金克木,循环往复,生生不息(图3.1)。自羲农以来迄于周汉,莫不以五行为政治之本。[4]

五行系统对应天地人万事万物,如五色、五方、五时、五谷、五味、五气、五音等,其中五色是指青、赤、黄、白、黑五种正色。战国及两汉时期,五色与五行由独立走向关联。《黄帝内经·素问》载:"东方生风,风生木……在色为苍","南方生热,热生火……在色为赤","中央生湿,湿生土……在色为黄","西方生燥,燥生金……在色为白","北方生寒,寒生水……在色为黑"。[5]五色与五行彼此对位:苍(青)—木,赤—火,黄—

图3.1 五行"相生相克"关系图

土，白—金，黑—水。五色又被赋予空间的方位意义：东方—青，南方—赤，中央—黄，西方—白，北方—黑。《周礼·考工记》载："画缋之事，杂五色，东方谓之青，南方谓之赤，西方谓之白，北方谓之黑，天谓之玄，地谓之黄。"[6]除五色与五方——对位外，亦可见天之"玄"色凌驾于五方色之上的重要地位。

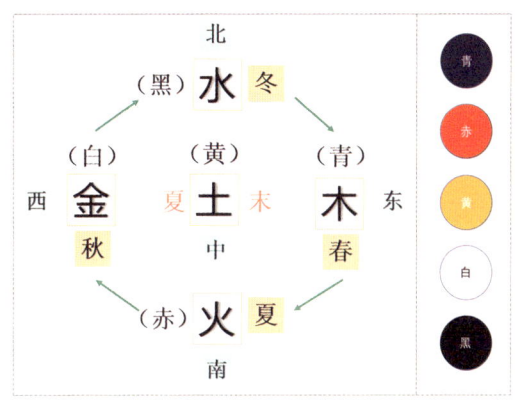

图3.2 "五行五色五方五时"关系图

五色也被纳入流转的时间结构中：春—青，夏—赤，夏末—黄，秋—白，冬—黑。五行五色五方五时，诸要素相互关联，彼此作用（图3.2）。这一独特的时空宇宙秩序观念，与农耕文明相适应，形成了"天不变而道亦不变"的永恒逻辑关系链。[7]

（二）五德五色

"五德终始说"是战国思想家、阴阳家邹衍主张的历史观，对历史变迁与王朝兴衰作出解释。将道德属性与五行对位，衍生出"五德"，即木德、火德、土德、金德、水德。"邹子曰：'五德之次，从所不胜。'故虞土，夏木，殷金，周火。"[8]虞夏商周，德运相代，胜负转化，木克土、金克木、火克金。"五德终始说"为秦王朝所接受，周为火德，水克火，秦得水德。[9]汉代也因循此说，为王朝合法性做注。故班固《典引》言："肇命民主，五德初始。"蔡邕注："五德，五行之德。自伏羲已下，帝王相代，各据其一行。始于木，终于水，则复始也。"[10]"五德"又与"五色"相对应。色彩的象征意义因此扩展到国家政治、伦理的宏大叙事中。[11]《吕氏春秋》载：虞土气胜，尚黄；夏木气胜，尚青；殷金气胜，尚白；周火气胜，尚赤；秦水气胜，尚黑。五德相克，以强胜弱，据此来确定王朝所属之"德色"[12]。

西汉末年刘向提出的"五德相生"说，影响王莽的新朝及其后诸代。这种由革命性的"五德相克"到禅让的"五德相生"观念转变，成为在国家、政治、伦理、文化层面上被不断强调的一种新的精神模式。汉初袭秦德色，后以土克水，改为土德，尚黄。又更为火德，尚赤。王莽笃信新说，认为新莽政权来自西汉的禅让，汉火生土，定新莽为土德，尚黄。后东汉政权又回归火德，尚赤。自新莽以来中华王朝的大部分时段皆是以"五德相生"逻辑禅代更迭。此举不仅可按公天下让贤原理禅让大位完成权力的和平过渡，也可使本朝成为历代正统相承王朝谱系的一环。[13]自东汉火德尚赤，逐代相递：曹魏土德尚黄；晋金德尚白；南朝宋水德尚黑，齐木德尚青，梁火德尚赤，陈土德尚黄；北朝北魏土德尚黄（后改水德尚黑），东魏西魏水德尚黑，北齐北周木德尚青；隋火德尚赤；唐土德尚黄；五代后梁金德尚白，后唐土德尚黄，后晋金德尚白，后汉水德尚黑，后周木德尚青；宋火德尚赤；金金德尚白（后改土德尚黄）；元金德尚白。明清两代改用"五德相克"理论，明火德尚赤；清水德尚黑。[14]

王者承天之道，易代而起，必"改正朔，易服色"。服色是代表王朝正统权力的主导性色彩，与王朝的德色相一致。《史记·殷本纪》："汤乃改正朔，易服色，上白。"[15]《史记·封禅书》："则汉当土德，土德之应黄龙见。宜改正朔，易服色，色上黄。"[16]《三国志·魏书》裴松之注："魏为土行，故服色尚黄。"[17]均可见五行德色与服色的一一对位关系。秦国一统天下，水德尚黑，贵族礼服取袀玄，胥吏用皂色。上下服饰皆偏向黑色，与王朝德色尚黑不无关联。

二、服饰中的"正色"与"间色"

中华传统服饰的色彩文化具有显在的"秩序性"特征，以"正色"和"间色"区分尊卑、上下、主次的等级秩序。五色属于"正色"，正色两两调和又会产生"间色"。正色居正统地位，受到儒家的推崇。孔子曾言："恶紫之夺朱也。"[18]深恶间色"紫"对正色"朱"地位的侵夺。《礼记·玉藻》载："衣正色，裳间色。"[19]以色彩之殊，明辨衣裳之序、乾坤之别，强调"天人合一"的服饰礼仪规范。

（一）尊贵的"正色"

青、赤、黄、白、黑五色，作为观念建构下的"正色"，受到历代统治阶级的重视。玄色象天，统领五方正色。青色为五色之始，应晴空之色；赤色为五色之荣，应火焰之色；黄色为五色之主，象大地之色；白色为五色之本，象明月之色；黑色为五色之终，应黑夜之色。[20]

1. 玄色

《说文·玄部》曰："玄，幽远也。黑而有赤色者为玄，象幽而入覆之也。"[21]《诗经·豳风·七月》："载玄载黄，我朱孔阳。"毛传："玄，黑而有赤也。"[22]《周

图3.3 〔明〕商喜《四仙拱寿图》局部（台北故宫博物院藏）

易集解》有"天玄地黄"之说。[23]《续笔谈》卷一载："玄，赤黑，象天之色。"[24]玄色比拟天色，被视为至尊之色。故周天子祭服上衣多采用玄色。秦始皇罢黜六冕，唯取袀玄，亦采用"玄"为袍色。先秦高级贵族祭服也取玄色。《诗经·采菽》："又何予之？玄衮及黼。"[25]金文中也见相关记载，"玄衣黹屯，赤市朱黄"。神秘的玄色，在后代士人的意识观念中仍占据崇高的地位。唐代李峤《燕》有"天女伺辰至，玄衣澹碧空"句，宋代梅尧臣《梦登河汉》有"玄衣乘苍虬，身佩水玉珰"句，明代高启《姑苏杂咏·洞庭山》有"玄衣使者不暇惜，欲使出拯苍生苏"句，皆以玄衣比衬天女、天界、仙界所营造的超凡意境，远离世俗之气（图3.3）。赤黑之玄色，拟天象而成至尊贵色，为后世所推崇。

2. 青色

《说文·青部》："青，东方色也。"《释名·释采帛》："青，生也，象物生时色也。""青"的释义表达了古人对生命伊始的外在寄托。周天子东郊春祭穿着青色的礼服出行。《礼记·月令》："孟春之月……天子居青阳左个。乘鸾路，驾仓龙，载青旗，衣青衣，服仓玉。"[26]周天子王后六服之一的"揄狄"（祭先公）也为青色。汉晋皇后蚕服亦采用上青下缥的深衣制袍服。隋唐宋明诸代皇后礼服袆衣亦采深青色。唐代以来品官服色也将青色纳入其中。此外，青领衣自先秦始就为学生所服。《诗经·郑风·子衿》："青青子衿，悠悠我心。"汉毛亨传："青衿，青领也，学子之所服。"[27]这一传统为明初所继承，青领衣仍为学生（监生）之服（图3.4）[28]。蕴含春时新生之象的青色，在礼经中被奉为贵色，尤为后代复兴周礼的王朝所看重。

图3.4 〔明〕曾鲸《李亨像》（上海博物馆藏）

3. 赤色

《说文·赤部》："赤，南方色也。"《释名·释采帛》："赤，赫也，太阳之色也。"周代天子夏祭出行即着赤色礼服。《礼记·月令》："（天子）衣赤衣，服赤玉。"周王后六服中祭群小的"阙狄"为赤色。天子及贵族祭服的配饰，如礼鞋、蔽膝也用赤色。《周礼》：屦人"掌王赤舃青絇"；《诗经·小雅》："赤芾金舃，会同有绎。"《诗经·豳风》："公孙硕肤，赤舃几几。"《诗经·曹风》："彼其之子，三百赤芾。"经魏晋直至隋唐宋元明诸代，赤舃仍为天子祭服（衮冕）所用。两汉时期，诸侯礼服上以赤绶系印纽。《后汉书·舆服志》载："诸侯王赤绶，四采，赤黄缥绀……"[29] 区别于天子的黄赤绶。自晋始，大赤者绛色，成为君臣朝服专属之色。因"工染之难得"而甚为珍贵。绛纱袍被后世奉为朝服的标准色，经历隋唐宋的过渡（图3.5），一直延续至明代。赤色为盛阳之气，太阳之正色，寓丹诚赤心之意，多被应用于上层阶级的礼服系统，成为中国古代尤被推崇的象征性色彩。自宋代以来，赤色系因寓意吉祥喜庆，而深入人心，直至今天仍产生深远影响。

图3.5 〔南宋〕佚名《女孝经图》宋代皇帝着通天冠、绛纱袍（故宫博物院藏）

图3.6 〔明〕佚名《唐太宗立像》（台北故宫博物院藏）

4. 黄色

《说文·黄部》："黄，地之色也。"《诗经·豳风》："载玄载黄。"《诗经·小雅》："狐裘黄黄"；《释名·释采帛》："黄，晃也，犹晃晃象日光色也。"周代以黄色为正色的观念已经确立。周王后祭蚕的鞠衣为黄色，但位居玄、青、赤诸色之下。至汉代，受董仲舒"三统五德"论的影响，五行"土"所代表的黄色是五色中最为盛美之色。尚黄、服黄成为最高的色彩礼仪。[30] 黄色地位日益上升，逐渐被赋予中央、权力的精神象征意义。唐代皇帝常服已采用标志性的赭黄色（图3.6）。至五代，黄袍已深具"南面而帝天下"之意。宋元明清，"黄袍加身"成为皇帝的专属，服黄之禁愈加严密。黄色所蕴含的中央、大地之意象，与九五之尊的帝王——天下居中者，有着密不可分的内在关联。中古以来，黄色逐渐成为中华正色系统中身份显赫的象征，被赋予帝王之尊的显在文化符号意义。

5. 白色

《说文·白部》："白，西方色也。阴用事，物色白。"《释名·释采帛》："白，启也，如冰启时色也。"《周礼·春官》郑玄注："白，殷之正色。"周天子秋季出行亦服白色之衣。《礼记·月令》载："孟秋之月……天子居总章左个，乘戎路，驾白骆，载白旗，衣白衣，服白玉。"[31]汉魏时期，白色常作王室丧礼之服色，如白帢多为帝王所用凶冠、丧冠，与单衣配用，延续至隋唐时期。《晋书·帝纪》载："帝著白帢单衣，步下西堂，乘犊车出神兽门。"[32]此外，

图3.7 〔唐〕阎立本《历代帝王图》陈文帝陈蒨像（美国波士顿美术馆藏）

魏晋时期白色冠服并非完全用以丧礼，白纱帽为魏晋南北朝时期皇帝宴见、朝会所戴首服（图3.7），原多为皇帝禁中之服，后成为上下之通服，延续至隋唐。两宋之时，白色仍属丧礼之服色。如《宋史·礼志》载："成服日，布梁冠，首绖……白绫衬衫，或斜巾、帽子。"[33]宋代以降，白色之丧礼属性未有更易，并演化成中国社会"以白为丧""以白为孝"的生活习俗。

6. 黑色

《说文·黑部》："黑，火所熏之色也。"《释名·释采帛》："黑，晦也，如晦冥时色也。"《诗经·缁衣》有："缁衣之宜兮""缁衣之好兮"，先秦卿士朝服用黑色。《周礼·天官》载："屦人掌王及后之服屦。为赤舃、黑舃、赤繶、黄繶；青絇、素屦、葛屦。"汉郑玄注："（王）舃有三等。赤舃为上……下有白舃、黑舃。"[34]秦汉以来，黑舃一直为天子、诸侯等使用。两汉时期，黑色常用作低级官员的绶色。《汉书·百官公卿表上》载："秩比六百石以上，皆铜印黑绶……绥和元年，长、相皆黑绶。"[35]魏晋至隋唐，黑介帻为天子戴通天冠时必备首服，后为皇帝拜陵所用。《新唐书·车服志》："（天子）黑介帻者，拜陵之服也。"[36]两宋时期，黑色的地位低于红色。黑鞓带专用于庶官，四品以上官员则服红鞓带（图3.8）。明清时期，群臣百官在忌辰、丧礼期间多着黑色素服。就平民服色而

言，宋代开放了黑色，允许庶民服黑（皂）。[37] 庄重与内敛的黑色，是五色流转的终结，其体现出一种生命的轮回、万物的更迭，黑色成为中国古代庄重仪式中不可或缺的服色。

（二）谦卑的"间色"

"五行"之间相生、相克，两种正色混合可产生若干"间色"。较之正色，间色为奇邪不正之色，地位较低。正色之外，间色的存在强化了中国古代社会"上下""尊卑"的伦理秩序，极大丰富了传统服饰文化中礼的精神内涵。

图3.8 〔南宋〕佚名《迎銮图》中着红鞓带的曹勋与着黑鞓带的侍从（上海博物馆藏）

1. 间色的产生

以五行相克，两种正色相混，可产生五种间色：绿、红、碧、紫、骝黄（图3.9）。此"相克"之间色同样具有方位的秩序：绿—东方、红—南方、碧—西方、紫—北方、骝黄—中央。五种间色的来源见于《论语注疏》邢昺引皇氏云："正，谓青赤黄白黑五方正色。不正，谓五方间色，绿红碧紫骝黄色是也。"邢昺言："青是东方正，绿是东方间。东为木，木色青。木克土，土色黄，并以所克为间，故绿色青黄也。朱是南方正，红是南方间。南为火，火色赤。火克金，金色白，故红色赤白也。白是西方正，碧是西方间。西为金，金色白。金克木，木色青，故碧色青白也。黑是北方正，紫是北方间。北为水，水色黑。水克火，火色赤，故紫色赤黑也。黄是中央正，骝黄是中央间。中央土，土色黄。土克水，水色黑，故骝黄色黄黑也。"[38] 五种间色中，"碧"也常为"缥"所替代，古人对间色的认知并非像正色那样绝对。

若以五行相生，两种正色相混，则又产生出另外五种间色。即缇、纁、缃、灰、綦（图3.10）。具体为，木生火，青赤相杂为缇；火生土，赤黄相杂为纁；金生水，白黑相杂为灰；水生木，黑青相杂为綦；土生金，黄白相杂为缃。

第三章
时空秩序——中华传统服饰文化中的"色"

黄 + 青 = 绿　　　青 + 赤 = 緅
赤 + 白 = 红　　　赤 + 黄 = 纁
黄 + 黑 = 骊黄　　白 + 黑 = 灰
青 + 白 = 碧　　　黑 + 青 = 綦
赤 + 黑 = 紫　　　黄 + 白 = 缃

图3.9　绿、红、骊黄、碧、紫 　　图3.10　緅、纁、灰、綦、缃

间色在丝帛中呈现的色彩意象,可见于《说文》《释名》诸书。《说文·糸部》:"红,帛赤白色也。""紫,帛青赤色。""（綦）綥,帛苍艾色。""纁,浅绛也。"《说文新附·糸部》:"緅,帛青赤色也。"《释名·释采帛》:"红,绛也,白色之似绛者也。""缥,犹漂也。漂漂,浅青色也。""紫,疵也,非正色;五色之瑕疵,以惑人者也。"间色常见于古代诗词中对衣饰的描写中。《诗经·绿衣》:"绿兮衣兮,绿衣黄裳。"五代冯延巳《江城子》:"碧罗衫子郁金裙。"唐代韦庄《赠姬人》:"莫恨红裙破,休嫌白屋低。"北宋秦观《南歌子》:"揉蓝衫子杏黄裙。"南宋高观国《留春令》:"粉绡轻试,绿裙微褪。"诸上涉及的穿着间色服饰者多是身份不高的伎乐群体（图3.11）。即便在章服制度并不严苛的唐宋时代,间色卑微的社会等级性仍是士人心中普遍的认知。

图3.11　〔宋〕佚名摹本《韩熙载夜宴图》清吹女子群像（故宫博物院藏）

2. 间色近尊而屈

间色也因视觉的特点成为"下、臣、子、妇、女、仆、次"等关系的元素象征。[39] 如：天以玄，地则纁；君服黄，臣服紫；袍色上青下缥……皆体现尊卑有序的等级伦理秩序。

间色应曲让于正色，若以间犯正、尊卑倒置，便会受到正统观念的批判。《论语·阳货》载："恶紫之夺朱也。"[40] 孔子厌恶紫色夺去朱色的正位。《论语·乡党》载："君子不以绀緅饰，红紫不以为亵服。"[41] 君子不以绀、緅为衣缘饰，因绀似斋服，緅似丧服，红、紫不能用于亵服，皆因间色不正之故。南朝刘勰《文心雕龙》曰："正采耀乎朱蓝，间色屏于红紫。"[42] 可见对赤、青正色的推崇，对红、紫间色的摒弃。大儒朱熹同样认为红、紫咸非正色，《四书章句集注》言："红紫，间色不正，且近于妇人女子之服也。"[43] 但唐以来，紫色却成为三品以上高官的服色，并影响宋明王朝。紫色在官服系统中获得了超越青、绯、绿诸色的优势地位，"服金紫"成为仕途中人至高的人生理想。绯和绿自唐以来则成为品官服色。明代人的眼中青色、绿色、杏黄色也可作为"日寻花柳以侍酣宴"的五代宫妓的代表服色（图3.12）。间色的地位并非一成不变，而是随着时代的变迁升降沉浮，不断被注入新的精神意涵。

图3.12 〔明〕唐寅《王蜀宫妓图》（故宫博物院藏）

三、神圣的礼服色彩

由《周礼》所确立的周天子"六冕"制度、王后"六服"制度是中国"古礼"的有机构成，是精心编排的完美制度模式，为后世"周礼复兴"运动提供了可供借鉴的样板。中古时期，《周礼》冠服制度一度左右了帝国的祭服变迁，此后又渐没落，直至明末为止。[44] 历代天子的祭服与王（皇）后的礼服皆体现出对正色与间色的蓄意设定，以实现"乾坤有序""尊卑有等"的伦理秩序。

（一）天子祭服色彩

周天子祭服，尊正色，卑间色，协调了玄色与五色的位序轻重。天子所服六冕除大裘冕为黑色外,其余五冕上衣皆玄色,下裳纁色,构建天尊地卑的等级秩序。从衮冕至玄冕,衣裳饰以五色章纹,依次为衮冕九章、鷩冕七章、毳冕五章、绨冕三章、玄冕一章,以九章衮冕最为隆重。《周礼·司服》郑玄注:"(冕服)九章,初一曰龙,次二曰山,次三曰华虫,次四曰火,次五曰宗彝,皆画以为缋;次六曰藻,次七曰粉米,次八曰黼,次九曰黻,皆絺以为绣。则衮之衣五章,裳四章,凡九也。"[45]衣画五章,裳绣四章,皆以五色装饰,山龙纯青,华虫纯黄,宗彝纯黑,藻纯白,火纯赤[46],粉米纯白,黼如斧形,刃白而身黑;黻为两己相背,青黑绣制。[47]衣色用玄,纹饰以五色,突出玄色的主导地位。

绘绣五色九章的祭服衮冕,是周天子祭祀先王的隆重礼服,成为后世追摹之典范。秦变古制,以袀玄取代了三代以来的天子冕服。袀玄采用上下皆玄(黑中透赤),为连衣裳的袍式,天地位序不分。西汉承秦故,直至东汉明帝才恢复了"玄衣纁裳"的周代制度,但升级为"五色十二章"。晋及梁变衮冕为"皂衣绛裳",南朝宋创大冕"玄衣黄裳",隋唐复用"玄衣纁裳"(图3.13),宋则改为"青衣缥(红)裳",金为"青衣红裳",元为"青衣绯裳",明代又恢复了"玄衣纁裳"的周制传统。可见三代所创立的冕服色彩成为一种经典范式,虽在王朝的更迭中有所发展变异,但"玄衣纁裳"作为祭服正宗之所在,始终被"复兴周礼"、寻求文化正统的王朝推崇,突出体现了中华传统服饰色彩文化传承的连续性。

(二)王(皇)后礼服色彩

玄色与五色也被施用于周天子王后六服中,同样体现主次的位序安排。最高等级的大礼服袆衣用玄色,其余揄狄、阙狄、鞠衣、展衣、缘衣,依次为青、赤、黄、白、黑五色。[48]袆衣(玄)、揄狄(青)、阙狄(赤)统称"三翟",为王后祭服;鞠衣(黄)为蚕服,褖衣(白)为朝服,展衣(黑)为燕服。从六服色彩的安排可见诸色在周礼中的主次地位。袆衣、揄狄、阙狄装饰五色翟鸟纹,突出祭服的高贵。鞠衣、褖衣、展衣均为纯色,不

图3.13 〔唐〕阎立本《历代帝王图》隋文帝杨坚像(美国波士顿美术馆藏)

施文采,体现祭服之外的"尚俭"之德。

汉代,皇后谒庙服打破了"上下一色"的周制传统,以腰线为界,上为尊色,下为卑色,突出上下等序。皇后谒庙服,绀上皂下;亲蚕服,青上缥下。青中带赤的绀色尊于黑皂色;青色尊于青白色。晋兼而有之,皇后谒庙服皂上皂下(一色),亲蚕服则青上缥下(异色)。南朝一脉继承汉晋制度,仍以皂、青为皇后礼服色彩。北朝则在礼制建设上比南朝更接近"周礼"[49]。北齐皇后效仿周代王后六服制度,取玄青赤黄白黑六色。而后周则夸张地创制了比《周礼》更为复杂的皇后礼服品类,但在用色上效法周制。皇后衣十二等,翟衣六:翚衣(素质、五色)、褕衣(青质、五色)、鷩衣(赤色)、鸠衣(黄色)、鹠衣(白色)、翎衣(玄色)。还有苍衣、青衣、朱衣、黄衣、素衣、玄衣。[50]

隋代以来,皇后最高等级的礼服一改玄、皂用色传统,而改用深青色。隋皇后礼服有袆衣、鞠衣、青衣、朱衣四等,依次为深青、黄、青、朱色。[51]唐承隋制,皇后礼服袆衣、鞠衣、钿钗礼衣三等,为深青、黄、杂色。[52]北宋皇后礼服取法隋唐制度,定袆衣、鞠衣、朱衣、礼衣四等,为深青、黄、朱、杂色(图3.14)。南宋则简化为袆衣、礼衣两等。[53]经历元代蒙古风格的皇后礼服的过渡,明代衣冠意图"复兴古礼",但皇后礼服袆(翟)衣色彩并未取周礼"玄色",而仍延续隋唐以来的"深青色"制度,常服则用真红、黄、深青等色。[54]可见周礼建构的王后礼服正色色彩——玄青赤黄白黑,在后代虽不断经历着增减损益,但以正色象征尊上,间色象征卑下的观念贯穿终始,构成中国古代上层女性礼服色彩的差序化结构。

四、服色的限定与僭越

随着帝制时代中央集权制的不断强化,君臣关系的尊卑秩序通过服饰色彩的差序化结构而愈见清晰。"以服色辨等差"构成中国古代服饰显著的文化特征,是统治阶级用以协调社会的重要手段。但政令的规训并非全然奏效,服色的禁忌与僭越交织演进。下层

图3.14 〔宋〕佚名《宋徽宗后坐像轴》(台北故宫博物院藏)

对上层等级服色的僭用，意在通过色彩的社会"扮演"，提升自身在他者眼中的社会形象。

（一）臣下服色的限定

君臣服色的等级区隔从先秦两汉，经历魏晋南北朝的过渡，伴随君权的上升，至隋唐以降日趋强化，从礼服逐渐扩大到常服。周代天子冕服上玄下纁，秦汉天子袀玄皆与臣下同为玄色，唯配饰用色区分等差。东汉复兴衮冕制度，上玄下纁，君臣以冕旒珠色辨识等级：天子白珠，三公诸侯青珠，卿大夫黑珠。[55]所佩组绶君臣又分七等：黄赤绶、赤绶、紫绶、青绶、黑绶、黄绶、青绀绶。隋代皇帝衮冕玄衣纁裳，绶色由汉以来的四彩（黄赤缥绀）增至六彩（玄黄赤白缥绿），臣下仍保持四彩。这一改制成果为唐宋元明诸代冕服建设所继承。

君臣常服等级性的强化出现在唐代。服色等级成为管理官僚体系的重要手段。唐贞观时规定"三品已上服紫，五品已下服绯，六品、七品服绿，八品、九品服以青，带以鍮石"[56]。唐上元时官员服色的区隔更趋细密，"文武三品以上服紫，金玉带。四品服深绯，五品服浅绯，并金带。六品服深绿，七品服浅绿，并银带。八品服深青，九品服浅青，并鍮石带"[57]。白居易《琵琶行》诗有"座中泣下谁最多？江州司马青衫湿"句，从"青衫"二字可感受到白居易被贬谪京外，品级卑微的潦倒境遇。

宋代品官公服承袭唐代四等服色制度：紫（三品以上）、朱（五品以上）、绿（七品以上）、青（九品以上）。因"深青乱紫"，扰乱品序，元丰时去"青"不用，遂形成三等服色：紫（四品以上）、绯（六品以上）、绿（九品以上），可见宋代统治者对官僚内部秩序等级的高度重视。金女真政权效习汉法，继承中稍有变通：紫（五品以上）、绯（七品以上）、绿（九品以上），扩大了紫绯色的服用范围。[58]元代承袭宋金制度，服色分级与金保持同步。[59]

明代"尊卑有别"的观念进一步强化，强调"居家有礼则长幼序，而宗族和朝廷有礼则尊卑定而等威辨"[60]。紫色作为贵色，不再施于臣下。公服系统唯三等服色：绯（四品以上）、青（七品以上）、绿（九品以上）[61]（图3.15）。清代官服色彩一律采用石青色，不同身份等级则以配饰色彩加以区别，如亲王、郡王、贝勒、贝子冠顶上衔红宝石；辅国将军、郡君驸冠顶上衔蓝宝石；亲王嫡妃、郡王嫡妃冠顶嵌东珠。[62]

图3.15 〔明〕佚名《甲申十同年图卷》局部（故宫博物院藏）

（二）服色的禁忌与僭越

从先秦至清代，对服色的禁忌始终贯穿于服饰制度的书写中，这是统治者巩固自身权力、明晰等级差异的政治举措。而社会群体面对刻板的政令往往表现出突破官方禁忌的超越行为，中国古代社会服色的僭越现象由此产生。

服色的僭越，意指以下犯上，冒用尊者的服色，官员对皇家、平民对官员皆在此列。《后汉书·舆服志》载："绣黼丹朱中衣，镂簋朱绂，此大夫之僭诸侯礼也。"[63]朱色的领缘、朱色冠带为大夫僭越诸侯之色。对平民阶层而言，朱赤更是无法企及的贵色，只能选择素白或规定之色。《春秋繁露·服制》载："散民不敢服杂采。"[64]《汉书·成帝纪》述："青绿民所常服，且勿止。"[65]晋代有"庶人不得衣紫绛及绮绣锦缋"[66]之规定。服色禁令频出的背后推动力无疑是庶民对权贵阶层衣装品位的刻意模仿。

隋唐开放的社会环境为服色僭越的发生提供适宜的土壤。隋炀帝时期，虽规定"贵贱异等，杂用五色"[67]，但皇帝及百官常服，同于匹庶，皆着黄袍，唯皇帝加十三环带以为差异。唐初，皇帝常服用黄，后渐用赤黄，规定"士庶不得以赤黄为衣服杂饰"[68]。两宋时期服色僭越仍十分普遍。北宋真宗皇亲与内臣袍服皆黝紫色，士庶竞相效仿，时人谓之"奇邪"之服，然屡禁不绝。[69]至南宋黝紫色普遍流行，皇帝无奈另选赤紫为御用色[70]，以区别众庶（图3.16）。

明初统治者意图"复汉衣冠"，上采周汉、下取唐宋，以"四民"的阶级划分对民众着装加以严格限定。洪武三年（1370）定，士庶服杂色盘领衣，不许用黄。士庶妻袍衫止用紫、绿、桃红及诸浅淡颜色（图3.17），不许用大红、鸦青、黄色，带用蓝绢布。[71]然而，明中后期商品经济发达，礼制逐渐松动，商贾士庶人家服色冒上之风日盛。《旧京遗事》载："或有吉庆之会，妇人乘坐大轿，穿服大红蟒衣，意气奢溢，但单身无婢从，卜其为市佣贱品。"[72]《见闻杂记》又载："二十年来，东南郡邑，凡生员读书人家有力者，尽为妇人红紫之服……"[73]时至清代，统治者建构了一套更为严密的服饰等级制度。雍正二年（1724），禁止官员军民服色在定例外用秋香色、米色、香色，违者加罪议处。[74]但僭越行为并未消失，而是随着政令的紧张松弛，此消彼长，直至帝制时代的结束。

图3.16 （传）〔南宋〕萧照《中兴瑞应图》中着紫衫的康王赵构（上海龙美术馆藏）

图3.17 〔明〕《佚名妇人像》（美国弗利尔美术馆藏）

※ 本章小结

中国传统服饰色彩观根植于内涵丰赡的宇宙时空秩序系统之中。五色与五行对位，融入五方和五时要素，构建天人同构的伦理秩序。衣冠制度中的"正色"与"间色"是区分尊卑、上下、主次秩序的观念性色彩。历代天子与王（皇）后的礼服皆体现出对正色与间色的精心安排。随着帝制时代君权的不断强化，君臣的尊卑秩序通过服色的差序化愈见明晰。政令禁忌与服色僭越伴随朝代的更迭交织演进，此消彼长。"以服色辨等差"是统治者用以协调社会的重要手段，构成中国古代服饰显著的文化特征。

☼ 思考题

1. 中国人的色彩观与宇宙时空秩序相关，体现天人同构的特点，如何理解这一命题？
2. 中华传统服饰中的正色与间色内涵丰富，试举例说明二者的关系。
3. 思考周代天子"六冕"与王后"六服"的色彩使用特点，以及对后世服饰秩序建构的影响。
4. 何为服色僭越？不同历史时期服色僭越的表现有何不同？

注释

[1] 陈彦青.观念之色：中国传统色彩研究[M].北京：北京大学出版社，2015：3.

[2] 范毓周."五行说"起源考论[M]//中国古代思维模式与阴阳五行说探源.南京：江苏古籍出版社，1998：118.

[3] 尚书正义：卷第十二[M]//李学勤.十三经注疏.北京：北京大学出版社，1999：301.

[4] 萧吉.五行大义[M].钱杭，点校.上海：上海书店出版社，2001：2.

[5] 黄帝内经：上：卷二[M].姚春鹏，译注.北京：中华书局，2010：60-62.

[6] 周礼注疏：卷第四十[M]//李学勤.十三经注疏.北京：北京大学出版社，1999：1115.

[7] 彭德.五色与时空逻辑[J].画刊，2022（11）：74.

[8] 刘文典.淮南鸿烈集解：卷十一[M].冯逸，乔华，点校.北京：中华书局，1989：358.

[9] 司马迁.史记：卷六[M].裴骃，集解.司马贞，索隐.张守节，正义.北京：中华书局，1982：237-238.

[10] 萧统.文选：卷第四十八[M].李善，注.上海：上海古籍出版社，1980：2202.

[11] 陈彦青.观念之色：中国传统色彩研究[M].北京：北京大学出版社，2015：410.

[12] 许维遹.吕氏春秋集释：卷第十三[M].梁运华，整理.北京：中华书局，2009：284.

[13] 楼劲.魏晋以来的"禅让革命"及其思想背景[J].华东师范大学学报（哲学社会科学版），2017（3）：7.

[14] 彭德.中华五色[M].南京：江苏美术出版社，2008：127-151；脱脱，等.宋史：卷七十[M].北京：中华书局，1985：1597.

[15] 司马迁.史记：卷三[M].裴骃，集解.司马贞，索隐.张守节，正义.北京：中华书局，1982：198.

[16]司马迁.史记:卷二十八[M].裴骃,集解.司马贞,索隐.张守节,正义.北京:中华书局,1982:1381.

[17]陈寿.三国志:卷三[M].陈乃乾,校点.北京:中华书局,1982:108.

[18]论语注疏:卷第十七[M]//李学勤.十三经注疏.北京:北京大学出版社,1999:240.

[19]礼记正义:卷第二十九[M]//李学勤.十三经注疏.北京:北京大学出版社,1999:1043.

[20]彭德.中华五色[M].南京:江苏美术出版社,2008:34.

[21]许慎.说文解字[M].徐铉,等校.上海:上海古籍出版社,2007:188.

[22]毛诗正义:卷第八[M]//李学勤.十三经注疏.北京:北京大学出版社,1999:497.

[23]李鼎祚.周易集解:卷第十七[M].王丰先,点校.北京:中华书局,2024:372.

[24]沈括.续笔谈:卷一[M]//全宋笔记:第二编:三.郑州:大象出版社,2019:220.

[25]毛诗正义:卷第十五[M]//李学勤.十三经注疏.北京:北京大学出版社,1999:896.

[26]礼记正义:卷第十四[M]//李学勤.十三经注疏.北京:北京大学出版社,1999:442-456.

[27]毛诗正义:卷第四[M]//李学勤.十三经注疏.北京:北京大学出版社,1999:314.

[28]郎瑛.七修类稿:卷八[M].上海:上海书店出版社,2001:89.

[29]范晔.后汉书:志第三十[M].李贤,等注.北京:中华书局,1965:3674.

[30]陈彦青.观念之色:中国传统色彩研究[M].北京:北京大学出版社,2015:76,78.

[31]礼记正义:卷第十六[M]//李学勤.十三经注疏.北京:北京大学出版社,1999:518-521.

[32]房玄龄,等.晋书:卷八[M].北京:中华书局,1974:214.

[33]脱脱,等.宋史:卷一百二十五[M].北京:中华书局,1985:2919-2920.

[34]周礼注疏:卷第八[M]//李学勤.十三经注疏.北京:北京大学出版社,1999:215.

[35]班固.汉书:卷十九上[M].颜师古,注.北京:中华书局,1962:743.

[36] 欧阳修,宋祁.新唐书:卷二十四[M].北京:中华书局,1975:516.
[37] 程民生.宋代黑色的地位与功能[J].社会科学战线,2022(8):120.
[38] 论语注疏:卷第十七[M]//李学勤.十三经注疏.北京:北京大学出版社,1999:240.
[39] 陈彦青.中国色彩系统观念建构一种:间色的转换[J].新美术,2013(4):56-57.
[40] 论语注疏:卷第十七[M]//李学勤.十三经注疏.北京:北京大学出版社,1999:240.
[41] 论语注疏:卷第十[M]//李学勤.十三经注疏.北京:北京大学出版社,1999:131.
[42] 刘勰.文心雕龙译注[M].陈志平,译注.北京:北京联合出版公司,2015:202.
[43] 朱熹.四书章句集注[M].北京:中华书局,1983:119.
[44] 阎步克.宗经、复古与尊君、实用(上):中古《周礼》六冕制度的兴衰变异[J].北京大学学报(哲学社会科学版),2005,42(6):95.
[45] 周礼注疏:卷第二十一[M]//李学勤.十三经注疏.北京:北京大学出版社,1999:549.
[46] 伏胜.尚书大传:卷二[M].上海:商务印书馆,1922:25.
[47] 尚书正义:卷第五[M]//李学勤.十三经注疏.北京:北京大学出版社,1999:116.
[48] 周礼注疏:卷第八[M]//李学勤.十三经注疏.北京:北京大学出版社,1999:202-203.
[49] 阎步克.服周之冕:《周礼》六冕礼制的兴衰变异[M].北京:中华书局,2009:291.
[50] 马端临.文献通考:卷一百十四[M].北京:中华书局,2011:3349-3350.
[51] 魏徵,令狐德棻.隋书:卷十二[M].北京:中华书局,1973:260.
[52] 刘昫,等.旧唐书:卷四十五[M].北京:中华书局,1975:1955.
[53] 脱脱,等.宋史:卷一百五十一[M].北京:中华书局,1985:3534-3535.
[54] 申时行,等.明会典:卷六〇[M].北京:中华书局,1989:373-374.
[55] 范晔.后汉书:志第三十[M].李贤,等注.北京:中华书局,1965:3663.
[56] 刘昫,等.旧唐书:卷四十五[M].北京:中华书局,1975:1952.

[57]刘昫,等.旧唐书:卷四十五[M].北京:中华书局,1975:1952-1953.

[58]脱脱,等.金史:卷四十三[M].北京:中华书局,1976:982.

[59]宋濂,等.元史:卷七十八[M].北京:中华书局,1976:1939.

[60]明实录[M].黄彰健,校勘.中研院历史语言研究所,校印.北京:中华书局,2016:132.

[61]申时行,等.明会典:卷六一[M].北京:中华书局,1989:386.

[62]赵尔巽,等.清史稿:卷一百三[M].北京:中华书局,1977:3044-3052.

[63]范晔.后汉书:志第二十九[M].李贤,等注.北京:中华书局,1965:3640.

[64]董仲舒.春秋繁露:服制第二十六[M].张世亮,钟肇鹏,周桂钿,译注.北京:中华书局,2012:280.

[65]班固.汉书:卷十[M].颜师古,注.北京:中华书局,1962:325.

[66]房玄龄,等.晋书:卷九十[M].北京:中华书局,1974:2333.

[67]魏徵,令狐德棻.隋书:卷十二[M].北京:中华书局,1973:279.

[68]刘昫,等.旧唐书:卷四十五[M].北京:中华书局,1975:1952.

[69]李焘.续资治通鉴长编[M].北京:中华书局,1993:4782.

[70]王栐.燕翼诒谋录:卷五[M]//宋元笔记小说大观:五.上海:上海古籍出版社,2001:4626.

[71]申时行,等.明会典:卷六一[M].北京:中华书局,1989:394.

[72]史玄,夏仁虎,阙名.旧京遗事 旧京琐记 燕京杂记[M].北京:北京古籍出版社,1986:24.

[73]李乐.见闻杂记:续卷十[M].上海:上海古籍出版社,1986:817.

[74]赵尔巽,等.清史稿:卷一百三[M].北京:中华书局,1977:3063.

| 第四章 |

事天尚质
——中华传统服饰文化中的"质"

原生或纺织材料是服饰存在的物质基础,中华古代服饰材料以裘、麻、丝、棉为主。先民在逐渐掌握了衣料的织造技术为自身带来温暖与舒适的同时,也将生活习俗、社会制度、审美情趣以及种种文化心态、价值观念融入其中,使服饰材料从古至今的更迭发展烙上了独特的文化印记。

一、轻裘缓带

中华裘皮服饰的穿用历史十分悠久,殷墟出土甲骨文中即有表现"裘之制,毛在外"[1]的象形字。从初始的御寒服装发展到赋有政治权力色彩的享用品,裘衣在实用功能之外,更与唯尊者贵的美学意象、德称其服的道德要求和唯物辩证的哲学深义紧密联系在一起。其使用深入历朝历代的生产、生活、政治、军事、礼仪、艺术等各方面,不仅是中原历代礼仪服饰的重要组成部分,也带有浓厚的北方少数民族服饰色彩,演绎出众多的社会文化现象。

(一)裘衣之制

动物皮毛是人类最早使用的制衣原料,"凡取兽皮制服,统名曰裘"[2],裘衣的历史可追溯至旧石器时代晚期,以狩猎和采集为生的先民们发现野兽皮毛是较好的御寒蔽体之物,逐渐学会使用骨针缝缀兽皮,彼时纤维纺织技术尚未出现,"未有麻丝,衣其羽皮"[3]是原始社会生活的真实写照。西周时期,鞣化技术逐渐成熟,《周礼·考工记》要求,加工过的裘皮应是"望而眂之,欲其荼白也;进而握之,欲其柔而滑也;卷而抟之,欲其无迆也"[4]。裘的美观性、舒适性得到重视,加之材料的稀有和礼乐制度的赋予,裘衣地位超拔,并与中国古代祭祀文化紧密联系在一起,成为社会秩序与文明的象征。

周代六冕以大裘冕为首位,《周礼》称"王之吉服,祀昊天、上帝,则服大裘而冕"[5]。郑玄注:"大裘,黑羔裘,服以祀天,示质"。大裘由黑羔制成,为天子祭祀天地时所着礼裘,是最高规格的冕服。"大裘,天子郊服也。礼,唯许诸侯服麛裘,以誓军众田猎耳,不得用大裘。"[6]充分体现了大裘服用者地位的尊贵和权威。不同类型的裘衣具有等级身份之标识意义,裘以狐裘为贵,其中天子穿狐白裘,是狐中最贵者,狐青裘、狐黄裘为诸侯、大夫、士所服,国君及诸侯可使用全裘,而卿大夫需用豹皮饰作为羔裘的袖饰,庶人穿的则是不加褐衣的犬、羊之裘,属普通、低劣的裘皮。[7]裘衣的制作也有精粗之别,良裘是王者的皮衣,品质纯良做工精细,功裘则加工稍粗供卿大夫穿着。汉代以后,裘衣在章服中的比重降低,但仍是贫富的标志,"今富者鼲貂,狐白凫翳。中者翯衣金缕，燕貉代黄"[8]。元代缀有貂尾的白貂裘仍是皇帝身份的显著标识（图4.1）。以裘衣区分尊卑的服饰制度一直延续到清代，且繁缛化的程度进一步加强。《大清会典》规定端罩穿用等级，皇帝用黑狐、紫貂（图4.2），皇子用紫貂，亲王、郡王、贝勒、贝子、固伦额驸用青狐皮制成，民公、侯、伯下至文三品、武二品用貂皮……裘的种类、位置、多少以及穿戴场合、时令等都有具体规定。至清末，民间裘衣服用阶层混乱，既透视出经济发展、社会流动带来的活力，也反映了礼制的衰弛与崩坏。

图4.1 〔元〕刘贯道《元世祖出猎图》局部（台北故宫博物院藏）

图4.2 清代明黄色团龙纹暗花江绸玄狐皮端罩（故宫博物院藏）

（二）裘衣之义

中国古代独特的历史传统和社会环境造就了裘衣文化意涵的丰富性。一方面，古人对裘衣物质价值的认识上升为一种审美意象。《论语》子路曰："愿车马衣轻裘，与朋友共，敝之而无憾。""裘马轻肥"常指代生活富裕、放荡不羁。南北朝范云诗中云："傧从皆珠玳，裘马悉轻肥。"宋代沈瀛也曾吟："裘带功名，袴襦歌颂。"诗人李白更是在《将进酒》中留下了"五花马，千金裘，呼儿将出换美酒，与尔同销万古愁"的著名诗篇。在士人的眼中，"达"则狐裘飘举、肥马疾驰，"穷"则"裘弊金尽"[9]，裘衣叠印上了春风得意、飞黄腾达、权势富贵的典型意象。这便不难理解为何历代帝王常赏赐裘衣"示以仁德"，北齐时期文宣帝即"解所服青鼠皮裘赐邕"。"赐貂"和"赐暖"逐渐成为后世朝廷典章中的惯例，在赐授、受赐之间，树立起慷慨亲和的仁君形象，增强了王朝的凝聚力。

另一方面，古人将"裘"与人内在的德行品质相连，讲求德称其服。《诗经》中多有涉及裘衣的诗篇，《郑风·羔裘》云："羔裘豹饰，孔武有力"，羔裘是温柔、敦厚的象征，豹饰是刚猛、力量的代表，二者组合也就成为刚柔相济的人格体现。《小雅》中记载了一位西周贵族"彼都人士，狐裘黄黄。其容不改，出言有章。行归于周，万民所望"，其言行举止都体现着"礼"的精神：黄裼狐裘、着衣以礼、从容有常、言行有法。周人的服饰观要求以合礼为美，合德为美，正如儒家所讲"文质彬彬，然后君子"[10]，这是中国古代士大夫普遍追求的理想人格。

古人在制裘实践中积累的认知经验更见哲学智慧之深意。由《慎子·知忠》"粹白之裘，盖非一狐之皮也"引申出的成语"集腋成裘"，描述了将狐狸腋下皮毛聚集起来缝制皮衣的过程，而古人则从这寻常的工序中抽绎出一种具有启迪意义的认识论，即积少成多，蕴含着事物由量变到质变的朴素唯物辩证思想。此外，"若挈裘领"更具方法论的实践价值，语出《荀子·劝学篇》："若挈裘领，诎五指而顿之，顺者不可胜数也。"在荀子看来，寻求仁义需从礼法入手，就像在整理裘服时，提起衣领向下拍抖，皮毛便都柔顺了，由此强调解决问题要抓住要领，即事物起支配地位的主要矛盾及矛盾的主要方面。凡此种种譬喻，皆在社会历史长河的积淀下深化了中华裘衣文化的哲学意蕴。

（三）戎狄之服

中国古代北方少数民族长期从事游牧骑猎活动，基于地理环境及文化渊源等因素，裘皮易得且使用普遍，因此裘衣往往被视为北方少数民族服饰的象征，即"戎狄之服"。大量古代汉族文献在描述这一着装现象时，似乎着意强调它的原初性与简陋性。《史记·匈奴列传》潜隐地以中原衣冠文明视角审视游牧部落："自君王以下，咸食畜肉，衣其皮革，被旃裘"，仅服裘而没有文化的深厚积淀，是不知礼仪的原生态行为。宋初文学家徐铉讥笑士大夫寒日多披毛衫："中朝自五胡猾乱，其风未改，荷毡被毳，实繁有徒"[11]，认为仿效胡人着裘是甘居下流，这无疑带有个人的主观偏见。古代绘画直观地展示了少数民族衣裘的形象，如描绘出塞、番骑、射猎等题材的作品中，或毡冠绒领，或锋毛袍褂，或貂裘大氅，将胡人粗犷豪放、勇武刚烈的性格特征表现得淋漓尽致（图4.3）。

辽、金、元、清是中国历史上由北方民族建立的政权，裘衣在日常生活中仍占据重要地位，《元史·本纪》载，世祖"诏十路宣抚司造战袄、裘、帽，各以万计"，"造羊裘、皮帽、裤、靴，皆以万计"，可见其规模。在各民族交流频繁的时期，北方少数民族通过裘皮服饰与汉人进行贸易往来。据《明实录》统计，仅明朝正统、景泰二十年间，瓦剌就曾五次贡貂鼠皮等皮货多达18万张。清政府也对东北地区部族设立"岁纳贡貂"制度，形成了朝贡贸易、民间贸易等形式。[12]以裘皮比富的风气随之盛行，尤以清代为盛。

图4.3 〔金〕宫素然《明妃出塞图》胡人形象（大阪市立美术馆藏）

二、麻衣如雪

麻是我国最早运用的纺织原料，有"国纺源头，万年衣祖"之称。随着纺织技术发展，麻质之精粗逐渐形成贵贱差异，又在宗法礼制的强化下由质料映射服用者的身份地位，以服饰之礼达到维护社会等级秩序的核心意旨。但中华传统服饰的文化本性决非拘束于等级品次、礼仪伦理，在古代思想家眼中，麻衣自然、朴素的服饰境界是对生命本真及其自我实现的思想彰显，并延伸出了具有独特文人价值的布衣文化。

（一）衣麻历史

传说黄帝之臣伯余，"緂麻索缕，手经指挂，其成犹网罗"[13]，开启了中国纺织文明史的篇章。我国葛、麻植物种类繁多，通称为布。《小尔雅·广服》曰："麻纻葛曰布。"这些植物纤维织物有良好的透气、吸湿、散热效果，是制作夏季衣装的最好材料，便有尧"冬日麑裘，夏日葛衣"[14]之说。早在新石器时代，先民便已掌握一定的麻纺技术，浙江钱山漾遗址曾出土苎麻织物残片[15]，西安半坡遗址出土100多件陶器底部都印有清晰的粗麻布纹。[16]至周代，人工培育葛麻的技术得到推广，其织物成为广大民众的主要衣料。《诗经》中多处提及葛麻的种植和加工，"彼采葛兮"，"东门之池，可以沤麻"，"麻衣如雪"等。随着绩纱和脱胶等技艺的成熟和纺织工具的改进，麻布依品质粗细有了度量标准，《名义考》载："古者，布称升，盖精粗之名"，《仪礼注疏》言"以八十缕为升"[17]，"升"为古代麻布织造精粗的计量单位，"升"数越大，表示规定布幅内经纱的

图 4.4　河南三门峡虢国墓出土麻质合裆裤（三门峡市虢国博物馆藏）

图 4.5　湖北江陵凤凰山 M168 出土西汉麻衣（荆州博物馆藏）

图 4.6　湖北江陵凤凰山 M168 出土西汉麻裙（荆州博物馆藏）

数量越多，织成的布料越密越珍贵。贵族通过麻布的精细度来反映其地位。天子服用三十升麻冕，官员着十五升的朝服，贵族衣白而精细的苎麻，普通民众只能穿粗布麻衣。[18] 先秦贵族墓葬中常见麻衣陪葬，如河南三门峡虢国墓葬出土麻质合裆裤（图 4.4），由两层不同颜色的麻布制成，外层为土黄色，内层红色，实属罕见。湖北江陵凤凰山 M168 内棺出土麻衣 1 件（图 4.5）、麻裙 2 件（图 4.6），是迄今为止唯一一套形制完整、年代清晰的汉代"明衣裳"，与先秦礼书中的丧服"斩衰裳"存在诸多相通之处，为理解先秦礼书中的相关记载提供了形象参考。[19] 长沙马王堆一号贵族汉墓出土麻质衣衾用料，其中细麻布经密每厘米 32 至 38 根，纬密每厘米 30 根，应为二十一至二十三升[20]，可见其精细程度。唐代的麻纺织业十分发达，全国极少存在无麻之州郡。自汉末流传下来的白纻舞也在唐代风靡一时，诗人李白赞咏"扬眉转袖若雪飞，倾城独立世所稀"，白纻舞衣飘素回风，细腻洁白，宛若雪花飞舞。元代棉纺织业繁荣发展，但对于穿不起丝绸、棉布的贫困百姓来说，麻衣仍占主流，所谓"贫家终身布衣，惟娶妇服绢三日"[21]。正是因为棉布的兴起，质轻、凉爽的麻衣功能定位更加明确，成为夏衣的首选。明清时期麻纺织生产规模虽比不上丝、棉，但在中原、东南、西南等地仍有麻布、苎布、葛布、蕉布等产出，不乏优良者（图 4.7），并远销朝鲜、南洋各埠。

（二）天子麻衣

在周代的礼制体系中，材料精良的麻衣是等级尊威的表征。周礼五礼（吉、凶、军、宾、嘉）之首的"吉礼"详细规定了天子吉服有大裘冕、衮冕、鷩冕、毳冕、絺冕、玄冕六服。冠之尊者莫如冕，冕冠是古代君王、诸侯及卿大夫参

图4.7　明代香色麻飞鱼袍（山东博物馆藏）

加祭祀时最贵重的礼冠。《礼书》载："古者五冕，皆麻。"又据《论语注疏》云："冕，缁布冠也，古者绩麻三十升布以为之。"[22]冕冠以三十升黑麻布覆其上，故称"麻冕"。先秦时期，三十升的麻布甚至比丝绸还珍贵，费工费时，极其奢侈。后以丝代替，以求俭省。除六冕外，天子视朝的皮弁服、田猎的冠弁服皆以麻为材。视朝，戴白鹿皮弁，服十五升的白麻衣，白麻裳，束缁带，前系白麻蔽膝。[23]凡田猎，戴黑缯冠，服缁（黑）麻衣，白麻裳。[24]

除礼服外，天子还有玄端和深衣二类燕居服，皆为麻质。《礼记·玉藻》云："朝玄端，夕深衣。"孔颖达疏："谓大夫、士早朝在私朝，服玄端，夕服深衣，在私朝及家也。"[25]玄端由玄冠、玄色麻衣、玄色麻裳、缁带、皮质蔽膝组成[26]，是天子、诸侯退朝而处、居家闲居之服，亦是大夫、士入朝或参加祭宗庙、宴享、冠婚的礼服。《礼记·深衣》郑玄注："深衣者，用十五升布，锻濯灰治，纯之以采。善衣，朝祭之服也。自士以上，深衣为之次，庶人吉服深衣而已。"[27]深衣用十五升的麻布制成，布料经捶打水洗，掺入草木灰，光滑洁白，为天子、诸侯、大夫、士之燕服，庶人之吉服。不同的礼仪场合对麻衣的质量、形制、色彩等皆有不同的要求，这些看似烦琐的规制在宗法社会实则维护、凸显了统治阶级的威仪和庄严。

（三）五服之制

中华麻衣文化的另一重要应用，还体现在周代五礼之一"凶礼"的五服制度中，即血缘之亲为逝者服丧期间的服饰规范。"五服"取上衣下裳，根据礼法亲疏的原则，丧服麻质越粗糙，表示血缘之亲、悲痛之重。五服分为斩衰、齐衰、大功、小功、缌麻五等。

"斩衰"为首，取最粗糙的生麻布，不用剪刀裁割只用刀斩，所以谓之"斩"。衣裳不缉毛边，以示哀痛之甚，不修边幅。适用于诸侯为天子、臣为君、

子为父、未嫁女为父、妻妾为夫、父为长子所服,服期三年(图4.8)。

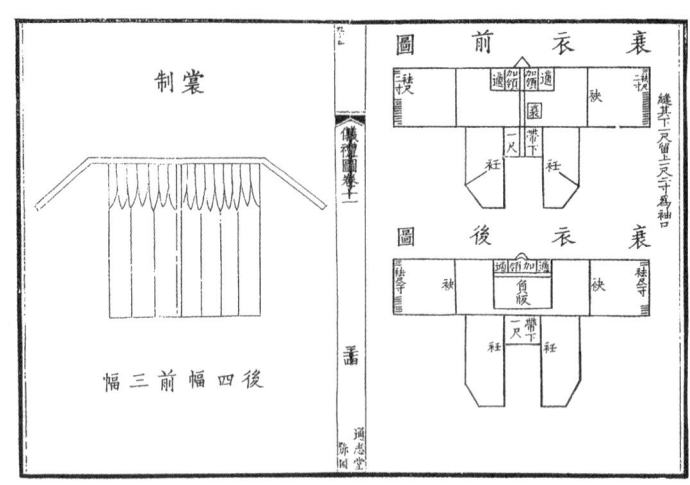

图4.8 〔南宋〕杨复《仪礼图》配斩衰形制图(清康熙十二年通志堂刊本)

"齐衰"稍次,以粗生麻布为质,衣边缉齐,所谓"齐"。子为母服三年,孙男女为祖父母、男为伯叔兄弟、已嫁女为父母、媳妇为公婆等服,服期一年。

"大功"次于齐衰,用稍细的熟麻布,齐边。兄弟为已出嫁姊妹、侄为姑、子为叔伯父母、妻为夫之祖父母及叔伯父母等服,服期九个月。

"小功"规制更简,用较细熟麻布,齐边。孙为外祖父母、侄为姨母、妻为夫之姑母姊妹及妯娌等所服,服期五个月。

"缌麻"是"五服"体系中等次最低的丧服,衣料为质地最细的熟麻布,齐边。为高祖父母、曾伯叔祖父母、族伯叔父母,外姓表兄弟、岳父母等服,服期三个月。

除丧服分为五等外,所配冠饰(牡麻、布缨),带饰(麻带、绳带、布带),鞋履(麻鞋、草鞋)等材料也有详细规定[28],体现五服制度繁复周密的特点。

关于各等级丧服麻布的粗劣程度,《礼记·间传》有定量之规:"斩衰三升,齐衰四升、五升、六升,大功七升、八升、九升,小功十升、十一升、十二升,缌麻十五升,去其半。"[29]依据周代二尺二寸的布幅宽度[30],"斩衰三升"即是在50厘米[31]的幅面上排列240根经纱,合一厘米4.8根,其粗陋显而易见。而十五升缌麻的精细程度已如同丝绸。[32]借麻衣粗疏之别构筑的五服制度,由宗族影射国家,将亲缘与政治的同构性纳入民众日常的心灵体认与情感结构中,以服饰之礼达到维护社会等级秩序的核心意旨。[33]

五服以制罪，以礼入法，丧服制度向法律体系延伸。随着传统法律与儒家思想的逐渐融合，五服制度成为中国古代法律中不可缺少的组成部分。《晋律》"峻礼教之防，准五服以制罪也"，开后世依服叙之亲疏、远近、尊卑作为定罪量刑依据的先河，一直延续至清朝末年。如《唐律疏议》规定："诸盗缌麻、小功亲财物者，减凡人一等；大功，减二等；期亲，减三等。"犯盗窃罪者，五服制罪原则为服制愈近，处刑愈轻；相反，处刑愈重。儒家伦理道德观入律，用血缘上的亲疏远近判断社会危害性与不良影响，使法治与礼教相辅相成，是五服制度所具有的独特法律属性。五服制度作为中华民族丧礼制度的重要内容，传承千载，其精神影响仍延续至今。

（四）朴拙之美

与儒家注重麻衣的礼仪伦理功能不同，墨、法及老庄之学则回归到了对自然本真性、丰富性、和谐性之生命世界的观照，推崇"粗布麻衣"的朴素主义服饰观。墨家秉承节用的观点，主张简衣陋服。《墨子·鲁问》言："始吾游于子之门，短褐之衣，藜藿之羹"，《荀子·富国》描述墨子的形象："衣粗食恶""衣褐带索"。墨子看重"衣必常暖，然后求丽"，衣冠服饰不必过分豪华，更不必拘泥于繁缛的等级制度，在社会生产力低下的时代，节俭实用不失为一种利国利民的着装之道。

法家从人的基本需求出发，强调葛麻服饰的实用价值。"短褐不完者不待文绣"，麻衣虽极简陋却又不可或缺，至于衣上是否有文绣就显得不那么重要了，尧、孙叔敖等贤人治理天下皆尽着葛麻[34]，因此，法家对服饰没有过高奢望，简单俭朴即可。

老子深刻洞察到了商周时期"礼崩乐坏"的社会现实和统治阶级过度追求美饰而愈加奢靡这一现象，提出"知我者希，则我者贵，是以圣人被褐怀玉"的服饰审美命题，意指圣人虽外着布衣而内怀美质（图4.9）。"褐"作为一个意象性概念，一方面指示顺应自然、去除人为雕饰的价值追求，另一方面是对

图4.9 〔宋〕晁补之《老子骑牛图》局部（台北故宫博物院藏）

生命本真存在状态的自然之美的充分肯定，忽视外在形式而重视内在美德，复归于朴，形神与道隐合为一，正是道家所憧憬的理想境界。"被褐怀玉"的服饰价值观也为历代高人俊士所认同，晋人石垣"食不求美，衣必粗弊"；北宋寇准"野葛巾布袍"；南宋苏云卿"布褐草履，终岁不易"。简陋麻衣融合了"真"与"善"，为灵魂注入一份坦然、超脱的力量，这种俭素的服饰境界实质是"平淡自然"的生命哲学本源之表达。

（五）"布衣"精神

自古以来，用葛麻植物茎皮纺织成的服饰可统称为"布衣"，从作为服饰材料的物质载体出发，"布衣"一词也引申出了丰富的文化内涵。一方面，"布衣"是社会身份和等级秩序的具象表征。与丝、裘等优质衣料相比，葛麻易于获取，纺织技术要求相对较低，朴素的麻衣构成了普通百姓的日常服饰，"布衣"遂成为平民或贫贱者的代名词。汉高祖刘邦"以布衣持三尺剑取天下"，诸葛亮《出师表》有曰："臣本布衣，躬耕于南阳"，可见"布衣"社会地位之低微。

另一方面，在古代思想家眼中，"布衣"超越了平民的所指而享有朴素品质的内蕴。《荀子·大略》云："古之贤人，贱为布衣，贫为匹夫，食则饘粥不足，衣则竖褐不完；然而非礼不进，非义不受，安取此？子夏贫，衣若县鹑。人曰：'子何不仕？'曰：'诸侯之骄我者，吾不为臣；大夫之骄我者，吾不复见。'""布衣"代表了俭朴生活的价值取向，也是有节之士"贫贱不能移"的高尚人格象征，故常作为贤人的谦称。唐宋时期，科举文化兴盛，此时"布衣"更多指未仕之人。岑参曾题："来亦一布衣，去亦一布衣！羞见关城吏，还从旧路归"，白居易感叹："嗟君两不如，三十在布衣。擢第禄不及，新婚妻未归"，平民知识分子借此表达追求功名之路的坎坷艰辛与踌躇满志。而"布衣而入，绿袍而出"[35]则指代登科及第前后身份的变化。[36]"布衣"承载着士人的情怀，演变成一种潜在的道德标准，"夫布衣韦带之士，修身于内，成名于外"[37]。明末清初思想家顾炎武更是呼吁，在天下兴亡之际，每一个布衣平民都应肩负起维护社会道义的责任。"布衣"的词义经由不同时代的文化增益，赋予普通的民众着装以循道践义、安贫守节的精神力量，充分展现了中华麻衣文化深刻而有意味的人文意蕴。

三、丝衣其䋤

丝绸，是中华文明的代表性文化符号，也是中华民族对人类服饰文明的独有贡献，迄今已有七千余年的历史。丝衣是神圣之物，最初用于祭礼。《诗经·丝衣》："丝衣其紑，载弁俅俅。"随着丝织业的繁荣发展，丝帛的使用逐渐超越了礼仪空间，而向世俗空间延伸。绫罗绸缎纱锦等这些珍贵的丝织品成了统治阶级地位及财富的象征。上行下效，民间丝衣风尚屡禁不绝。同时，丝绸也从陆上和海上"丝绸之路"传到世界各地，出现了中国丝绸"衣被天下"的局面，为推动东西方物质、科技、文化交流发挥了积极作用。

（一）丝衣起源

古代中国关于丝织的起源有着众多传说，最著名的当数黄帝的元妃嫘祖，教民育蚕、治丝茧以供衣服，被后人奉为先蚕。此外还有黄帝斩蚩尤而蚕神献丝、蜀地"青衣神"蚕丛氏、"蚕花娘娘"马头娘等故事[38]，这些生动的历史传说延续着中华蚕丝织造的生产习俗和文化传统。

古代的中国大陆生长着众多野生桑树和野蚕，为养蚕织丝业的出现提供了充足的物质资源。新石器时期，原始的纺纱织造技术业已出现，1958年，浙江吴兴县钱山漾遗址发掘出一批丝线、丝带和绢片，经碳-14测定，距今已4700年，是目前发现并已确定的最早的丝绸制品，且该绢片是由驯化后的家蚕丝加工织成[39]，表明原始先民已经掌握了缫丝、织丝技术（图4.10）。但从世界范围看，环境与技术因素不只为中国所独有，且当时先民已使用裘、麻衣料掩形蔽体，那为何还要从事如此复杂的桑蚕培育活动？古人惊叹于蚕由卵、幼虫、蛹至蛾的四种生态变化，并把这动静之间的转化与人的生死相联系：卵是生命的源头，孵化成幼虫犹如生命的诞生，经历几眠几起，终结为蛹，而后化蛾飞翔寓意着死后灵魂自由升天，构成一个圆满的生命轮回。蚕茧是蛹羽化之所，服用蚕丝必然有利于人与上天的沟通，因此，最初织造丝衣的目的是事鬼神。[40]

丝衣一则用于敛服。《礼记·礼运》载："治其麻丝，以为布帛，以养生送死，以事鬼神上帝，皆从其朔。"[41]布以养生，帛以送死，贵族丧礼皆以丝绸制衾覆体，河南荥阳青台遗址出土儿童瓮棺中便发现以丝织物包裹身体的实例。[42]

丝衣二则用于祭服。在周礼中，祭祀先王、先公、天子、诸侯、卿大夫需着丝衣冕服，士助君祭时着爵弁，服纯衣[43]，以显对祖先的尊崇和敬畏，祈求神灵的佑福。蚕事活动因此受到统治者的高度重视。《礼记·祭统》载："王后蚕于北郊，

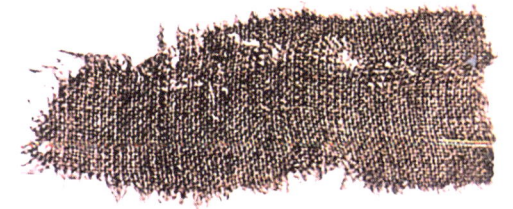

图4.10　新石器时代　钱山漾遗址出土绢片（浙江省博物馆藏）

以共纯服……夫人蚕于北郊，以共冕服……身致其诚信，诚信之谓尽，尽之谓敬，敬尽然后可以事神明。"[44]王后夫人亲躬蚕事，以示对神祇的虔敬。丝衣所代表的生命轮回的精神意义远胜于茧丝的经济价值。随着丝织业的繁荣发展，丝帛的使用逐渐超越了礼仪空间，而向世俗空间延伸。

（二）丝衣风尚

先秦时期，丝绸织造已相当普及，并具备了一定的生产规模。《诗经》对丝衣的种类多有记述，"衣锦褧衣""缟衣綦巾""成是贝锦"。中国历来重视丝绸生产，周代设置"典丝"，监管丝织品的生产、收集、分配和使用；战国时期，各国统治者把蚕桑生产作为富国裕民之策，鼓励人民纺丝，各地丝织业呈现一派兴旺景象。山东的"齐纨""鲁缟"，河南的"卫锦"，湖北的"荆绮"等，都是当时独具地方特色的丝绸精品。荆州马山一号楚墓因所出丝织品种类众多、制作精美、保存完好、年代较早而被誉为中国古代的"丝绸宝库"。织物有绢、纱、绨、锦、罗、绮、绦等，成品则以裳、裙、袍、夹襦为主[45]，这批丝衣织造细密，丝线条分均匀，充分反映了楚地高度发达的织丝技术（图4.11）。

汉代，丝衣的质量和品种都有长足发展。京城长安设有东织室、西织室，专门负责生产高级的缯帛文绣供皇室服用与赏赐。民间丝绸消费较以往有了大幅提升，"今富者缛绣罗纨，中者素绨冰锦。……夫纨素之贾倍缣，缣之用倍纨也"[46]。1972年，长沙马王堆一号汉墓出土了百余件丝织物，材质有绢、纱、罗、绮、锦，品类十分丰富。尤其令人赞叹的是两件素纱单衣，一件为交领右衽、曲裾式，面料为素纱，领、袖、襟缘用绢，衣长160厘米，袖展195厘米，重仅48克（图4.12）；另一件为交领右衽、直裾式，面料为素纱，领、袖、襟缘用几何

图4.11 楚国 素纱绵袍（N1）（荆州博物馆藏）　　图4.12 马王堆一号汉墓出土曲裾素纱单衣（湖南博物院藏）

纹绒圈锦,衣长128厘米,袖展190厘米,重仅49克[47],可谓薄如蝉翼,轻若烟雾。它代表了汉代养蚕、缫丝、织造工艺的最高水平,是迄今为止世界上最轻的丝衣。

图4.13 法门寺地宫出土紫红罗地蹙金绣裙(法门寺博物馆藏)

唐代国力雄厚,统治者追求奢华的生活方式,妇女服饰风格华丽开放。这一时期丝衣多喜饰金,在绫罗上用金银线刺绣或以金银色描花,洋溢着蹙金结绣、雕绘满眼的繁缛富赡之美(图4.13)。诗人杜甫《丽人行》有"绣罗衣裳照暮春,蹙金孔雀银麒麟"句,描绘了佳人们华彩炫目的游春盛装。绫是唐人尤爱的丝织品,用量较大。白居易笔下"昭阳舞人"宽博的"缭绫"衣裙精美绝伦,"缭绫缭绫何所似?不似罗绡与纨绮。应似天台山上明月前,四十五尺瀑布泉"。男子流行的圆领袍多为绫制,亦为女着男装者喜爱。华丽的织锦在唐人眼中甚为珍贵,"锦袍"是统治者赐服臣下的重要品类。唐代诗人王昌龄《春宫曲》有"平阳歌舞新承宠,帘外春寒赐锦袍"句;和凝《宫词百首》亦作"视草词臣直玉堂,对来新赐锦袍香"。唐人对厚重织锦的钟爱与其"尚武"的时代精神息息相关,王昌龄作"黄沙百战穿金甲,不破楼兰终不还",李白作"突营射杀呼延将,独领残兵千骑归",杜甫又作"白帝寒城驻锦袍,玄冬示我胡国刀",尽显身披锦袍的大唐军将骁勇威武的豪迈气概。

唐代绚烂张扬的丝衣风尚至宋代倏然一变,转向轻盈雅逸、清新自然之趣。轻透的纱、罗广为流行。宋代官服材质以罗为主,夏季则用纱,相州的暗花牡丹花纱、绍兴的轻庸纱,都极著名。[48]南宋女装"轻盈化"的着装趣尚畅行不衰[49],衫子是各阶层男女通服的日常衣装,"轻衫罩体香罗碧"[50]"薄纱衫子轻笼玉"[51]"青衫透玉肌"[52],纱罗织物轻且透,更显别致之美。南宋《瑶台步月图》描绘了三位贵家仕女登台赏月的情景,着纱罗对襟背子,窄身小袖,侧开长衩,领抹上有精致的彩绣装饰,清新飘逸。福州茶园村宋墓、福州南宋黄昇墓、江西德安周氏墓中均发现不同数量的衫子、背子、背心、襦、袄、抹胸、裙、裆裤、袜等品类服饰(图4.14),材质有罗、纱、绢、绫,富于文人时代清

图4.14 福州南宋黄昇墓出土紫灰色绉纱镶花边窄袖袍(福建博物院藏)

新雅趣的风格。

元代社会喜奢侈，尚富丽，一种原产于西域，用金丝加织在丝线中而成的织金锦空前繁盛，金缎子多见于民间，宫廷则流行"纳石失"。此面料绚烂华丽，装饰性强，可制为衣缘或大块缝缀于外衣上。[53]在元代大型宫廷宴"质孙宴"上，君王、百官、乐工、仪卫都穿着粗精、尊卑不等的同色衣服——质孙，天子冬夏共26种，百官共23种，其中，分别有4种和3种是以纳石失制作，并搭配各种高档丝织品[54]，显示出典型的民族特色。蒙古贵族妇女也常以织金锦制作礼袍，尽显奢华之韵（图4.15）。

图4.15 元代团窠纹镶边织金锦大袖袍（中国民族博物馆藏）

明清时期，丝绸生产空前发达，官办丝织业如明代"两京染局"、清代的"江南三织造"等，专门生产绚丽珍贵的丝绸供应皇室贵族与官员的奢华享受，民营作坊亦遍地皆是。[55]自明中期兴起的奢华之风对丝衣穿戴影响尤深，过去丝绸是缙绅之家的服饰面料，现在市井阶层包括身份低微者都公开穿绫着缎，"凡有钱者任其华美，云缎外套，遍地穿矣"[56]。资本主义和商品经济的萌芽使得市民阶层耽于感官刺激和享乐的热烈追寻之中，逐渐形成了"世俗化"的服饰审美趣尚[57]，丝衣花样百变、色彩艳丽，时尚翻新速度加快。目前出土的明清丝绸衣料、织物及传世实物大都保存完好，数量惊人，直观展现了这一时期的丝衣风貌（图4.16）。

图4.16 明代赭红色暗花缎缀绣鸾凤圆补女袍（山东博物馆藏）

（三）服丝之禁

"衣服之制，皆有等差"[58]，历代统治阶级常通过行政禁令对社会成员服用丝质衣装作出限制与规定。《礼记·玉藻》孔颖达疏："织者，前染丝后织者。此服功多色重，故士贱不得衣之也。大夫以上衣织，染丝织之也。"[59]大夫以下不能穿染织之衣。战国时期，齐国通过立法来规范服饰材料的等级制度，只有贵族才能衣锦绣，若平民百姓僭越则会受到刑罚。[60]上述记载在考古发现中得到了印证：丝织品多出现于贵族墓葬，而高级的锦绣织品只出土于诸侯、国君的墓葬中，强制的政令有力维护了儒家所倡导的"贵贱有等，长幼有差，贫富轻重皆有称者也"[61]的礼仪制度。汉代明确了对商人群体的服装材料限制。汉高祖出巡洛阳见到商人衣饰华丽，当即诏令全国"贾人毋得衣锦、绣、绮、縠、絺、纻、罽"。以农立国、重农抑商是古代中国社会多奉行的基本国策，商贾位居四民之末，尽管有足够的财富但仍无法跨越社会地位的制约，只能服用低档的衣料。

至唐代，社会富足，丝织技术大幅提升，人们对华美丝衣的喜好形成一种社会风尚，《旧唐书·舆服志》载："既不在公庭，而风俗奢靡，不依格令，绮罗锦绣，随所好尚。上自宫掖，下至匹庶，递相仿效，贵贱无别。"[62]源自宫廷贵族的奢侈服饰消费蔓延至民间，为了改变这种不良风气，玄宗接连下三道敕书，对后妃、王侯勋戚、官员及其女眷、百姓的服饰加以规范："五品已上，通用紬绫及罗。六品已下小绫，除幞头外不得服罗縠，及着独窠绣绫。妇人服饰，各依夫子"[63]，"流外及庶人不服绫、罗、縠"[64]，"其经商百姓，不得著色样绫罗"[65]。但实行的效果并不理想，唐人为了吸引众目、展现财富与地位，穿着锦绣衣裳的僭越现象屡禁不绝。宋代商业发达，尚奢之风极盛，"珠翠锦绮""竞夸华丽"的风习已渗入民众日常衣装生活之中，服丝之禁未有减少。景祐元年（1034）诏"禁民间织锦刺绣为服饰"，从目的来看，服丝禁令既有宣扬崇尚俭朴、循礼守分的社会风气的理想，又有维护"贵贱有等"的社会阶级结构的功能，是伦理教化之"礼"与朝廷统治之"法"的结合。

明朝建立之初太祖便强调礼制的重要性，指出"贵贱无等，僭礼败度"为元末乱亡之一因，令中书省臣区分服饰等第，明立禁条：士庶"男女衣服，不得僭用金绣、锦绮、纻丝、绫罗，止许紬、绢、素纱，其靴不得裁制花样、金线装饰"；洪武十四年定，"农衣紬、纱、绢、布，商贾止衣绢、布。农家有一人为商贾者，亦不得衣紬、纱"。明中叶以后频繁出台服丝禁令，从侧面反映出国家法令废弛、政治松懈的境况。尽管清廷制定了更加严密的服丝制度，如庶民不得用缎绣等服，严禁满洲家下仆隶穿用蟒缎、妆缎、锦缎服饰[66]；军民人等严禁穿用蟒缎、妆缎、金花缎、片金倭缎……[67]但面对商品经济的繁荣、思想观念的变化，朝廷频繁出台的禁令难以阻止消费文化驱动下服丝时尚的发展，中国古代社会前期以等级分配为核心的服饰规范不断被超越，服丝平民化成为历史发展的必然趋势。

（四）丝绸传播

中华源远流长的丝绸文化，通过"丝绸之路"（The Silk Road）在世界范围内广泛传播。丝绸向外流播可追溯到公元前5世纪，希腊史学家克泰夏斯（Ctesias）曾用"赛里斯"（Seres）一词来称呼中国，即"丝国"；在古罗马，丝绸视与黄金等价，但仍供不应求。汉武帝时，派遣张骞出使西域，开辟了一条沟通中原与中亚、西亚，进而连接欧洲及北非的交通大道，以丝绸贸易为媒介的东西方文化交流就此展开。唐中叶以后，海上丝绸之路取代陆路成为中外贸易交流主干道。明朝郑和率船队七下西洋，开创了中国远洋航海新时代，在世界上掀起一股"中国热"。中国丝绸对世界的贡献，首先体现在丰富和改善了传入地区人民的衣着面貌，例如在古代欧洲、西亚和北非等地，传统制衣原料主要是亚麻和羊毛，柔软光亮、质轻凉爽的丝绸一经传入便备受追捧；印度特色的国服纱丽，由丝绸制成，专供贵族穿用；越南民族服饰奥黛、日本和服，也多以丝绸为质，精致华丽。其次，中国蚕桑、纺织技术一路西传，特别是纺织工具如缫丝车、纺车、踏脚织机提花机及其生产技术，对欧洲丝织业的发展产生极大的推动作用，直接启发了近代纺织机械的革新。[68] 此外，古代"丝绸外交"对于维护东亚地区的稳定具有十分重要的意义，正如成语"化干戈为玉帛"，丝绸寄予着中国人民爱好和平的愿望。历史上中原使节出使、公主和亲，常赠丝织品以表达友善之意。"丝绸之路"以丝绸而得名，但伴随着历史变迁、民族融合、经贸往来，其价值已远远超出了作为丝绸贸易通路的意义，它不仅是东西方物质文明交流之路，也是文化、艺术等精神文明传播之路。历史悠久的丝绸文化作为中华文化的杰出典范，跨越时空，贯通中外，为人类的文明和进步创下辉煌功绩。

四、絮棉而衣

棉约在宋元之际完成了向中国内地的传播，因所具有的衣物原料供给优势，以及统治者的推行，棉逐渐取代了丝、麻，成为平民日常生活衣被的重要来源。随着元代植棉业不断发展壮大，棉织品不仅满足了平民百姓的物质需求，且促进了商品经济的发展，成为此后百余年来中国社会经济中具有重要影响力的因素。

（一）棉的传入与普及

古代中国本不生产棉，棉品种均由域外传入。一条路径是从中亚地区沿丝绸之路传入新疆，后经河西走廊至中原地区。《梁书·高昌国传》记载西汉高昌国"有草实如茧，茧中丝如细纑。名曰白叠子。国人取织以为布。布甚软白，交市用焉"。"白叠"即为棉，在今新疆地区的古城遗址和墓葬中出土大量棉织物，有印花布、白布裤、白手帕及棉丝交织品等（图4.17）。棉传入中国的另一条路径是经南洋、中南半岛以及缅甸进入云南以及闽广地区，逐次向北传播，古称这种棉布为"吉贝""斑布",南北朝时的林邑国,男女皆以横幅吉贝绕于腰下作简单的棉布服装,谓之"都缦"[69]。

隋唐时期,通过朝贡、贸易流入中原的棉织品增多,然此时仍较为贵重,尚未普及到民间。宋末元初,中原地区开始大面积地种植棉花。棉布厚实耐穿、价格低廉、保暖舒适等优良特性得到了统治阶级的重视。元政府以税法强行推广植棉,元

图4.17 尼雅遗址出土汉晋蓝白印花棉布（新疆维吾尔自治区博物馆藏）

世祖曾下诏在浙东、江东、湖广、福建等地设置"木棉提举司",并令民"岁输木棉十万",棉花种植区域从岭南向长江流域扩展。元末黄道婆革新创制的一系列棉纺织工具也为推动全国棉纺织技术的发展作出了巨大贡献。[70]明朝课征棉花棉布和相关奖罚政策更为严苛,"凡民田五亩至十亩者,栽桑、麻、木棉各半亩,十亩以上倍之。麻亩征八两,木棉亩四两",这种差别赋税自然会引导更多农户种植棉花,此所以丘濬评价,棉花"其种乃遍布于天下。地无南北,皆宜之。人无贫富,皆赖之。其利视丝枲百倍焉"[71]。至明中叶,棉织业几乎遍及全国,是仅次于农业的重要生产活动,棉布也取代了传统麻布在平民生活中的主流地位,成为"寸土皆有"的大众化衣料[72],以迄于今。现存大量的传世棉衣,以及墓葬出土棉织物比重的增加,都是明清时期棉业繁兴、棉衣普及的明证（图4.18、图4.19）。棉不仅可以制成普通衣物,亦能织就名贵布料,如明代松江的三梭布,紧细如绸,可以和苏杭的丝绸相

图4.18 明代蓝色织金麒麟方补棉袍（山东博物馆藏）

图4.19 清代蓝色缎铜钉顺治帝御用棉甲（故宫博物院藏）

媲美，常作为皇帝内衣用料[73]；斜纹布，匀细坚洁，"望之如绒"，精者每匹折银一两[74]。随着工艺的改进，人们还将棉纱与丝、罗等纺织材料交织，生产出丝布、假罗一类的交织布，或仿照丝织品进行提花加工，多具变革创新。

（二）人口增长的贡献

宋元以降，"凡棉布御寒，贵贱同之"[75]，棉衣以其经济实惠的优点在各阶层中普及开来。"茸密轻暖，可抵缯帛……且比之桑蚕，无采养之劳，有必收之效，比之枲苎，免绩绩之工，得御寒之益"[76]，棉织品较麻衣御寒能力强，又比丝织品廉价许多，常被用于赈灾济贫的重要物资。连贫困百姓及囚徒也能以棉衣御寒。元大德六年（1302）湖南、湖广行省宣：无家属送衣的在禁罪囚"每名支粗布二丈六尺、成造絮袄一领"。同年户部议得，对临江路鳏寡孤独不能自存之人给予"单线木绵二疋"的冬衣救助，上述制度对于维持社会稳定和封建统治起到了较为重要的作用。此外，政府也通过赋税征收、市场"和买"等方式储备大量棉布棉衣供应军需，如明宣德十年（1435）起，朝廷定例发放胖袄，"每袄，长四尺六寸、装棉花绒二斤。裤装棉花绒半斤"[77]，棉织品尤其有助于冬季北方地区的守边士兵防寒，保障军事作战能力。约从具有较可靠的人口统计资料的战国时期始，中国人口数整体呈现上升趋势，明清之际更是在逾亿的基数上呈极速增加的态势[78]，当然，人口数量的增长同自然、社会和人类自身发展水平等因素有着复杂的关系，元明清时期高产粮食作物、国家政策等条件的协同推动不容忽视，但正所谓"丰衣足食"，棉的普及使中国社会的衣料使用得到了结构性调整与根本性改善，从抗寒保暖的角度直接解决了寒冷对贫困人口的自然减损，延长了平民寿命，对于支撑家庭单元的人口繁衍能力、助推人口数的进一步增加，也发挥着关键作用。

（三）棉的商品化发展

棉纺织业的兴盛，为元明清时期商品经济的繁荣打下了坚实基础。元代棉纺织业除以农民家庭副业的形式存在外，还出现了以营利为目的的生产，这种现象在棉织业相对发达的地区较为明显，例如松江府产棉丰富，棉织技术传入早且发展快，当地生产的棉布很快成为市场上"竞相作为，转货他郡"[79]的畅销商品。随着棉纺织业日渐蓬勃，个体家庭已不能满足巨大的原料供应、制棉工具、加工技术等需求，一些以专营棉纺织加工生产为业的城镇迅速崛起，如扬州、泉州、福州、上海、嘉定等，开始形成更具专业性和商品化的棉纺织生产市场[80]，以农村、市镇家庭为基本生产单位的手工棉纺织成为社会经济发展中最重要的支柱产业。[81]棉纺织业的商品化发展改变了中国传统社会农家男耕女织的生产结构，明清之际，江南地区率先出现了资本主义生产关系萌芽。康熙初年枫泾镇，"里中多布局，局中所雇染匠、砑匠，皆江宁人，往来成群"[82]。大量非农业人口成为雇佣工人，且内部出现了专业分工。"前明数百家布号，皆在松江、枫泾、洙泾乐业，而染坊、踹坊、商贾悉从之"[83]，在商业资本支配下，棉布的生产、加工、销售等环节呈现集中、融合之势，生产规模极速扩大，独立的手工业工场渐具雏形。产出的棉织品不仅在全国范围内买卖流通，还远销欧洲、美洲以及南洋、日本、朝鲜、俄罗斯等地区和国家，在国际市场上享有极高的声誉。

※ 本章小结

中华古代服饰材料在先民充满智慧的加工创造中，凝聚了丰富的物质文化和精神文化内涵。服饰伊始，裘、麻等天然材料作为"适身体，和肌肤"[84]的防寒御体之物，激发了先民神往自然、顺应自然并力图回归自然、融入自然的精神追求。随着阶级社会的演进，服饰材料的政治功能日渐凸显，成为统治阶级标识尊卑等级、维护人伦秩序、巩固政权稳定的手段。中国丝绸"衣被天下"，灿烂的丝绸文化作为中华文化的杰出典范，跨越时空，贯通中外，为人类的文明和进步创下辉煌功绩。棉的普及使中国社会的衣料使用得到了结构性调整与根本性改善，对促进人口增长、经济繁荣发挥着关键作用。

☼ 思考题

1.《诗经》中多有涉及裘衣的诗篇，如"羔裘如濡，洵直且侯""羔裘逍遥，狐裘以朝""锦衣狐裘，颜如渥丹""舟人之子，熊罴是裘"等，试析中国古代裘衣文化的多重意涵。

2.五服制度的基本原则与中国传统社会结构有何内在一致性？

3.简述各朝代丝衣穿戴的风格特征及背后的文化推动力。

4.元明清时期棉的普及与棉纺织业的勃兴有何历史意义？

【注释】

[1] 许慎.说文解字注：卷八上［M］.段玉裁，注.上海：上海古籍出版社，1981：398.

[2] 宋应星.天工开物［M］.成都：四川美术出版社，2018：54.

[3] 礼记正义：卷第二十一［M］//李学勤.十三经注疏.北京：北京大学出版社，1999：668.

[4] 周礼注疏：卷第四十［M］//李学勤.十三经注疏.北京：北京大学出版社，1999：1111.

[5] 周礼注疏：卷第二十一［M］//李学勤.十三经注疏.北京：北京大学出版社，1999：549.

[6] 礼记正义：卷第二十九［M］//李学勤.十三经注疏.北京：北京大学出版社，1999：898.

[7] 礼记正义：卷第三十［M］//李学勤.十三经注疏.北京：北京大学出版社，1999：899-900.

[8] 桓宽.盐铁论：散不足第二十九［M］.上海：上海人民出版社，1974：67.

[9] 典故出自《战国策》："说秦王书十上而说不行，黑貂之裘弊，黄金百斤尽。"刘向.战国策：卷三［M］.缪文远，缪伟，罗永莲，译注.北京：中华书局，2012：67.

[10] 论语注疏：卷第六［M］//李学勤.十三经注疏.北京：北京大学出版社，1999：78.

[11] 杨亿.杨文公谈苑［M］.上海：上海古籍出版社，1993：23.

[12] 李凤飞.贡貂制度与清代东北治策［J］.求是学刊，2001（5）：107-108.

[13] 刘安，等.淮南子：卷十三［M］.长沙：岳麓书社，2015：123.

[14] 韩非.韩非子：卷十九［M］//景印文渊阁四库全书：第729册.台北：台湾商务印书馆，1986：779.

［15］浙江省文物管理委员会.吴兴钱山漾遗址第一、二次发掘报告［J］.考古学报，1960（2）：86.

［16］中国科学院考古研究所.西安半坡：原始氏族公社聚落遗址［M］.北京：文物出版社，1963：142.

［17］仪礼注疏：卷第三十三［M］//李学勤.十三经注疏.北京：北京大学出版社，1999：625.

［18］包铭新，贾玺增.论冕冠衣以"绩麻三十升"之考辨［J］.装饰，2005（11）：53-54.

［19］张玲，彭浩.湖北江陵凤凰山M168出土西汉"明衣裳"［J］.文物，2022（6）：61-62.

［20］上海市纺织科学研究院上海市丝绸工业公司文物研究组.长沙马王堆一号汉墓［M］.北京：文物出版社，1980：76.

［21］庄绰.鸡肋编：下［M］.上海：上海古籍出版社，2012：75.

［22］论语注疏：卷第九［M］//李学勤.十三经注疏.北京：北京大学出版社，1999：112.

［23］仪礼注疏：卷第二［M］//李学勤.十三经注疏.北京：北京大学出版社，1999：25.

［24］周礼注疏：卷第二十一［M］//李学勤.十三经注疏.北京：北京大学出版社，1999：550.

［25］礼记正义：卷第二十九［M］//李学勤.十三经注疏.北京：北京大学出版社，1999：894，895.

［26］仪礼注疏：卷第二［M］//李学勤.十三经注疏.北京：北京大学出版社，1999：24.

［27］礼记正义：卷第五十八［M］//李学勤.十三经注疏.北京：北京大学出版社，1999：1562.

［28］仪礼注疏：卷第二十八—卷第三十四［M］//李学勤.十三经注疏.北京：北京大学出版社，1999：537-655.

［29］礼记正义：卷第五十七［M］//李学勤.十三经注疏.北京：北京大学出版社，1999：1550.

［30］《礼记·王制》："布帛精粗不中数，幅广狭不中量，不粥于市。"孔颖达疏："'广狭'者，布广二尺二寸。"周代的布幅宽度、布缕升数都有明确规定。

礼记正义：卷第十三［M］//李学勤.十三经注疏.北京：北京大学出版社，1999：413，417.

［31］周代一尺合今法定长度计量单位的23.1厘米，二尺二寸之布幅约合50厘米。梁方仲.中国历代户口、田地、田赋统计［M］.上海：上海人民出版社，1980：738.

［32］"谓之缌者，治其缕，细如丝也。"仪礼注疏：卷第三十三［M］//李学勤.十三经注疏.北京：北京大学出版社，1999：625.

［33］李秋雨."三礼"服饰审美研究［D］.南京：南京师范大学，2020：19.

［34］韩非.韩非子：卷十二［M］//景印文渊阁四库全书：第729册.台北：台湾商务印书馆，1986：717.

［35］刘一清.钱塘遗事：卷十［M］.上海：上海古籍出版社，1985：221.

［36］绿袍为品官服饰，"宋因唐制，三品以上服紫，五品以上服朱，七品以上服绿，九品以上服青"。脱脱，等.宋史：卷一百五十三［M］.北京：中华书局，1985：3561.

［37］班固.汉书：卷五十一［M］.颜师古，注.北京：中华书局，1962：2327.

［38］袁宣萍，赵丰.中国丝绸文化史［M］.济南：山东美术出版社，2009：9-12.

［39］徐辉，区秋明，李茂松，等.对钱山漾出土丝织品的验证［J］.丝绸，1981（2）：45.

［40］赵丰.丝绸起源的文化契机［J］.东南文化，1996（1）：73.

［41］礼记正义：卷第二十一［M］//李学勤.十三经注疏.北京：北京大学出版社，1999：669.

［42］张松林，高汉玉.荥阳青台遗址出土丝麻织品观察与研究［J］.中原文物，1999（3）：11.

［43］《周礼·春官 司服》："王之吉服，祀昊天、上帝，则服大裘而冕，祀五帝亦如之；享先王，则衮冕；享先公，飨、射，则鷩冕；祀四望山川，则毳冕；祭社稷、五祀，则希冕；祭群小祀，则玄冕。"《毛传》："丝衣，祭服也。"《诗经直解》："大夫以上祭服谓之冕，士祭服谓之弁。其首服冕弁，则衣用丝也。"《仪礼·士冠礼》："爵弁服，纁裳，纯衣。"

［44］礼记正义：卷第四十九［M］//李学勤.十三经注疏.北京：北京大学出版社，1999：1347-1348.

［45］彭浩.打开丝绸历史的宝库（之二）：江陵马山一号楚墓发掘小记［J］.丝绸，

1992（7）：50-51.

[46] 桓宽.盐铁论：散不足第二十九［M］.上海：上海人民出版社，1974：66.

[47] 湖南省博物馆，中国科学院考古研究所.长沙马王堆一号汉墓［M］.北京：文物出版社，1973：69.

[48] 沈从文.中国古代服饰研究［M］.北京：商务印书馆，2017：516.

[49] 张玲.那更罗衣峭窄裁：南宋女装形制风格研究［M］.北京：中国传媒大学出版社，2019：308-309.

[50] 苏轼.菩萨蛮［M］//东坡乐府笺.上海：上海古籍出版社，2016：368.

[51] 赵长卿.鹧鸪天［M］//唐圭璋.全宋词：第1册.北京：商务印书馆，1930：2.

[52] 欧阳修.阮郎归［M］//欧阳修全集.北京：中国文史出版社，1999：162.

[53] 尚刚.纳石失在中国［J］.东南文化，2003（8）：59.

[54] 宋濂.元史：卷七十八［M］.北京：中华书局，1976：1938.

[55] 赵丰.中国丝绸通史［M］.苏州：苏州大学出版社，2005：475.

[56] 姚廷遴.历年纪［M］//上海人民出版社.清代日记汇抄.上海：上海人民出版社，1982：165.

[57] 蔡子谔.中国服饰美学史［M］.石家庄：河北美术出版社，2001：745-746.

[58] 邱浚.大学衍义补：卷九十八［M］.北京：京华出版社，1999：834.

[59] 礼记正义：卷第二十九［M］//李学勤.十三经注疏.北京：北京大学出版社，1999：896.

[60]"国中大靡，民不衣布。于是威王造锦绣之禁，罪若诽谤王矣。"董说.七国考：卷一二［M］//丛书集成初编0789.北京：商务印书馆，1936：505.

[61] 荀况.荀子：卷六［M］//景印文渊阁四库全书：第695册.台北：台湾商务印书馆，1986：171.

[62] 刘昫，等.旧唐书：卷四十五［M］.北京：中华书局，1975：1957.

[63] 王溥.唐会要：卷三十一［M］//景印文渊阁四库全书：第606册.台北：台湾商务印书馆，1986：425.

[64] 欧阳修，宋祁.新唐书：卷二十四［M］.北京：中华书局，1975：530.

[65] 董诰.全唐文2：卷一百十一［M］.北京：中华书局，1983：234.

[66] 赵尔巽，等.清史稿：卷一百三［M］.北京：中华书局，1977：3062.

[67] 赵尔巽，等.清史稿：卷一百三［M］.北京：中华书局，1977：3062-3063.

[68] 赵丰.中国丝绸通史［M］.苏州：苏州大学出版社，2005：31-32.

[69]姚思廉.梁书：卷五十四[M].北京：中华书局，1973：785.

[70]刘咸，陈渭坤.中国植棉史考略[J].中国农史，1987（1）：42-43.

[71]邱浚.大学衍义补：卷二十二[M].北京：京华出版社，1999：213.

[72]宋应星.天工开物[M].成都：四川美术出版社，2018：51.

[73]陆容.菽园杂记：卷一[M].北京：中华书局，1985：1.

[74]陈曦.娄塘志：物产[M]//上海地方志办公室.上海乡镇旧志丛书1.上海：上海社会科学院出版社，2005：68.

[75]宋应星.天工开物[M].成都：四川美术出版社，2018：51.

[76]王祯.农书：卷二十一[M]//景印文渊阁四库全书：第730册.台北：台湾商务印书馆，1986：588-589.

[77]李东阳，等.大明会典：第五册：卷一百九十三[M].扬州：广陵书社，2007：2626.

[78]研究显示，秦朝人口约2000万，东汉极盛人口约6500万，唐极盛人口约9045万，南宋末期人口约12480万，元极盛人口约9830万，明极盛人口约1.66亿，清咸丰元年（1851）人口约4.32亿。尽管由于疆域盈缩、治乱交替等，中国历史人口在某些时段有升降起伏的变化，但总量却呈现持续上升的态势。路遇，滕泽之.中国人口通史[M].济南：山东人民出版社，1999：74，154，415，573，613，714，844.

[79]陶宗仪.南村辍耕录：卷二十四[M].上海：上海古籍出版社，2012：270.

[80]陈贤春，陈虹.元代棉织业的勃兴及其历史意义[J].湖北大学学报（哲学社会科学版），1998（5）：75.

[81]宋鑫秀.元代植棉研究[D].呼和浩特：内蒙古大学，2016：48-50.

[82]许光墉，叶世熊.重辑枫泾小志[M].上海：上海社会科学院出版社，2005：331.

[83]顾公燮.消夏闲记摘抄：中[M].上海：上海商务印书馆，1917：13.

[84]墨翟.墨子：卷一[M]//景印文渊阁四库全书：第848册.台北：台湾商务印书馆，1986：29.

| 第五章 |

服章之美

——中华传统服饰文化中的"纹"

《春秋左传正义》言："夏，大也。中国有礼仪之大，故称夏；有服章之美，谓之华。华、夏一也。"章纹之饰构成中华传统服饰文化的重要审美特征。精致的织绣纹样不仅付诸感官的愉悦，在不同的应用场域，其成为权力之标识、祥瑞之表征、信仰之依托，发挥着区隔等差、祈福吉祥、驱害避祸的观念符号价值。诸多祥瑞之纹，虽经历朝代更迭、时代变迁，意涵依然存续至今，潜移默化地影响着中国人的精神世界。

一、权力等级

在中国古代社会，等级服饰发挥着区分人群，强化权力与分配利益的功能。[1]内涵丰赡的章纹系统可将权力等级进一步细密化、明晰化。作为最直观的视觉文化符号，它形象地衬托出穿着者的身份等级与社会地位。天子冕服上的"章纹"、王（皇）后袆衣上的"翟纹"以及"祥龙瑞凤"纹是皇家至高权力的象征。而官服中的"文禽武兽"纹样则是官僚体制内部明辨等差、昭示权力的醒目标识。

（一）君臣章纹

《尚书·皋陶谟》载："天命有德，五服五章哉！"[2]天子、诸侯、卿、大夫、士之服，因天命有德，尊卑彩章各异。天子德之至尊者，故享有最高等级的服章。《周礼》规定了天子祭服有六：大裘冕、衮冕、鷩冕、毳冕、絺冕、玄冕。祭祀先王的衮冕配享十二章纹，代表至高无上的权力。诸侯卿大夫依命数依次降等，公衮冕九章；侯伯鷩冕七章；子男毳冕五章；孤絺冕三章；卿大夫玄冕一章。[3]衮服"十二章纹"见于《尚书·益稷》，"予欲观古人之象，日、月、星辰、山、龙、华虫，作会，宗彝、藻、火、粉、米、黼、黻，絺、绣，以五采彰施于五色，作服，汝明"[4]。上衣六章为绘，下裳六章为绣，各具其意（图5.1）。

日、月、星辰，取照临之意；山，取能兴云雨之意；龙，取变化无方之意；华虫，华取文章之意、雉取耿介之意。宗彝，为虎蜼也，为祭祀礼器，有虎彝与蜼彝，故取虎之严猛、蜼之智慧之意；藻，取有文之意；火，取炎上之意；粉

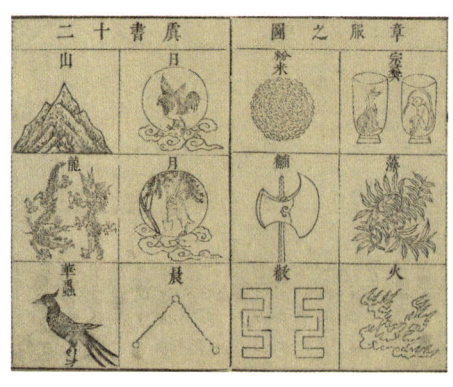

图5.1 〔明〕王圻《三才图会》"十二章纹"图例（明万历三十七年刊本）

米，粉取洁白、米取能养之意；黼，取能断之意；黻，取善恶相背之意。

随着帝制时代皇权的逐渐扩大，尊君卑臣思想愈加强固。通过对臣下冕服章纹数量的刻意减损而突出君权神授。魏明帝嫌公卿衮服"服似天子""拟于至尊""有疑于僭"，而对臣下冕服"损略黼黻"[5]，君臣服章的差距加大。至明代，甚至臣下配享冕服的权力都被整体剥夺了，冕服成为朱明皇族的专属礼服。从曹魏臣下冕服章纹数量的减损到朱明政权臣下冕服的消失，是君权不断扩张在衣冠制度上的直观投射。

（二）王（皇）后翟纹

自周代以来翟纹作为后妃身份的等级象征符号明确出现在礼服上。《周礼·内司服》载："掌王后之六服，袆衣、揄狄、阙狄、鞠衣、展衣、缘衣、素纱。"[6]周天子王后六服中，袆衣、揄狄、阙狄统称为"三翟"，皆为祭服。袆衣饰翚纹（刻翟绘素质五色）；揄狄饰摇纹（刻翟绘青质五色）、阙狄刻翟而不画（图5.2）。《说文解字》释"翟"为长尾雉鸡。雉，取其守介而死不失其节，寓意女性美好德行。身份显赫的女性常穿画翟羽装饰的衣衫，《诗经·鄘风·君子偕老》曰："玼兮玼兮，其之翟也"，赞美卫宣公夫人宣姜服翟之美。[7]与衣服相应，翟羽可做车饰，周天子王后五辂中重翟、厌翟、翟车以此装饰。宋人《导引》有"六宫扈从亲重翟，清庙荐萧芗"句，可见庙祭时皇后重翟之车位列于前的隆重场面。

汉晋以来皇后祭服多有损益，存谒庙服、亲蚕服。谒庙服饰纹史载未详。后周皇后祭服制度超越周礼之盛，设翟衣六种：翚衣、揄衣、鹥衣、鸠衣、鹎衣、翘衣，翟纹俱十有二等。隋代皇后礼服袆衣采翚翟五采重行十二等。[8]唐因隋制，皇后袆衣翚翟素质五色十二等[9]；两宋皇后袆衣翟纹变赤质五色十二等，有小轮花装饰。[10]明皇后礼服袆衣，初画翟赤质五色十二等，后改为翟衣织翟十有二等，凡一百四十八对，间以小轮花（图5.3）。[11]"袆翟焕祥光"成为衣冠制度文化中皇后母仪天下的身份表征。

为突出（王）皇后身份的显贵，周代王后可享用"三翟"祭服，而公侯夫人服揄狄，子男夫人服阙狄，皆无服着袆

图5.2 〔宋〕聂崇义《新定三礼图》袆衣、揄狄、阙狄线稿图例（通志堂藏版）

图5.3 明孝和皇后半身像（台北故宫博物院藏）

衣的权力。[12]以周为典范，王后独享最高等级祭服的传统为后世所继承。皇后之下，妃嫔礼服所饰翟纹在数量及施用工艺上皆曲让于后，唯衬托六宫之首的特殊地位。

（三）祥龙与瑞凤

《说文解字》："龙，鳞虫之长，能幽能明，能细能巨，能短能长，春分而登天，秋分而潜渊。"龙作为中国古代传说中一种善变化、能兴云雨利万物的神异动物，受到了先民们的膜拜。龙是上古黄帝部族的精神图腾。新石器红山文化出土玉龙被誉为"中华第一龙"。《易·乾》："九五：飞龙在天，利见大人。"[13]《尚书正义》："九五'飞龙在天'，犹圣人在天子之位，故谓之'龙兴'也。"[14]龙与天帝有着密切的关系，受天命者是龙的化身。

先秦以来龙纹成为天子身份的象征。《礼记·礼器》："礼有以文为贵者。天子龙衮，诸侯黼，大夫黻。"[15]周天子的祭服"衮冕"正是以龙纹为首要章目，代表九五之尊的地位。秦汉礼制松弛，东汉衮冕制度三公、诸侯尚可用"山龙九章"。秦汉以后龙增加了象征皇权的神性[16]，龙的御用属性进一步增强。唐代一品官员尚可用"衮冕九旒"，至宋"衮服非三公所服，去之可也"，龙衮服被皇家垄断。元代统治者在宋金衮服制度基础上又增饰"复身龙"，日常袍服亦大量装饰龙纹。大龙纹的使用权被皇家垄断，规定"诸段匹织造周身大龙者，禁之，胸背小龙者勿禁"[17]。明代以来，龙纹发展日趋成熟，大量应用于天子袍服，有团龙纹常服、衮服；云肩通袖龙襕圆领、直身、曳撒等。团龙纹为龙居中央，盘曲蜿蜒，四周以祥云环绕，或附以火珠、火焰、海水、江崖诸物。[18]皇帝龙袍从四团龙逐渐发展出多团龙，较为常见的有八团龙和十团龙，也有十二团龙，审美趣味日趋富丽堂皇（图5.4）。皇家贵戚则使用由龙纹衍生出的"蟒纹"，以"四爪"区别于"五爪"之龙。文武官则不许擅用蟒衣、飞鱼、斗牛等。[19]清代虽推行"剃发易服"政策，但龙纹仍作为皇帝的标志性徽识得到继承，其装饰数量及种类更甚于明代（图5.5）。[20]与龙纹极似的蟒纹在使用上仍受到严格的限制。清顺治时期颁布的《钦定服色肩舆永例》规定，公、侯、伯及一品、二品高级官员与内命妇或御赐可服蟒缎，其他僭越穿用者则有相应处罚。[21]以政令形式对贵戚臣僚服章严加规范，确保皇家对龙纹符号的垄断性。

图5.4 〔明〕佚名《明宪宗坐像轴》
（台北故宫博物院藏）

图5.5 清代明黄色缎绣彩云蝠金龙纹男夹龙袍
（故宫博物院藏）

从周代天子龙纹仅施用于祀先王的衮服到元明清三代龙纹逐渐应用于日常袍服，皇权的徽识不断向世俗空间扩张，龙纹织物的需求大大增加。明清两代江南织造局生产出包括云锦在内的大量高档龙袍衣料，供皇家消费。随着帝制时代的结束，龙形象不再被皇家垄断。时至今日，龙文化作为中华民族的精神图腾，象征着朝气蓬勃、奋发向上、威武不屈的民族性格，并将世代传承下去。

凤凰是上古中国文化中居于丹穴山的神鸟，文采兼备。《山海经》载："有鸟焉，其状如鸡，五采而文，名曰凤皇。首文曰德，翼文曰义，背文曰礼，膺文曰仁，腹文曰信。是鸟也，饮食自然，自歌自舞，见则天下安宁。"[22]"凤皇来仪"被视为天下安宁之兆。雄曰凤，雌曰皇，至其总称，则曰凤。凤是多种动物形象的复合体，造型优美生动。《韩诗外传》载："（天老语）夫凤象，鸿前麟后，蛇颈而鱼尾，龙文而龟身，燕颔而鸡啄。"凤鸟是上古东夷部族的精神图腾。因凤有"亲德嘉仁"、龙有"变化不居"的神性[23]，瑞凤与祥龙常成对出现，如"人伦之有周孔，鳞羽之有龙凤"，以应"太平龙凤之瑞"。

龙凤纹多出现在战国时期贵族的玉佩上。先秦马山一号楚墓出土士级贵族女袍装饰有"对凤对龙纹""龙凤相蟠纹""龙凤相搏纹"等（图5.6）。[24]中古以来龙凤纹的皇家御用色彩愈加浓厚。梁代皇帝冕服上增饰"凤皇"纹，以示差降。宋代皇家仪卫有龙凤旗、龙凤扇、龙凤车、龙凤鞍。皇帝衮冕还配有金龙凤革带；皇后常服设龙凤珠翠霞帔，头冠则由隋唐"花树冠"变为"龙凤冠"，妃则

图5.6 江陵马山一号楚墓出土"蟠龙飞凤纹绣"衾被复原图（荆州博物馆藏）

"翚凤冠"。龙凤纹已成为皇后身份的专属性象征。宋人《云笈七签》有"月中青帝夫人……衣青华琼锦帔，翠龙凤文飞羽裙"句，可见龙凤纹裙映衬出仙界帝君夫人身份的高贵。元代龙凤纹已是非赐不得僭用。蒙古人及宿卫之士皆在禁止之列，唯皇家御赐方可服"日月龙凤纹绮衣"。

皇权至上的明代，龙凤纹更为皇家所垄断。皇后常服有龙凤冠、织金龙凤纹大袖衣霞帔、褙子，诸妃则皆用凤冠、凤纹衣。明初龙凤纹已严禁臣僚使用，"违者罪及染造之人"。清代龙凤纹仍为皇权的象征。光绪皇帝大婚时皇后礼服备"龙凤合同袍"（图5.7）、"龙凤合同褂"（图5.8）。太平天国使用龙凤形象宣告新政权的诞生。天王洪秀全制龙凤雕镂金冠，其他诸王冠额上绣双龙单凤，可见龙凤纹意涵之显重。晚清僭越之风日盛，龙凤纹亦在民间流行。李渔《闲情偶寄》载："凤为羽虫之长，与龙比肩，乃帝王饰衣饰器之物也，以之饰足，无乃大亵名器乎？尝见妇人绣袜，每作龙凤之形，皆昧理僭分之大者，不可不为拈破"，"龙凤纹"在民间普及，寄托喜结连理，太平好合之意。时至今日，"龙凤呈祥"仍是代表新婚之喜的吉祥纹样，广为流传。

图5.7 清代大红色绸绣八团龙凤双喜棉袍（故宫博物院藏）

图5.8 清代石青色绸绣八团龙凤双喜棉褂（故宫博物院藏）

（四）文禽武兽

"文禽武兽"纹样是明、清时期官服制度中独具特色的部分，表现为文武官员公服胸背处分别饰以文禽和武兽各式花样（民间称为"补子"），与品级地位一一对应。

明洪武时期，朝廷在继承前代品官三等服色制度基础上，引入纹样徽识，以更好地区分官员等级（图5.9）。《明会典》载："公、侯、驸马、伯，麒麟、白泽。文官一品、二品仙鹤、锦鸡，三品、四品孔雀、云雁，五品白鹇，六品、七品鹭鸶、鸂鶒，八品、九品黄鹂、鹌鹑、练鹊；风宪官獬豸。武官一品、二品狮子，三品、四品虎豹，五品熊罴，六品、七品彪，八品、九品犀牛、海马"[25]，依禽兽的珍稀程度降级排序，对应品阶，标识尊卑（图5.10）。禽兽的精神意涵为，"文官用飞鸟，象其文采也；武官用走兽，象其猛鸷也"[26]。明代在以"仁、义、礼、智、信"五常为经典信条的社会伦理实践中，"文禽武兽"这一形象化的图谱语言代替了以往乏味的刻板说教，在社会个体品德修为的自我实践中发挥着潜移默化的"心理暗示"作用，成为明代统治阶级在官场范围内宣扬儒家道德情怀、实施人伦教化的有效载体，具有鲜明的政治寓意。[27] 明代晚期官场腐败，多有行迹恶劣如禽兽者。衣冠禽兽的正面意义发生转变，逐渐成为身被官服、道德败坏的代名词。如明陈汝元《金莲记》第七出："人人骂我做衣冠禽兽，个个识我是文物穿窬"，已见其词义的转化。

清代官服制度虽与明代区别显著，但仍继承了汉族官服制度中"文禽武兽"的徽识系统，以"明尊卑""辨等差"。清代官服为"朝褂式"补服，禽兽纹样的构成形式及制作工艺已与前代不同（图5.11）。据《清史稿》记载[28]及传世补服实物可知，文武官服的补子是以刺绣或缂织工艺制作再缝缀于胸背处，以区别于明代"织成"工艺的胸背禽兽花样。为明辨君臣之别，帝后、王公贝勒等皇室成员皆用圆补，而品官用方补。文禽武兽与官阶的对位关系也有所调整[29]，补

图5.9 〔明〕佚名《沈度像》所见仙鹤胸背纹样（南京博物院藏）

图5.10-1 《明会典》公侯贵戚及文官胸背花样之一

图5.10-2 《明会典》公侯贵戚及文官胸背花样之二

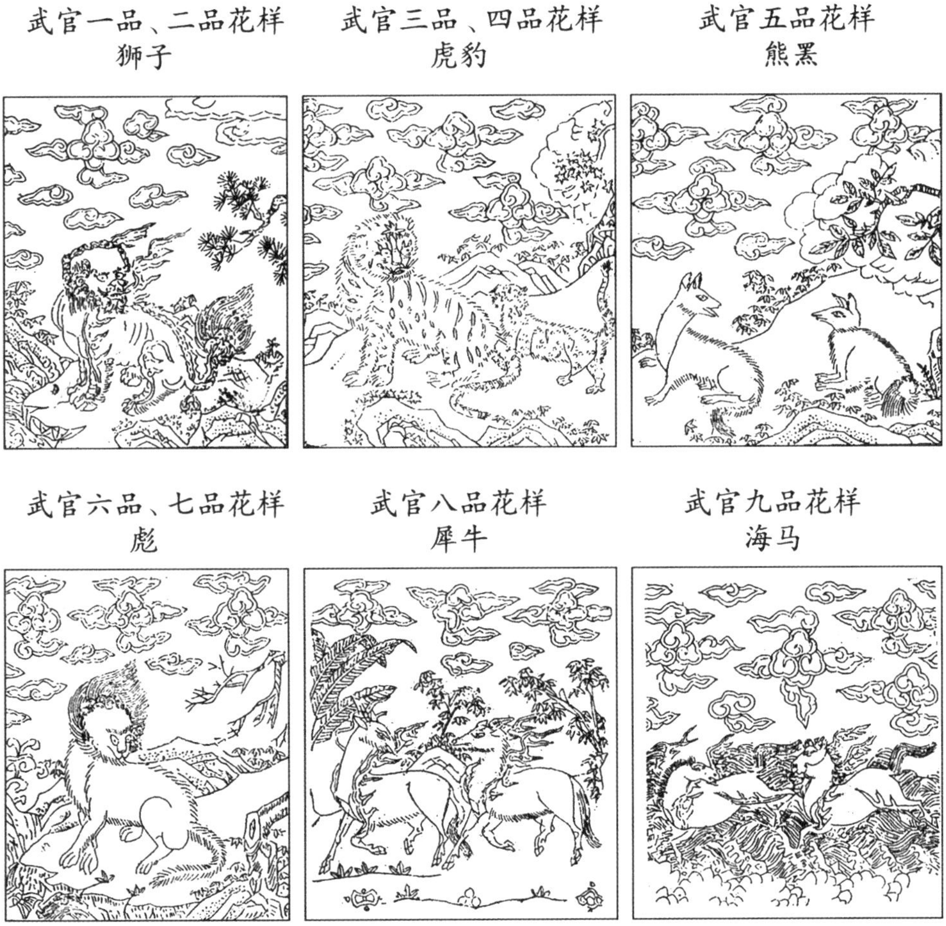

图5.10-3 《明会典》武官胸背花样

图5.11　清代石青地缂金仙鹤纹补服（故宫博物院藏）

子徽识的等级区隔性加强。此外，补子的装饰性、寓意性进一步增强。以"禽兽"为主体，添加"太阳纹""云纹""水纹""湖石纹"等。"禽兽"抬头或回首望日，体现臣子以忠君为上；而云纹、水纹、山石纹分别代表天空、海洋及陆地三界，昭示皇权的浩瀚无边。

十二章纹、翟纹、祥龙瑞凤、文禽武兽是中国古代衣冠制度文化中最具典范意义的精神符号，象征着统治阶级的政治权力。这些现实存在或虚构想象的装饰纹样，承载着丰厚的精神内涵，在"明尊卑，辨等差"协调社会秩序的同时，对服装穿着者施以积极的道德教化。这些"有意味的形式"绵延千载而不衰，伴随政权的更迭，直至王朝终结。但其中沉淀下来的诸如祥龙瑞凤、文禽武兽等文化基因则嵌入普通人的日常生活，充盈着中国人的精神世界。

二、祥瑞福德

祥瑞文化是中国传统文化的重要组成部分。早在《诗经》中便有以麒麟之德寓意公侯子弟威仪仁义的醇厚品格。无论是"祥瑞来白日，神圣占知风"，还是"太平祥瑞符君德，鹤兔芝禾月不虚"，都承载着中国人喜爱"祥瑞"文化，以此寄托对幸福吉祥、平安和顺的美好追求。传统纹样成为"祥瑞之兆"的载体，从秩序的"几何纹样"到灵动的"自然纹样"，每一种纹样的产生皆是先民们精心创造的"有意味的形式"，以或秩序或自由的艺术风格演绎着迁变不息的时代精神。

（一）几何纹样

几何纹是一种原始的装饰纹样，以点线面组成几何图形而得名，具有抽象的秩序之美，新石器时期彩陶文化上既已出现。几何纹也多见于先秦时期的织锦中。江西靖安大墓出土条形几何纹锦，湖北江陵马山一号楚墓出土条形纹锦、塔形纹锦、菱形纹锦等。楚人用于装饰衣袍领缘的田猎纹绦更见精巧：图案由四个菱形组成，排列成上下两行。菱形内有抽象的驭车狩猎和武士搏虎形象，反映了田猎活动在贵族生活中的重要地位（图5.12）。[30]《诗经·车攻》："田车既好，四牡孔阜。东有甫草，驾言行狩。之子于苗，选徒嚣嚣，建旐设旄，搏兽于敖……", 是此场景的真实写照。

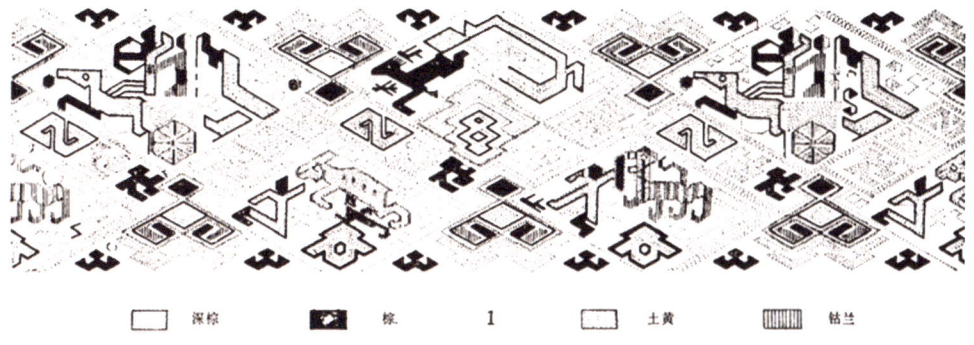

图5.12 江陵马山一号楚墓出土"田猎纹绦纹样之一"(荆州博物馆藏)

秦汉时期，几何纹样逐渐从复杂交错趋向简化，规则有序的几何纹样多应用于锦、绮织物。马王堆一号汉墓出土菱纹绮纹样、对鸟菱纹绮纹样、菱形纹罗绮等。绮和罗绮中的菱形纹形状与俯视的杯耳相似，文献记载中的"七彩杯文绮"的"杯文"或即指此。[31]《释名·释采帛》载："绮有杯文，形似杯也"，杯纹是菱形纹的衍生样式，其由一个大菱形及左右各一个小菱形相叠而成，两个小菱形近似秦汉时期的杯耳，故得此名（图5.13）。[32]在杯纹形成的纹样骨骼框架内可添加菱形、回形、瑞兽等图案或吉祥文字，以此增强纹样的层次感及寓意性。

魏晋至隋唐，中西方文化交流频繁，服饰文化的互鉴日益增强。源自波斯萨珊王朝、后经中土改造的"联珠纹"是这一历史时期典型的服饰纹样。5世纪左右"联珠纹"传入中国，早期常作为石窟壁画的装饰纹样，至6世纪中叶出现在新疆地区织物上。6世纪末期，中原"胡风盛行"，"联珠纹"逐渐进入中原地区成为流行的服饰装饰纹样。[33]该纹样的基本形态是以若干圆珠围成圆环形框架，并以二方连续或四方连续的排列方式布满整个面料。随着中原文化的浸润，联珠纹外层加入卷云纹、卷草纹等，圆环中央的动物纹也向本土转化。联珠纹在唐代达到发展的高峰。窦师纶创制的陵阳公样堪称大唐新样，是唐代宝花、卷草纹与联珠团窠锦纹

图5.13 长沙马王堆一号汉墓出土朱红杯纹罗绮(湖南省博物馆藏)

图5.14 唐代紫地团窠卷草立凤纹锦（日本正仓院藏）

图5.15 （传）〔后唐〕李赞华《东丹王出行图》耶律倍着毯路纹锦袍形象（美国波士顿美术馆藏）

的完美结合，在团窠内有对雉、斗羊、翔凤、游麟等汉地传统的祥禽瑞兽形象，蕴含和谐吉祥之意（图5.14）。元稹诗有"山茗粉含鹰嘴嫩，海榴红绽锦窠匀"句，卢纶诗有"花攒骐骥柄，锦绚凤凰窠"句，皆是对陵阳公样的生动描绘。

宋至清代，随着纺织技术的高速发展，几何纹样较以往更富时代特色。其中以"毯路纹""八达晕纹"为典型代表。毯路纹发源自西亚、北非及中亚地区。[34] 魏晋南北朝时期毯路纹沿丝绸之路经中亚地区传入中国，历经隋唐的发展，至宋元明清进入流行期。毯路纹又称球路纹，以圆圆相交构成基本骨架，有簇四毯路（四圆相交）和簇六毯路（六圆相交）之别。纹样构图因"连环不断"象征"官运亨通""福泽绵延"之意。宋代一品官员佩戴的正是"方团胯毯路纹"金带。南宋范成大诗《次韵虞子建见哈赎带作醮》有"台架尘侵毯路暗，花书墨渍笏头斑"句，视为写照。毯路纹宋锦用于皇家赐服及装裱书画之用。辽契丹贵族日常喜着毯路纹锦袍，多具异域特色。东丹王耶律倍（李赞华）被宋人视为"服用皆缦胡之缨，鞍勒率皆瑰奇，不作中国衣冠"（图5.15）。明清时期毯路纹多见于装裱字画和绒毯上。"八答晕纹"产生于五代十国，盛行于宋明清三代。宋代八答晕属于宋锦的一种，以写实花卉为主，色彩低调雅致。八答晕纹以垂直、水平、对角线构成基本骨架，形如"米"字，辐射八方，寓"八路相通"之意。几何骨架中以牡丹、梅花、菊花和宝相花为主要装饰，其余添加龟背、连线、锁纹、簟纹等规矩纹样。八答晕纹结构严谨、格调高雅，统一中显出无穷变化[35]，多用于宫廷服饰、书画装裱等。除八答晕外还有六答晕（图5.16）。明清八答晕纹色彩对比强烈，主体框架内增添"寿、福、喜、贵"等吉祥文字，更显富丽堂皇，多用于高档书画装裱。

图5.16　宋代米黄地六答晕蜀锦（四川博物院藏）

（二）自然纹样

自然纹样来源于先民对宇宙万物的直观感受，体现了质朴的生活情趣和蓬勃的生命活力。自然题材的纹样，包含人物、动物、植物、风景等内容。

先秦时期服饰纹样已具有了传递美好寓意、庇佑祈福的内涵。汉代丝绸之路的开辟，促进了中西方的贸易往来。从蒙古扎赉诺尔东汉墓、新疆民丰尼雅遗址、新疆楼兰遗址皆有汉代经锦发现。多以自然流动的"山岳纹""云气纹"等构成基础骨架，内部分布有龙、虎、麒麟、狮豸、辟邪等神兽形象，并在空隙中添加"万寿如意""长乐明光"等吉祥文字。新疆民丰尼雅遗址所出"五星出东方利中国"铭文山云动物纹锦护臂正是汉代经锦应用的优秀典范（图5.17）。《史记·天官书》有"五星分天之中，积于东方，中国利"之语，五星会聚，辉耀东方，大汉安定昌盛。此铭文汉锦承载着汉王朝对吉星高照、福泽安邦的美好企盼。

魏晋南北朝时期受佛教文化的影

图5.17　尼雅遗址出土汉代"五星出东方利中国"织锦护臂（新疆维吾尔自治区博物馆藏）

图5.18 甘肃敦煌莫高窟出土北魏龟甲忍冬纹刺绣边饰（敦煌文物研究所藏）

图5.19 唐代宝相花纹锦（美国大都会艺术博物馆藏）

图5.20 福州南宋黄昇墓出土褐色牡丹芙蓉花罗（福建博物院藏）

响，莲花纹、忍冬纹等具有宗教色彩的装饰纹样十分流行，象征纯洁吉祥，轮回永生，体现了佛教文化对民间信仰的渗透（图5.18）。唐代多种文化兼容并包，宝相花纹、唐草纹、葡萄纹等是较为流行的吉祥纹样，尤以前者最具特色。宝相花，又称宝仙花，代表完美与圣洁，它从忍冬、莲花、石榴、牡丹等多种纹样题材中提炼造型要素，经艺术加工融合而成，是佛教常用纹饰之一（图5.19）。宝相花华贵庄重，造型饱满，层次丰富，体现了唐代雍容大度的时代精神。宋代以文治世，市民文化发达，自然活泼的花卉纹甚为流行。题材丰富，有茶花、桃花、梨花、芙蓉、蔷薇、菊花、月季、海棠、芍药、牡丹等，造型舒展流畅，花中嵌花，叶中含花，生动活泼，寄托着宋人对富贵吉祥的美好向往（图5.20）。辽金元受游牧文化的影响，服装纹样流行具有北方民族特色的"春水秋山"纹。"春水纹"以鹘（海东青）捉鹅（天鹅）为题材，"秋山纹"则以山林虎鹿为题材。耶律羽之墓出土织物有刺绣鹰逐奔鹿、刺绣山林双鹿等，充满淳朴的山间野趣和北国风情（图5.21）。

明清两代，服饰纹样的寓意性进一步增强，强调"有图必有意，有意必吉祥"。从皇室贵戚到庶民百姓，"吉祥纹样"随处可见。灵芝纹寓意健康长寿；葡萄纹寓意子孙繁衍；牡丹纹寓意富贵吉祥；鸳鸯纹寓意爱情美好；松鹤纹寓意长命百岁；蝙蝠纹寓意福寿康宁；葫芦纹寓意福禄双全。由此衍生出的吉祥纹样有松鹤延年、鸳鸯戏水、五福捧寿、鹤鹿同春等（图5.22、图5.23）。这些题材丰富的吉祥纹样承载着孝敬长辈、夫妇和美等伦理内涵，潜移默化地影响着中国人的精神世界。

无论是规则秩序的"几何纹样"还是灵活多变的"自然纹样"，皆承载着人们祈愿

图5.21 辽代耶律羽之墓出土刺绣山林双鹿纹罗残片（中国丝绸博物馆藏）

吉祥、幸福、美好等观念之表达。随着近古以来社会崇尚繁缛绮丽之风的盛行，"图必有意，意必吉祥"的祥瑞文化于明清之际达到高峰。吉祥纹样成为社会各阶层普遍追求的服饰审美表达，其"雕绘满眼"的审美趣味，也渗入生活的各个方面，对今天中国人的审美意识仍发挥着潜在的影响。

图5.22 明代缂丝鸳鸯戏莲纹包首（故宫博物院藏）

图5.23 清代汉族石绿花缎绣喜相逢纹大袄局部（北京服装学院民族服饰博物馆藏）

三、佛道信仰

中国本土的道教与外来的佛教作为两大主流宗教，兴起于汉魏之际，逐渐渗入政治生活与世俗民间，历经时代变迁而不断演化发展，对中国人的精神世界产生深远的影响。道教，崇尚长生不老，得道成仙。强调内以治身，外以救世，济贫扶危，关心社会生活。[36]外来佛教则与本土文化逐渐融合，发展出中国化的佛教。它吸收了儒家的人文精神和心性学说，形成符合中国人价值准则的善恶观、孝亲观、戒律观等佛教伦理观。承载佛道信仰的观念符号进入人们的日常生活，在服饰文化上也有所体现——生动形象的服饰纹样是传播意义的有效载体。

（一）太极八卦纹

"太极八卦纹"源自中国人深邃的宇宙自然观念，并成为道教信仰的象征物。《易·系辞上》载："易有太极，是生两仪，两仪生四象，四象生八卦。""太极"是中国古代的哲学术语，意指原始混沌之气。"八卦"由"—"（阳爻）与"--"（阴爻）排列构成八种符号："乾（☰）、坤（☷）、震（☳）、巽（☴）、坎（☵）、离（☲）、艮（☶）、兑（☱）"，对应八个方向，分别代表八种自然现象：天、地、雷、风、水、火、山、泽。八卦本身即是清晰的符号图式。太极图式则经历宋代的多重演绎，于元末阴阳鱼式太极图逐步定型下来。[37]太极与八卦组合成太极八卦图，后为道教所使用，蕴含"神通广大，镇慑邪恶"之义。

太极八卦纹常作为装饰，用于"最具本土意义"的道教服饰[38]，如道袍、道冠及巾帽、杂佩上使用颇多。[39]八卦纹甚为流行，也为僧人所用。明代朱国祯《涌幢小品》载："……遇鹑衣僧，胸前垂绣八卦囊"[40]。明清时期，太极八卦纹被引入昆曲戏服，多用于"知天文、晓地理"的军师法衣之中。[41]后为京剧戏服所借鉴。清代沈蓉圃绘《同光十三绝》中扮演诸葛亮的卢胜奎便着饰有太极八卦纹的"八卦衣"（图5.24）。京剧艺术家马连良在《战北原》中亦着此服，衬托诸葛孔明的智勇多谋。流存于世的

图5.24 〔清〕沈蓉圃《同光十三绝》卢胜奎着"八卦衣"形象（故宫博物院藏）

清代皇家刺绣法衣、戏服帔子上皆可见"太极八卦纹"装饰（图5.25）。明清时期"太极八卦纹"也是瓷器上常见的装饰纹样。这一象征中国人独特宇宙观的寓意深奥的文化符号已深深嵌入社会各阶层日用生活的细节之中。

（二）八仙纹

"八仙纹"则源自民间神话传说"八仙过海"，是道教文化的现实投射，受到民众的广泛喜爱。八仙组成的定型在明代嘉靖年间，与嘉靖皇帝崇信道教的历史背景相关。[42]八位仙人包括：铁拐李、汉钟离、蓝采和、张果老、何仙姑、吕洞宾、韩湘子、曹国舅，代表了世间众生的八种形态：男女老幼、富贵贫贱。八仙纹流行于明清时期，以八位得道仙人的形象构成主体装饰要素。源于道教信仰的八仙纹寓意吉祥、幸福、长寿等美好愿望，在纺织、服饰、瓷器、家具等领域皆有使用。传世清代三色马面刺绣镶边凤尾裙即绣有八仙纹，形象栩栩如生（图5.26）。

由八仙纹派生出的"暗八仙纹"尤盛行于清代，即以八位仙人所持法宝为装饰要素，分别为葫芦、扇子、花篮、渔鼓、荷花、宝剑、洞箫、玉板。这些宝物寓意法力无边，逢凶化吉，尤为民间所喜爱。清代红色刺绣镶边贴边阑干马面裙则绣有暗八仙纹（图5.27），可见道教文化符号在民间服饰上的世俗转化及广泛影响。

图5.25 清代青缎折枝花金团寿字纹八卦帔（故宫博物院藏）

图5.26 清代三色马面刺绣镶边凤尾裙 明八仙纹（私人收藏）

图5.27 清代红色刺绣镶边贴边阑干马面裙 暗八仙纹（私人收藏）

(三)卍字纹

"卍字纹"是远古文化中十字形图纹的一种,其起源于古代印度文明,连同其他文明十字纹一样,象征太阳神。[43]中国最早的卍字纹可追溯到新石器时代陶器上的装饰纹样。公元5—6世纪,卍字纹成为佛教的象征符号,常装饰于佛祖胸前。《法苑珠林》叙佛之初生云:"开卍字于胸前,蹑千轮于足下。"唐武则天时,将"卍"字

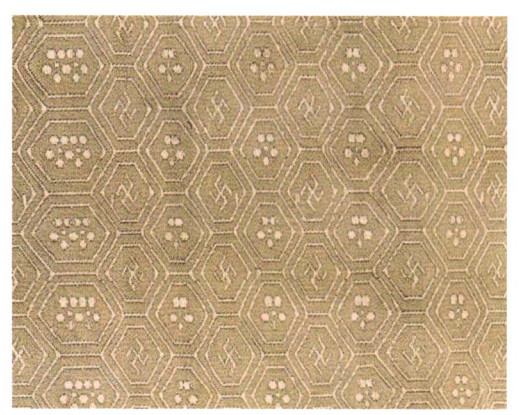

图5.28 元代龟背梅花卍字纹花绫裙局部 江苏苏州曹氏墓出土(苏州博物馆藏)

读音定为"万",表达"放大光明,万德吉祥"之寓意。[44]唐代之后,卍字纹符号从佛教走向世俗。宋代万字锦十分流行,由多个卍字重叠组成,装饰效果突出,象征万世长寿之意。宋代卍字菱纹格也常是女性喜爱的罗质抹胸(内衣)花纹。元代龟背梅花卍字纹花绫裙甚为流行,苏州曹氏墓曾有出土(图5.28)。该裙料以龟背形(六边形)为图案骨架,其中一行填以五朵梅,隔一行填以卍字纹,两行交替出现,风格典雅。明清时期,卍字纹以"无穷多"之含义,寓意古祥连绵、万寿无疆。卍字纹与其他吉祥纹样相结合,形成了万福、万寿与卍字流水等吉祥样式。"卍字纹"的装饰用途更为广泛,衣裳底纹、带饰、戏服的缘饰以及少数民族锦被等皆可用"卍字纹"装饰。明初规定教坊司乐艺冠服,即为"青卍字顶巾,系红绿褡"。明中期宁靖王夫人吴氏亦着"龟背卍字纹绫绵上衣"。传世清代满族妇女所穿的皮草镶边氅衣也采用粉红色缎绣卍字团龙纹装饰,十分华美(图5.29)。清末民初文学家樊增祥《临江仙》有"卍字鸳鸯锦带,连珠孔雀罗衫"句,可见卍字纹应用之广泛。

图5.29 清代粉红色缎绣卍字团龙纹上羊皮下灰鼠皮氅衣(故宫博物院藏)

（四）八吉纹

"八吉纹"亦称"八宝纹",源自藏传佛教法器,即法轮、法螺、宝伞、白盖、莲花、宝瓶、双鱼、盘长。早期多应用在释迦牟尼悟道成佛的图像中,或饰于象征释迦的双足图案。八吉纹在唐代佛教绢画中已出现,随着元代对藏传佛教的重视,八吉纹拓展到丝织品及瓷器、金银器等工艺品装饰上。至明代,汉地八吉纹从藏地八吉祥装饰中分化出来,确立了自身的风格特征。[45] 清代对藏传佛教甚为推重,八吉纹尤为皇家所喜爱。八宝的寓意更加明确:法螺——妙音吉祥;法轮——万劫不息;宝伞——曲覆众生;白盖——净一切药;莲花——无所染着;宝瓶——具完无漏;双鱼——解脱坏劫;盘长——一切通明。每一个法器纹样皆佩有风带,以增强法器之间的关联与整体性,八个法器图案既能独立成纹,也可组合成饰。八吉纹常与莲花纹、云龙纹等组成复合纹样。传世清代绿色妆花缎男夹蟒袍上除彩云金龙纹外,还分布有中心对称的八吉纹,于威严中蕴含祥和之意(图5.30)。

图5.30　清代绿色彩云八宝金龙纹妆花缎男夹蟒袍(故宫博物院藏)

儒、道、释是中国传统文化的重要组成部分,三者相得益彰,构成中国人涵隐于内的精神底色。晚于儒教而兴起于汉魏之际的佛道二教,随着时代的更迭、社会价值的融入,逐渐完成自身的世俗化发展。代表道教和佛教神秘信仰的观念符号也由最初的宗教空间而渗入寻常百姓的日常生活,成为织绣精美的衣纹装饰以及家居陈设的装饰要素。这些宗教纹样的具体意涵在民间或已言说不清,但其作为法力无边的宝物象征，驱害避祸的护佑之用已嵌入普通人的信仰世界，成为集体的民族记忆，而传承不息。

※ 本章小结

　　章纹之饰构成中华传统服饰文化的重要审美特征。在礼仪空间，章纹制度是国家用以协调上下、明别尊卑的政治治理手段；在世俗空间，造型多样、风格迥异的祥瑞纹样承载了广大民众世代相袭的美好祈望；在宗教空间，代表无边法力的神秘符号逐渐走向世俗化而成为民众驱害避祸的精神护佑。三种空间层次的纹样并非彼此孤立，而是相互渗透。多维空间的纹样需求极大促进了我国织绣技艺的长足发展，蜀锦、宋锦、云锦，以及苏绣、粤绣、湘绣、蜀绣四大名绣，成为我国非物质文化遗产宝库中一朵朵瑰丽的奇葩，也为章纹设计的当代传承与创新提供了取之不竭的精神滋养。

☼ 思考题

　　1. 从天子十二章纹、王（皇）后翟纹的使用看中国古代社会政治权力符号系统的历史传承性。
　　2. 中国古代吉祥纹样如何表达祥瑞寓意，试举例说明其对当代的持续影响。
　　3. 中国古代佛道纹样的世俗化如何在民众服饰中得到体现？
　　4. 近年来，国潮设计中常使用龙纹作为服饰装饰语言，谈一下你对此现象的看法。

【注释】

[1] 阎步克.服周之冕：《周礼》六冕礼制的兴衰变异［M］.中华书局，2009：5.

[2] 尚书正义：卷第四［M］//李学勤.十三经注疏.北京：北京大学出版社，1999：108.

[3] 周礼注疏：卷第二十一［M］//李学勤.十三经注疏.北京：北京大学出版社，1999：559.

[4] 尚书正义：卷第五［M］//李学勤.十三经注疏.北京：北京大学出版社，1999：116.

[5] 阎步克.服周之冕：《周礼》六冕礼制的兴衰变异［M］.中华书局，2009：206.

[6] 周礼注疏：卷第八［M］//李学勤.十三经注疏.北京：北京大学出版社，1999：202.

[7] 毛诗正义：卷第三［M］//李学勤.十三经注疏.北京：北京大学出版社，1999：186.

[8] 杜佑.通典：卷六十二［M］.北京：中华书局，1988：1738-1744.

[9] 刘昫，等.旧唐书：卷四十五［M］.北京：中华书局，1975：1955.

[10] 脱脱，等.宋史：卷一百五十一［M］.北京：中华书局，1985：3534-3537.

[11] 申时行.明会典：卷六十［M］.北京：中华书局，1989：373.

[12] 周礼注疏：卷第八［M］//李学勤.十三经注疏.北京：北京大学出版社，1999：202.

[13] 周易正义：卷第一［M］//李学勤.十三经注疏.北京：北京大学出版社，1999：6.

[14] 尚书正义：卷第一［M］//李学勤.十三经注疏.北京：北京大学出版社，1999：12.

[15] 礼记正义：卷第二十三［M］//李学勤.十三经注疏.北京：北京大学出版社，1999：731.

[16] 庞进.八千年中国龙文化［M］.北京：人民日报出版社，1993：212.

[17] 宋濂.元史：卷一百五[M].北京：中华书局，1976：2681.

[18] 毛诗正义：卷第三[M]//李学勤.十三经注疏.北京：北京大学出版社，1999：221.

[19] 张廷玉，等.明史：卷六十七[M].北京：中华书局，1974：1647.

[20] 赵尔巽，等.清史稿：卷一百三[M].北京：中华书局，1977：3035-3036.

[21] 于浩.明清史料丛书八种[M].北京：北京图书馆出版社，2005：108.

[22] 袁珂.山海经校注：卷第一[M].上海：上海古籍出版社，1980：16.

[23] 庞进.八千年中国龙文化[M].北京：人民日报出版社，1993：186.

[24] 湖北省荆州地区博物馆.江陵马山一号楚墓[M].北京：文物出版社，1985：57-59.

[25] 申时行.明会典：卷六一[M].北京：中华书局，1989：386.

[26] 邱浚.大学衍义补：卷八十九[M].北京：京华出版社，1999：839.

[27] 张玲."衣冠禽兽"的文化符号读解：以明代官服制度为例[J].现代传播（中国传媒大学学报），2013（7）：83.

[28] 赵尔巽，等.清史稿：卷一百三[M].北京：中华书局，1977：3056.

[29] 赵尔巽，等.清史稿：卷一百三[M].北京：中华书局，1977：3056-3057.

[30] 湖北省荆州地区博物馆.江陵马山一号楚墓[M].北京：文物出版社，1985：47-49.

[31] 湖南省博物馆，中国科学院考古研究所.长沙马王堆一号汉墓（上）[M].北京：文物出版社，1973：49.

[32] 高春明.中华元素图典·几何人物[M].上海：上海锦绣文章出版社，2009：15.

[33] 陈彦姝.六世纪中后期的中国联珠纹织物[J].故宫博物院院刊，2007（1）：79.

[34] 冉万里.丝路豹斑：不起眼的交流，不经意的发现[M].北京：科学出版社，2016：176.

[35] 余涛.八答晕和六答晕[J].丝绸，1987（8）：40-41.

[36] 牟钟鉴，张践.中国宗教通史[M].北京：社会科学文献出版社，2000：258.

[37] 李申.太极图渊源辩[J].周易研究，1991（1）：33，35.

[38] 许宜兰.道教服饰的文化内涵[J].中国宗教，2016（8）：73.

［39］高春明.中华元素图典·吉祥寓意［M］.上海：上海锦绣文章出版社，2009：217.

［40］朱国祯.涌幢小品：卷二十八［M］.上海：上海古籍出版社，2012：570.

［41］张蓓蓓.浅谈宗教纹样在昆剧戏衣中的运用［J］.产业与科技论坛，2008（6）：164.

［42］王永宽.八仙传说故事的文化底蕴探析［J］.中州学刊，2007（5）：188.

［43］何新.诸神的起源：中国远古神话与历史［M］.北京：生活·读书·新知三联书店，1986：2-3.

［44］高春明.中华元素图典·几何人物［M］.上海：上海锦绣文章出版社，2009：52.

［45］杨鸿姣.明代藏传佛教八吉祥纹样在汉地的传播及其风格演变［J］.西藏艺术研究，2008（1）：69-70.

第六章

多元一体

——中华传统服饰文化的交融

中华文明历史悠久、辉煌灿烂，农耕文明和游牧文明是其中的两大主体文明形态。各民族在历史时空中依托不同的自然地理条件、生产生活方式、民族心理结构等发展出风格迥异的服饰文化景观，通过多种方式的交流互鉴，为中国传统服饰的多元一体格局奠定了基础。正如费孝通先生所言："中华民族多元一体格局的形成过程，它的主流是由许许多多分散孤立存在的民族单位，经过接触、混杂、联结和融合，同时也有分裂和消亡，形成一个你来我去、我来你去、我中有你、你中有我，而又各具个性的多元统一体。"[1]

一、服饰审美的多样化

农耕文明，是以农业为主要生存方式，逐步形成一套适应农业生产、生活需要的国家制度、礼俗制度等的文化集合体。强调人与自然的和谐，明礼、知时、守序，是农耕文明的显著特点。游牧文明，以畜牧为主要生存方式，逐草而息，通过不断扩张来获得生产、生活资料。"游动"文化深深影响着游牧人群的族群认同、社会结构、领袖威权以及其社会道德与价值观。[2]两种文明形态塑造出不同的文化性格，也形成了服饰审美上不同的风格取向。而这种异质性又成为彼此间交流互鉴的前提基础。

（一）宽衣与窄衣

周代确立的华夏衣冠传统，无论是上衣下裳制的礼服，还是衣裳相连的深衣制袍服，皆在形制文化上被赋予褒衣博带之美，以象征华夏文化之正统。《论语·雍也》载："子曰：'质胜文则野，文胜质则史。文质彬彬，然后君子。'"[3]孔子提出"文质彬彬"作为君子表里统一的审美标准。儒服（衣）成为宽衣的代名词，是儒家文质彬彬的形象表征。唐人杜牧《郡斋独酌（黄州作）》有"促束自系缚，儒衣宽且长"句；宋人刘克庄《又三首其三》有"身是鲁中儒服者，闲搔白发看游人"句。清人王夫之更是对儒家的宽衣形象赋予道德的阐释，"褒博以示无虔骛也"，即君子衣饰宽博的真正用意在于彰显其不执于征伐的君子之德。宽衣文化内寓"仁者爱人"的儒家情怀。这种来自道德层次的对宽衣文化的推崇，也通过外在的艺术形式得以再现。宽衣随形附身，褶纹细腻丰富，在中国古典绘画艺术中可寻觅其踪。"吴带当风"[4]正是对宽衣风格的生动描绘。宋摹本《送子天王图》所绘人物笔势圆转，衣带犹如被风吹拂，衣褶线条生动流畅，成为后世追摹的对象。宽博的衣衫具有较强的遮蔽性，身形若隐若现，体现含蓄之美（图6.1）。

与华夏衣冠的"褒衣博带"相反，北方游牧民族以紧身窄袖、便身利事的衣裤为尚,形成实用的窄衣文化传统。功能性极强的胡服与游牧民族骑射的生活方式相适应。沈括《梦溪笔谈》云:"窄袖利于驰射,短衣长靿皆便于涉草"[5]。在"华夷之辨"的历史演进中,窄衣也被北族视为区别自身与他者的标识。《魏书·序纪》载神元帝之子沙漠汗久居洛阳"风彩被服,同于南夏",着汉装而"变易旧俗",终为鲜卑贵族所忌惮。[6] 峭窄的胡服因式样新颖多见于中土士人的笔端。唐刘言史《王中丞宅夜观舞胡腾》

图6.1 宋摹本《送子天王图》"吴带当风"绘画风格像(大阪市立美术馆藏)

有"织成蕃帽虚顶尖,细氎胡衫双袖小"句,五代花蕊夫人《宫词》有"回鹘衣装回鹘马,就中偏称小腰身"句,宋吴文英《玉楼春》有"茸茸狸帽遮梅额,金蝉罗翦胡衫窄"句,是为时风之生动写照(图6.2)。

图6.2 〔唐〕韩幹《圉人呈马图》胡人着窄袖袍长靴(美国大都会艺术博物馆藏)

宽衣文化与窄衣文化看似两种完全异质平行发展的文化形态,在南北朝民族大融合的时代背景下,通过政治推动演化成为中古以来"公服"与"常服"双轨并行的服饰系统。[7]礼仪空间用汉服,世俗空间用胡服。宽衣与窄衣交相辉映,成为一个不可分割的整体,构成中华民族服饰文化体系的丰富性、生动性。

(二)轻盈与厚重

农耕文明与游牧文明由于自然生存环境的差异,由此形成了不同的着装偏好。《辽史》载:"天地之间,风气异宜,人生其间,各适其便。王者因三才而节制之。长城以南,多雨多暑,其人耕稼以食,桑麻以衣,宫室以居,城郭以治。大漠之间,多寒多风,畜牧畋渔以食,皮毛以衣,转徙随时,车马为家。此天时地利所以限南北也。"[8]农耕文明以桑麻为宗,推崇"轻盈"的丝绸文化;游牧文明则以皮毛为尚,尤爱"厚重"的皮裘文化。

中原之地多雨暑,汉民族衣料尚轻薄,从麻到丝,逐渐形成了"轻盈飘逸"的审美趣味。曹植《美女篇》云:"罗衣何飘飘,轻裾随风还"[9],描绘了女子罗衣轻薄、随风摇曳的美感。此与顾恺之所绘《洛神赋图》中的洛神形象极为肖似(图6.3)。唐代审美仍延续此风,白居易《长恨歌》"风吹仙袂飘飖举,犹似霓裳羽衣舞";张祜《舞》"裊裊腰疑折,褰褰袖欲飞"。至宋代,衣衫好尚轻透飘逸更是深入人心。欧阳修《阮郎归》"青衫透玉肌";朱淑真《浣溪沙》"春衣初试薄罗轻"。轻透的罗衫随风起舞,真可谓"动翩翩风袂,轻若惊鸿"。湖南长沙马王堆一号汉墓出土的直裾素纱单衣,仅重49克[10],薄如蝉翼,从纺织工艺视角印证了汉民族以轻盈为尚的审美传统。"举之若无"的轻薄纱罗与儒家风范的褒衣博带相得益彰,共同促就了"气韵生动"的汉衣裳文化之美。

漠北之地多寒多风,受生存环境影响,以皮毛为衣,形成了游牧民族崇尚"雄浑厚重"的审美偏好。《淮南子·原道训》载:"匈奴出秽裘";《汉书·匈奴传》言匈奴人"衣其皮革,被旃裘""其得汉絮缯,以驰草棘中,衣袴皆裂弊。以视不如旃裘坚善也"[11]。对于匈奴而言,革裘胜过丝帛,其保暖、厚实、耐用的特质是北族审美与价值判断的标准。继匈奴之后在蒙古高原崛起的古代游牧民族鲜卑,亦以皮裘为贵。《后汉书·鲜卑传》记:"又有貂、豽、鼲子,皮毛柔蝡,故天下以为名裘。"皮裘也成为北族与汉政权往来的主要贡物。《后汉书·南匈奴传》载:"北匈奴复遣使诣阙,贡马及裘。"后世在汉民族意识形态中"皮

图6.3 宋摹本顾恺之《洛神赋图》洛神袿衣杂裾飘飞的形象(故宫博物院藏)

裘""皮毛"常被用来象征蛮夷文化。唐刘商《琴曲歌辞·胡笳十八拍》以"羔子皮裘领仍左。狐襟貉袖腥复膻"指代番地惯习的胡服传统。白居易在《缚戎人》中写下"一落蕃中四十载，遣著皮裘系毛带。唯许正朝服汉仪，敛衣整巾潜泪垂"，仍以"皮裘"来标识胡俗与汉仪的分野（图6.4）。少数民族政权对皮裘的喜爱并未因入主中原而减弱，在享用绫罗绸缎的同时，仍以裘皮为贵，作为政治赏赐授予臣僚。如金代"赐以御府貂裘"、元代"并赐金貂、裘帽、玉带各一"，"赐黄金五十两、白狐裘一、牝马百"，"赐黑貂裘一、锦衣二袭"，貂裘、白狐裘是贵如金玉的珍贵之物。

图6.4　北齐徐显秀墓《夫妇并坐图》皮裘形象

（三）隐形与袒裸

儒家强调人际关系、道德伦理和社会秩序的重要性，构建了以"五伦"为基石的伦理社会，其承载着中国传统文化的基因与内核，成为中国文化的特质。[12]服饰的伦理性受到儒家的高度重视。班固《白虎通义》释解"衣裳"之义："衣者，隐也；裳者，障也；所以隐形自障闭也。"[13]服饰的人文价值在于遮蔽身体之形，是"礼"在衣冠服饰上的反映。反其道而行之，则被认为是"非礼"之举。《礼记·曲礼》载："冠毋免，劳毋袒，暑毋褰裳。"[14]脱去冠帽、袒露身体、撩起下裳诸举皆视为不敬。先秦两汉层叠的"重衣法"是儒家"隐形"观念在服装上的礼仪实践。《礼记·玉藻》孔颖达疏引皇氏云："凡六冕及爵弁无裘，先加明衣，次加中衣；冬则次加袍茧，夏则不袍茧，用葛也，次加祭服。若朝服布衣，亦先以明衣亲身，次加中衣；冬则次加裘，裘上加裼衣，裼衣之上加朝服；夏则中衣之上不用裘而加葛，葛上加朝服。"[15]冕服和朝服皆遵循从内到外的多层次穿搭秩序，被包覆的身体越发隐匿不彰。后世祭服和朝服仍通行"重衣法"，使"隐形"观念进一步得到更张。在儒家精神强固的时代，常服也受其影响，通过衣衫的层叠，增强身体的隐匿性（图6.5）。

与汉民族服饰的"隐形"相反，北族服饰则以"袒裸"为尚。《后汉书·东夷列传》载："挹娄，古肃慎之国也。……冬以豕膏涂身，厚数分,以御风寒。夏则裸袒,以尺布蔽其前后。"[16]鲜卑族亦以袒裸为俗,《北史·魏本纪》载,至太和十六年春正月,北魏孝文帝"诏罢袒裸"[17],禁止拓跋鲜卑再行裸俗。但此风习并未彻底消退,隋唐王朝受北族文化的影响,兴袒露之风,女子粉胸半露,襦裙飘飘,呈现超越周汉一脉的开放气象(图6.6)。唐代李洞作"半胸酥嫩白云饶";周濆作"慢束罗裙半露胸"之咏叹。"袒胸装"实为胡汉服饰文化交融的时代产物。此"袒裸"风尚经历五代的过渡,一直延续至宋。随着理学影响的深入,元明清三代女子服饰又重回"隐形自障闭"的风格范式中来。

图6.5 西汉"三重衣"侍俑(男左女右)(汉景帝阳陵博物院藏)　　图6.6 唐代郑仁泰墓高髻女立俑(昭陵博物馆藏)

二、"兴"胡服

中国服饰史上有五次大的服饰变革,往往是基于政权更迭、战争、商贸及人口的流动迁徙,成为胡汉服饰文化互鉴的桥梁。[18]先有战国赵武灵王"胡服骑射",积极效仿周边少数民族服饰,大大提升了赵国的军事战斗力。魏晋南北朝时期,民族融合加剧,文化碰撞激烈,窄身利落的胡服逐渐成为汉民族日常生活中的流行服饰。南朝裤褶服、隋唐宋圆领袍的流行,为汉民族服饰文化增添新的要素。胡服在汉地的接受史经历了从政治面向的"以夷制夷"到"融合创变"的历史过程。

（一）胡服骑射

"胡服骑射"是战国时期赵武灵王为提升军队战斗力而采取的易服饰、更战术的军事改革，被称为中国历史上的第一次服饰变革。[19] 赵国曾一度跻身于战国七雄之列，至赵武灵王时国势衰微，不仅腹心有中山之患，西北、东北有胡人之忧，东西又有齐秦对峙遭受攻占之难。赵国原有的军队出征，兵车、长矛，不仅速度慢，在复杂的地形条件下更是无法施展。而胡人作战时用骑兵、弓箭，行动迅速，具有更大的灵活机动性。赵武灵王看到胡人作战的优势，提出"今吾将胡服骑射以教百姓"，决定移风易俗，进行服饰改革。但这遭到赵国宗室贵族及大臣的反对，他们认为"莅政者不袭奇辟之服，中国不近蛮夷之行"[20]。可见，"易胡服"触犯了华夷有别的传统观念，这已不是简单的易服问题，更似一场由外而内的思想变革。

赵武灵王冲破重重阻力最终下达"胡服令"，率先改穿北方游牧民族的窄袖短衣、窄裤、革带和长靴，实施"以夷制夷"的政治策略。赵国的国力逐渐强大，不但打败了经常侵扰的中山国，而且向北开辟了千里疆域，管辖范围达到今河套地区。赵国的军制改革，也成为其他诸侯国学习、仿效的样板。至战国后期，骑射已成为一种普遍的战斗手段（图6.7）。[21] 赵武灵王倡导的"胡服骑射"具有华夏民族向少数民族文化学习的历史开创意义，这种思想观念上的转变为民族大融合和大一统国家的形成奠定了基础。

图6.7　战国错金银铜镜斗兽图纹（河南洛阳金村出土，日本永青文库藏）

（二）裤褶之兴

赵武灵王引入的"胡服"仅限于兵士行军作战之服，在魏晋南北朝时期，另一种上衣下裤的胡服——裤褶，进入汉衣冠典章制度。魏晋南北朝是中国历史上政权更迭频繁的时期，由于连绵不断的战争，人口迁徙频繁，促进了不同民族的文化交流，创造出有别于先秦两汉的服饰文化新貌。

北方大部分少数民族衣着以衣裤为主，即上身着褶，下身着裤，称之为"裤褶"服。褶是短身的袍，比襦略长。此制为北方民族所常服，利于骑马涉草的畜牧生活（图6.8）。由于裤褶轻便之故，后为汉族所采用，然形制逐渐变为广袖和大口裤的形式。[22] 晋国冠服制度中便有"裤褶之制"，属于戎装，为车驾亲戎、中外戒严之服。[23] 至南北朝，北魏鲜卑政权将裤褶定为国家政治生活中的朝服。而汉族政权的南朝，着此服者日趋众多。[24] 南朝汉人所穿的裤褶服，为广袖褶衣、大口裤，衣袖和裤管都很宽大。为不妨碍活动，裤管用三尺长的锦带缚住，成为"缚裤"。以其轻便急装，故作戎装之用。南北朝时期流行的裤褶已非昔日胡服模样，经汉族审美文化的浸润，裤褶服呈现一派褒博儒雅的气象（图6.9）。直至隋唐，裤褶作为百官朔望之朝服，后为朝臣以"事不师古，伏请停罢"。但裤褶服的影响仍在延续，在宋代宫廷乐坊文舞中舞人即"服裤褶，冠进贤冠"[25]，北族胡服已成为汉族礼乐文化中表征《文德》的首选之服，并被士大夫接受。

图6.8 鲜卑"窄身小袖"（河南博物院藏）

图6.9 北齐"大袖缚裤"（河南博物院藏）

源自北方草原游牧民族的裤褶服在魏晋南北朝民族大融合之际进入汉族衣冠体系中，由"胡服"不断向"汉装"演化，并持续由"武"向"文"的意涵转换。裤褶能够在汉地被普遍接受，实与时势相适应，在多事之秋，不容衣冠整饰。[26] 战争频仍的年代，胡服便身利事的实用价值被汉族统治阶级看重，积极吸纳并融合创变，为汉衣冠注入新鲜的异质要素。

（三）圆领袍之变

圆领袍是出现于北朝、带有鲜明北族特色的新式胡服，它在旧式鲜卑外衣的基础上参照西域胡服改制而成。它的流行不是偶然，就服装在生产和生活中的实用功能而言，比汉魏式褒博巍峨的衣冠要方便得多。[27]圆领袍滥觞于北朝，自隋唐以降流行于世，从日常便服、常服逐渐进入公服系统，并对后世袍服文化产生影响。

早期的圆领袍形象出现在莫高窟285窟西魏鲜卑族的壁画中。强盗身穿圆领袍，衣长及膝，窄身小袖，腰部紧束，下缚绑腿，十分便身利落。此时的圆领袍类似于一件有撞色边饰的对襟外套，这是北朝时期圆领袍的最初形态（图6.10）。隋唐时期，圆领袍发展为右衽大襟式样，衣长逐渐增加，长者至脚踝，衣身、衣袖渐趋宽松，突出汉家风范。圆领袍、幞头、革带、革靴成为隋唐服制的标准配置，并出现等级分化。上下通裁的开骻袍用于身份卑微的庶民（图6.11）；加襕袍用于地位较高的品官（图6.12）。至宋代，圆领袍进一步制度化、规范化，成为皇帝常服、官员公服，并在儒家文化的浸润下向儒雅化发展。其基本式样为，曲领大袖，下施横襕，束以革带，头戴幞头，脚蹬乌皮靴。[28]君臣袍服宽身大袖，体现以儒治国的贤雅气象（图6.13）。来自北族的胡服由原初的俚俗之态逐渐向汉家风范转型。经历元代的过渡，圆领袍重回明代政治生活。受到蒙古族游牧文化的影响，明初圆领袍整体向窄衣文化靠拢。皇帝常服圆领袍"盘领，窄袖，前后及两肩各织金盘龙一"，后逐渐发展成十二团龙十二章衮服，袍袖逐渐加大[29]，装饰性进一步增强（图6.14）。明代品官圆领公服较宋代而言，造型更加夸张，受元代审美风格的影响，袍服前后织有方形"胸背"花样（文禽武兽），对位品官等级，膝盖处唐宋通行的"横襕"消失。

图6.10　西魏《五百强盗成佛因缘图》

图6.11　唐代乾陵章怀太子墓《仪卫图》

图6.12 〔唐〕阎立本《步辇图卷》着加襕袍的官员左一和右一（故宫博物院藏）

图6.13 〔南宋〕陆信忠《十王图》（日本奈良国立博物馆藏）

图6.14 〔明〕佚名《明英宗坐像轴》（台北故宫博物院藏）

圆领袍作为中国古代传统服饰中的重要品类，自北朝出现，隋唐时作为便服被广泛使用，宋代逐渐将儒家审美融入其中，使其向儒雅化官服转变。经元代过渡，至明代，圆领袍发展出胸背花样等品阶要素，政治色彩更加浓厚。圆领袍的发展史是北族胡服在汉文化语境中被不断形塑改造，赋予新的时代意涵的历史演进过程，是多元文明交融互鉴的历史见证。

（四）旋裙到马面裙

明清时期风靡一时的马面裙其来源可追溯到宋代的旋裙。北宋江休复《江邻几杂志》载："妇人不服宽裤与襜，制旋裙必前后开胯，以便乘驴"[30]，反映了旋裙早期的流行与乘驴的出行方式相关，最初为功能性服饰。旋裙由上下交叠的两片长方形布料构成，上系腰带。于身体围拢后，在前后身侧形成自然的活动开衩，便于乘骑。[31] 南宋福州黄昇墓出土的两片式旋裙多达18件，可知其作为女性日常服装在生活中的使用频度之大（图6.15）。旋裙以宋代通透轻薄的纱罗为材，体现简约纯粹的"宋式"美学风格。

图6.15 南宋福州黄昇墓黄褐色牡丹花罗镶花边裙（福建博物院藏）

元代，旋裙的两片式结构得到继承和发展，在旋裙叠幅两侧追加对称的褶裥[32]，裙身面料由宋代的四幅增加至六幅到七幅，结构的机能性与装饰性增强，体现少数民族尚繁缛的审美特色。元末张士诚母曹氏墓出土的6条丝裙,前幅左右皆缝褶裥,裙摆宽度可达3.4米。[33]旋裙在元代发展为男女通服。男子内着于袍内,长度及膝,女子与上襦搭配,裙长及地(图6.16)。与宋相比,元的"加褶"旋裙与织锦结合,使裙身如"A"形,呈现雄浑之风。

图6.16　陕西出土元代男女侍俑(左一、右二陕西省考古研究院藏,左二西安市鄠邑区文管所藏,右一延安市宝塔区文管所藏)

明承元制,裙式趋向更加繁复厚重的风格。男女通服,上至皇家贵戚,下至庶民百姓,称之为"旋子"[34]。明人朱之瑜在《朱氏舜水谈绮》中言及明代裁裳法:裳六幅或十二幅,皆前后有搭叠的"马面"结构,其两侧胁褶有六个或更多,前后相对分布。[35]明沿用元代的织金工艺和"襕饰",发展成明代马面裙中典型的"膝襕"(图6.17)。社会上层多用华丽的织锦缎,裙身整体呈现蓬起的伞状(图6.18)。

图6.17　明代葱绿地妆花纱双襕蟒裙(孔子博物馆藏)

图6.18　〔明〕佚名《宪宗元宵行乐图》局部(中国国家博物馆藏)

清代，马面裙作为汉族女子衣装而得以传承，发展出极富装饰性的裙门、裙边和胁褶装饰，裙门为主纹饰，两侧呼应。纹样、褶形、材质、颜色变化多端，体现出清代"雕绘满眼"的装饰趣味。样式有多片拼接装饰"阑干"的阑干裙（图6.19），风格多变的打褶裙，还有清末出现的两片分离

图6.19　清代杏红暗花绸地绣牡丹蝴蝶纹阑干马面裙（清华大学艺术博物馆藏）

式马面裙，虽未共用腰的部分，其两片搭叠成"胯"的制式并未改变（图6.20）。

图6.20　清代五彩暗花绸拼接鱼鳞褶马面裙（北京服装学院民族服饰博物馆藏）

来自番邦的宋代两片式旋裙，经蒙元时期的过渡被赋予"褶皱"的装饰性与功能性，后经明清两代的"踵事增华"：褶皱增量、装饰增强，最终成为汉族女子服饰体系中必不可少的"马面裙"。它是经过历史的层累，多民族服饰审美文化交融的产物。

三、"效"汉装

文化的交流是双向的、多维的，汉民族接纳吸取"胡服"文化的同时，少数民族也在接受汉民族服饰文化的熏陶。历代的少数民族政权，从北魏孝文帝，到辽、金、元、清统治者都在有意识地借鉴汉民族的衣冠制度，使之融入本民族的文化传统，唯借鉴的程度有所不同。

（一）北魏"冠冕堂皇"

"改正朔，易服色"是统治者改朝换代、树立正统形象的政治策略，此本为汉家之法。少数民族为政权统治的需要，接受儒家文化，主动效习汉衣冠服饰制度。

北魏孝文帝汉化改革是拓跋鲜卑政权主动吸纳中原文明，积极推动国家建设的重大举措。公元5世纪末的北魏内忧外患，漠北的柔然联合南朝形成夹击之势，国内鲜卑贵族与中原礼法格格不入。为了维持统治和实现政治抱负，孝文帝拓跋宏在政治、经济、文化各领域推动汉化改革，采取了均田制、改吏制、迁都易

图6.21　北魏龙门石窟宾阳中洞《孝文帝礼佛图》（美国大都会艺术博物馆藏）

俗等一系列改革措施，史称"孝文改制"[36]。在革除鲜卑旧俗方面，服饰改革是汉化改制的重要举措，从皇帝百官到庶民百姓，自上而下依次推行。太和"十年（486）春正月癸亥朔，帝始服衮冕，朝飨万国"，孝文帝依周礼着汉制衮冕，大宴各国使节，以此彰显自身的正统地位（图6.21）；同年四月"始制五等公服""帝初法服御辇祀西郊"；同年八月"给尚书五等品爵已上朱衣、玉佩、大小组绶"[37]。太和十九年（495），"引见群臣于光极堂，班赐冠服"[38]。孝文改制后的品官服饰，与中原魏晋服饰制度趋于一致。

由孝文帝推动的服制改革在消除服饰上民族隔阂的同时，推动了鲜卑族的汉化和北魏政权的礼制化进程，并对后世少数民族政权的服制建设产生了深远影响。其后继者北齐、北周为宣示正统，竞相复兴周礼。北朝礼制的若干地方，甚至比南朝更接近"周礼"[39]。溯其缘由，实与北魏时期大刀阔斧地推行汉化改革的历史传统不无干系。汉族的礼乐文明已深深扎根于少数民族文化土壤中，由生根发芽而枝繁叶茂。

（二）辽金元"兼容并包"

辽金元三朝是分别由契丹、女真、蒙古族建立的少数民族政权。入主中原后皆不同程度地追慕华风，效习汉法，主动吸纳华夏衣冠文化，丰富充实了本民族原有服饰形态，客观上对儒家礼乐文化的传承起到积极的促进作用。

辽太宗治国，始定衣冠之制，"北班国制，南班汉制"，实行双轨制。辽国以祭山为大礼，所用祭服金冠绫袍，为契丹民族服饰。而祭祀宗庙、遣上将出征、纳后等仪式则采用汉制衮冕。初期朝服定北班辽制"盘紫"，南班汉制通天冠，

绛纱袍，后皆取汉制，对汉衣冠的接纳程度逐步扩大（图6.22）。公服谓之"展裹"，幅巾窄袍，更多保留了本民族特色。[40]契丹贵族女子服饰则保持辽制，团衫围裙，直领左衽（图6.23）。可见辽代礼仪服饰中辽制、汉制各据一端，而世俗服饰则延续了契丹传统。

较之辽，金朝在冠服制度上的汉化程度更加明显。女真统治者尤慕华风，积极仿效宋人衣冠（图6.24）。金熙宗时期，参照汉制，天子备衮冕、通天冠绛纱袍二等制度。又"命百官详定仪制"，"百官朝参，初用朝服"。[41]金世宗时期，又定臣下公服制度，承北宋紫、绯、绿三等服色品级，并"加襕"以应汉家之法。[42]金章宗时期，礼官请参酌汉唐，为臣下更制祭服，"青衣朱裳，去貂蝉竖笔，以别于朝服"[43]。金国皇后的礼服皆取汉法，体现男女服制改革的同步性。常服则颇具胡风，为带，巾，盘领衣，乌皮靴，左衽式样（图6.25）。女真统治者在祭服、朝服、公服等方面虽效习汉法，但并未一味照搬，而是兼顾本民族文化传统，意识形态，加以灵活变通，以适应金代政权统治的需要。但就整体而言，女真政权对中原衣冠礼乐文化的认同度较契丹政权进一步走向深化。

元朝是蒙古族统治下多民族的大一统国家，其疆域辽阔、民族众多。蒙古朝祭以冠幞，私燕以质孙，看似胡服隐而不彰[44]，实则不然。元朝实行蒙汉衣冠并行的

图6.22 辽代张匡正墓文官装束门吏图

图6.23 辽代前勿力布格村2号墓侍女图

图6.24 金代岩山寺南殿壁画

服饰双轨制，以适应不同场合之需。《元史·舆服志》载："世祖混一天下，进取金、宋，远法汉、唐"，元朝皇帝祭服用衮冕。诸臣祭服则仿效金制。公服沿用宋制，紫、绯、绿三种服色。盘领，右衽，大袖，皆用展脚幞头；又仿金制

图6.25 〔南宋〕陈居中《文姬归汉图》（台北故宫博物院藏）

以袍服花纹和腰带材质来区分等级。[45]元朝冠服制度对宋金制度皆有继承，融合了多元传统。蒙古族特色服饰质孙服（汉言一色服）被保留下来，用于内庭大宴场合。冬夏之服不同，然无定制。[46]蒙古族贵族妇女服饰则恪守本民族传统，着罟罟冠，大袖袍（图6.26）。与辽、金政权不同，元朝统治者对右衽的认同更为深入。蒙古族贵族袍服初为左衽，至蒙古汗国时已逐渐向右衽转变。[47]蒙古特色的质孙服、辫线袄皆为右衽（图6.27）。但在蒙古民间，袍服仍以左衽为主。这一风习持续在民间传播，直到明朝中期左衽现象仍然存在，形成了左右衽并存的错综局面。

辽金元少数民族政权出于塑造自身正统形象的需要，或直接"借鉴"，或变通立新，积极地学习、吸纳，使中华衣冠礼仪文化得以继承和发扬，并在融变创新中不断丰富其内涵。

图6.26 〔元〕佚名《番骑图》（故宫博物院藏）

图6.27 元代龟背地滴珠窠奔鹿纳石失织金锦辫线袍（私人收藏）

(三)清"择善而从"

清王朝是满族政权统治下的多民族的大一统国家。鉴于对辽金元诸代"辄改衣冠,尽去其纯朴素风"的矫正,满族统治者以"首崇满洲"为立足点,通过政治手段推行本民族服饰,规定汉族男子"剃发易服",并出台"十从十不从"政策来缓和社会矛盾。但满族贵族服饰并非全然"永守勿愆",而是选择性地融入汉衣冠要素。

《清史稿·舆服志》载:"凡一朝所用,原各自有法程,所谓礼不忘其本也。……殊不知润色章身,即取其文,亦何必仅沿其式?如本朝所定朝祀之服,山龙藻火,粲然具列,皆义本礼经,而又何通天绛纱之足云耶?"[48]满族"维乎根本",坚守祖宗之法,而将汉服之"文"融入其中,强化了王朝的服饰等级秩序。努尔哈赤时期,对汉章典"以便去其不适,取其相宜"[49],将明代官服中的胸背纹饰与满族特色的窄袖长袍相结合,形成清代补服的雏形(图6.28)。乾隆时期,汉族祭服的十二章纹正式用于皇帝朝服和吉服,与龙纹搭配,成为皇权至尊的象征(图6.29)。满族贵族女服仍保持本民族传统袍服,与汉族女子的袄裙装风格各异。但与统治者对汉衣冠的"去式取文"不同,满族女服对汉式有所借鉴。其中以"挽袖"文化尤具特色。

图6.28 〔清〕佚名《于成龙像》(美国史密森学会藏)

图6.29 〔清〕佚名《乾隆皇帝朝服像》(故宫博物院藏)

挽袖是缝缀在女服袖里的饰缘，挽起露出，可以拆卸，其前身为元明时期汉族百姓上衣中的"素地宽襈"，起到护袖和便于更换的作用，起初并无等级区分（图6.30）。后增饰刺绣纹样，挽袖将儒家妇德与礼制嵌入其中。[50] 挽袖在满族女服中的使用自下而上，由民间渗入宫廷，道光帝时内廷命妇便服改制，将汉式缘袖与满女袍服杂糅，后于同治初年定名"挽袖"，载入御制清档。[51] 从此，挽袖正式进入满族服饰制度，主要用于氅衣、衬衣及特别式样的马褂（图6.31）。后又对挽袖的材质、配色、尺寸等做出规定，发展出较汉族挽袖更为复杂的翻折形式，装饰日趋华丽。如果说汉制挽袖是儒家伦理的代言，起到教化与约束的作用，满制挽袖则是满汉文化融合的产物，使少数民族的传统女袍融入礼的象征意义，以适应统治阶级建构井然有序的社会等级秩序的需要。

受中原汉文化影响，少数民族政权实行自上而下的服饰制度改革，通过主动借鉴"汉衣冠"来塑造华夏文化继承者的正统形象。但对汉衣冠的接受程度多有不同：有禁胡服而兴汉服者、有胡服汉服双轨并行者、有胡服为"式"汉服为"文"者，皆因势利导，与时俱进。自北魏始，历经辽金元清诸代的承续发展，少数民族通过对汉衣冠礼仪的学习，大大丰富了自身服饰的文化内涵。

图6.30 明代《妇容像》"素地宽襈"（安徽博物院藏）

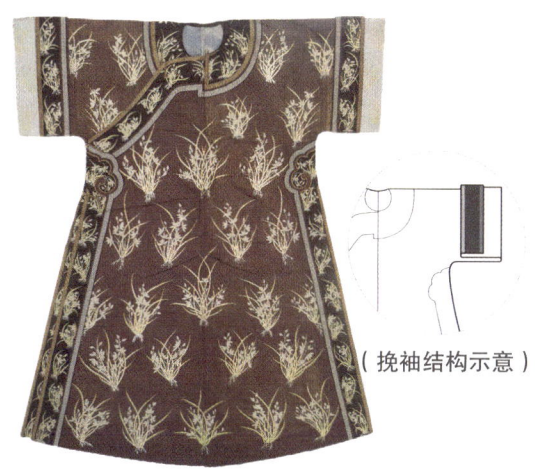

（挽袖结构示意）

图6.31 清代绛色绸平金银串珠绣墩兰纹夹氅衣（故宫博物院藏）

※ 本章小结

汉民族依托农耕文明孕育出"重礼仪"的"宽衣文化",尚褒博典雅;北方少数民族依托游牧文明孕育出"重功能"的"窄衣文化",求峭窄便利。两种文明通过商贸、战争、通婚、人口迁徙等多种方式,不断地进行着交流与互鉴。无论是汉民族上下频发的"兴"胡服,还是少数民族政权推动的"效"汉装,民族间的服饰文化交流为自身文化发展注入了新的活力,使各民族服饰文化突破单一的民族界限,形成一个以"衣冠礼乐"为核心的"你中有我、我中有你"的中华民族服饰文化体系,彼此融合共生,繁荣发展。

☼ 思考题

1. 中华民族服饰审美具有多样化的特点,试分析不同民族服饰审美的异同及其成因。

2. 华夏民族崇尚褒衣博带,为何要学习借鉴窄身小袖的胡服?试举例说明其原因。

3. 历史上诸多少数民族追慕华风,挪用或仿效汉族衣冠制度,请举例阐述其背后的思想内涵。

4. 从服饰文化角度如何理解中华民族从"华夷之辨"到"华夷一体"的发展历程?

【注释】

[1] 费孝通.中华民族多元一体格局［M］.北京：中央民族大学出版社，2018：17.

[2] 王明珂.游牧者的抉择：面对汉帝国的北亚游牧部族［M］.桂林：广西师范大学出版社，2008：20.

[3] 论语注疏：卷第六［M］//李学勤.十三经注疏.北京：北京大学出版社，1999：78.

[4] 郭若虚.图画见闻志：论曹吴体法［M］.北京：人民美术出版社，2016：17.

[5] 沈括.梦溪笔谈：卷一［M］//全宋笔记：第二编：三.郑州：大象出版社，2006：10.

[6] 魏收.魏书：卷一［M］.北京：中华书局，1974：4.

[7] 孙机.华夏衣冠：中国古代服饰文化［M］.上海：上海古籍出版社，2016：84.

[8] 脱脱，等.辽史：卷三十二［M］.北京：中华书局，1974：373.

[9] 曹植.美女篇［M］//殷义祥.三曹集.南京：凤凰出版社，2020：201.

[10] 上海市纺织科学研究院，上海市丝绸工业公司.长沙马王堆一号汉墓出土纺织品的研究［M］.北京：文物出版社，1980：22.

[11] 班固.汉书：卷九十四上［M］.颜师古，注.北京：中华书局，1962：3759.

[12] 樊浩.中国伦理精神的现代建构［M］.南京：江苏人民出版社，1997：55.

[13] 班固.白虎通义：卷下［M］//景印文渊阁四库全书：第850册.台北：台湾商务印书馆，1986：59.

[14] 礼记正义：卷第二［M］//李学勤.十三经注疏.北京：北京大学出版社，1999：49.

[15] 礼记正义：卷第三十［M］//李学勤.十三经注疏.北京：北京大学出版社，1999：900-901.

[16] 范晔.后汉书：卷八十五[M].北京：中华书局，1965：2812.

[17] 李延寿.北史：卷三[M].北京：中华书局，1974：107.

[18] 周锡保.中国古代服饰史[M].北京：中国戏剧出版社，1984：130.

[19] 袁仄.中国服装史[M].北京：中国纺织出版社，2005：4.

[20] 刘向.战国策：卷十九[M].缪文远，缪伟，罗永莲，译注.北京：中华书局，2012：559.

[21] 葛剑雄.不变与万变：葛剑雄说国史[M].长沙：岳麓书社，2021：180.

[22] 周锡保.中国古代服饰史[M].北京：中国戏剧出版社，1984：131.

[23] 房玄龄，等.晋书：卷二十五[M].北京：中华书局，1974：772.

[24] 周锡保.中国古代服饰史[M].北京：中国戏剧出版社，1984：131.

[25] 脱脱，等.宋史：卷一百二十六[M].北京：中华书局，1985：2941.

[26] 周锡保.中国古代服饰史[M].北京：中国戏剧出版社，1984：131.

[27] 孙机.华夏衣冠：中国古代服饰文化[M].上海：上海古籍出版社，2016：81.

[28] 脱脱，等.宋史：卷一百五十三[M].北京：中华书局，1985：3561.

[29] 撷芳主人.大明衣冠图志[M].北京：北京大学出版社，2016：20.

[30] 江休复.江邻几杂志[M]//全宋笔记：第一编：五.郑州：大象出版社，2003：150.

[31] 张玲.那更罗衣峭窄裁：南宋女装形制风格研究[M].北京：中国传媒大学出版社，2019：314.

[32] 张玲.那更罗衣峭窄裁：南宋女装形制风格研究[M].北京：中国传媒大学出版社，2019：229.

[33] 苏州市文物保管委员会，苏州博物馆.苏州吴张士诚母曹氏墓清理简报[J].考古，1965（6）：294.

[34] 刘若愚.酌中志[M].北京：北京古籍出版社，1994：172.

[35] 朱之瑜.朱氏舜水谈绮[M].上海：华东师范大学出版社，1988：79.

[36] 王仲荦.魏晋南北朝史[M].上海：上海人民出版社，2020：544-549.

[37] 李延寿.北史：卷三[M].北京：中华书局，1974：101.

[38] 魏收.魏书：卷七下[M].北京：中华书局，1974：179.

[39] 阎步克.服周之冕：《周礼》六冕礼制的兴衰变异[M].北京：中华书局，2009：291.

[40] 脱脱，等.辽史：卷五十六[M].北京：中华书局，1974：905-908.

[41] 脱脱,等.金史:卷四[M].北京:中华书局,1975:74.
[42] 脱脱,等.金史:卷四十三[M].北京:中华书局,1975:982.
[43] 脱脱,等.金史:卷四十三[M].北京:中华书局,1975:975-976.
[44] 章炳麟.訄书[M].向世陵,选注.沈阳:辽宁人民出版社,1994:230.
[45] 宋濂,等.元史:卷七十八[M].北京:中华书局,1976:1929,1976,1939.
[46] 宋濂,等.元史:卷七十八[M].北京:中华书局,1976:1938.
[47] 南宋彭大雅在《黑鞑事略》中描述大蒙古国"其服,右衽而方领,旧以毡毳革,新以纻丝金线,色以红紫绀绿,纹以日月龙凤,无贵贱等差"。王国维.黑鞑事略笺证[M]//王国维全集:第11卷.杭州:浙江教育出版社,2009:373.
[48] 赵尔巽,等.清史稿:卷一百三[M].北京:中华书局,1977:3034.
[49] 中国第一历史档案馆.内阁藏本满文老档:太祖朝:汉文译文[M].沈阳:辽宁民族出版社,2009:68.
[50]《女四书》称:"女有四行,一曰妇德,二曰妇言,三曰妇容,四曰妇功。"班昭.女诫:妇行第四[M]//状元阁女四书:卷上.北京:书业德,1898:7.其中,女红纺织是"妇功"的核心,所谓"莫学懒妇……针线粗率,为人所攻"。挽袖上的"锦绣故事"不仅成为妇功的展示,其丰富的纹样题材也成为妇行教化的空间。宋若莘.女论语:学作[M]//状元阁女四书:卷下.北京:书业德,1898:4.
[51] 黄乔宇,刘瑞璞.明清挽袖考略:伦理教化下的服从与僭越[J].丝绸,2021(3):90.

第七章

西风东渐

——中华传统服饰文化的嬗变

20世纪初,孙中山领导的辛亥革命推翻了清王朝的专制统治,结束了中国延续两千多年的帝制时代,极大促进了民主共和思想的大众化传播,有力推动了"西风东渐"的社会化变革。西方文化思潮乃至服饰风尚杂沓而至,冲击和改变着数千年来中华传统服饰固有的文化面貌。在新旧交替之际,用以维系尊卑秩序的衣冠制度被全面废除,着装的民主化、开放化、时尚化日益凸显,传统中装、西服洋装、改良新装多元并置,构成了20世纪上半叶特色鲜明的中华服饰文化人文景观。

一、中装的承续

民国时期,中装仍是大众日常生活中的主流服饰。以长衫马褂、上袄下裙为代表的传统服饰在新旧制度交替的社会变革中积极寻求改良,以顺应民族主义思想与民族经济发展的客观需求。中装承续着一以贯之的古典审美,体现了中国传统价值的内在连续性。

(一)长袍马褂

清代的长袍马褂属于上层社会男子便服,满汉皆着。袍,长过膝,通常可及足踝,多为圆领,右衽大襟,缺裾,一字布纽襻,箭袖,衣内加护领。穿时外罩以褂,长不过腰,袖仅掩肘,袖口平齐宽大,因其衣袖皆短便于骑马,由此而得名"马褂"。其有对襟、大襟和缺襟之别,清初领、袖边多有镶滚。[1]

辛亥革命后,1912年民国《服制》规定,长袍马褂为男子常礼服。褂式为立领,对襟,衣长至腹,袖长至手脉,左右及后下端开衩,质用丝、麻、棉、毛,色黑,纽扣五;袍式为立领,前襟右掩,长至踝上二寸,袖与褂袖齐,左右下端各开一衩,质用丝、麻、棉、毛织品,色蓝,纽扣六[2]。整体来看,此时的长袍马褂已在清代基础上加以改良:款式趋于合体,不尚宽大;面料少用锦缎,并简化了镶边刺绣等装饰,取而代之的是暗花或全素之料;可搭配西裤、礼帽、皮鞋,中西合璧,自有一番格调(图7.1)。20世纪30年代,袍褂的穿用出现分流,一则在礼服系统中,多了一份庄重正式的仪礼含义。于中上层社会的宴会典礼及社交场合,长衫

图7.1　孙中山着长袍马褂

加罩马褂方才算得上正宗规范,"蓝袍黑褂"选用贡缎、毛葛等贵重衣料,裁制讲究,肃穆大方,不仅契合国人的性格,更衬托出了服用者的尊贵身份与儒雅风范,是为华夏之"礼"的体现。二则极尽简约与质朴,成为各阶层男子,如官员、传统士绅、职员、掌柜、伙计等非农民群体都可以穿着的便服,彰显了国民之间的平等。尤其在知识分子中最为普遍,陈寅恪、王国维、林语堂等不少留洋归来的学者皆不改粗布长袍、黑布马褂和布底鞋子的装束。穿长袍演变为有身份、有礼貌、规矩人、体面人的标志,成为民国社会男子的主流服饰之一。

作为中国传统袍服的延续,长袍被赋予了文化标识的象征意义,其在各阶层的普及也将一份对于中国传统文化的认同与传承之情深深扎根于民众的思想意识中。伴随着现代化发展,传统袍褂积极顺应时代潮流,改良创新。在传统曲艺界,艺人标志性的大褂长衫依然延续着传统长袍立领、右衽大襟、两侧开裾、衣长至踝、袖长过腕的基本形制,展示出了对传统服饰文化的坚守。"新式中装"的设计也常常借鉴长袍马褂中立领、斜襟、对襟、平面、连袖等经典结构与剪裁工艺,使中华传统服饰文化在传承创新中持续焕发当代活力。

(二)上袄下裙

1912年民国《服制》规定,女式礼服:上着袄衫,长与膝齐,袖与手脉齐,用领,对襟,左右及后下端开衩,周身得加以绣饰。下着裙,前后中幅平,左右打裥,上缘两端用带。女装仍延续清代汉族女子传统的上衣下裙样式,而在"西风东渐"的浪潮下,服饰也呈现开放化的趋势。袄服一改清末宽松的直板衣型,腰部收紧,突出曲线感,展示女子窈窕温婉之美;衣领由前代高挺到两颊的"元宝领""马鞍领"逐渐缩短至脖颈处,以立领为主;对襟是袄的主要形制,也有大襟、直襟、琵琶襟等;衣长渐渐缩短到腰部,下摆则有直角、半圆、弧形之分;领、襟、摆、衩处镶滚花边或刺绣纹饰。下裙也完成了从围系式到穿套式的结构转变,裙长至足踝,后逐渐提高至小腿。衣裙色彩丰富:黑、灰、蓝、红、黄、白等,亮丽与淡雅并存。[3]

新文化运动和西方女权主义运动的兴起引发了思想新高潮,社会进步人士从改良时风出发抨击奢靡之风,民初女装开始了简化。其中"倒大袖"在年轻女子中风靡一时,其特点为袖长齐肘,袖口一般宽为七寸[4],张爱玲在《更衣记》中有生动的描写:"时装上也显出空前的天真,轻快,愉悦。'喇叭管袖子'飘飘欲仙,露出一大截玉腕,短袄腰部极为紧小。""倒大袖"袄服造型纤巧、飘逸,

图7.2 蓝色印花绉绸倒大袖袄、花卉纹芝麻纱裙（中国丝绸博物馆藏）

肩线流畅，袖长短促而袖口宽阔，既符合中式审美意趣，又体现简约的现代风格，是20世纪初中华女装由"重装"向"轻装"转型的过渡类型，也是传统袄裙装新的发展形态。20世纪10年代至20年代中期，"文明新装"流行一时，它是中西方文化碰撞的时代产物，由京、沪等地大中学校的女学生和留洋女学生率先穿着，后逐渐蔓延到知识女性和家庭妇女中。其制依然是上衣下裙，受到日本女装的影响，讲求简洁、称身适体。袄服多为高领，右衽大襟，倒大袖，衣身修长，摆长不过臀，半圆摆或圆摆，以灰、蓝等淡雅之色为主，下身着黑色长裙，裙少褶裥，少纹饰（图7.2），搭配黑布鞋白袜或皮鞋洋袜，不戴簪、钏、耳环、戒指等饰物[5]，这种简约、素净、雅致的服饰风尚给变革的社会带来一抹生机。"文明新装"尤其以五四运动前后女学生穿着的形象最为典型。一大批具有现代意识的知识女性，如冰心、凌叔华、丁玲等都曾身着"文明新装"，为民族振兴而上下求索，她们是"新女性"的楷模。"文明新装"的大众化普及不仅是一种新式着装风尚的流行，也体现了新女性追求节俭生活的精神自觉。"遵节俭，尚素朴"的中华传统美德重焕生机。

二、洋装的盛行

近代西方多元思潮杂沓而至，不断渗入民众的日常生活。西装作为"新文明"的标志，在新派革命者的率先示范下，逐渐被社会群体中的思想活跃人士接受。洋装也在崇尚新潮的女性中同步流行。大众衣装开启了从传统二维平面式到西方三维构筑式风格的跨越式转变。

（一）西装席卷而来

西装在清代晚期传入中国，最初只是洋人和买办等少数人的专利，20世纪初，当欧美的生活方式和服饰渐渐渗透到中国各大城市后，不少归国留学生和城市中上阶层人士开始穿上西装，"以壮观瞻，以示维新"[6]。睁眼看世界、追赶西方文明潮流的观念已深入人心，穿着西式礼服成为革旧立新的标志。"今世界各国，趋用西式，自以从同为宜。"[7]

1912年民国《服制》规定，以西式服装作为法定礼服，男子礼服分为大礼服、常礼服二种。大礼服即西式礼服，料用本国丝织品，色用黑。又分昼、夜两式：昼用大礼服，双排四粒扣，戗驳领，长与膝齐，袖与手脉齐，前对襟，后下端开衩；晚用大礼服，似西式的燕尾服，而后摆呈圆形，双排六粒扣，戗驳领，前长至腹，后长至膝，前对襟，后下端开衩。服用大礼服时搭配平顶硬胎圆筒黑色礼帽，下着黑色西式长裤。

常礼服分甲乙两种。甲种为西式，乙种为中式，即长袍马褂。西式料用本国丝织品或棉织品、麻线品，色用黑，亦分昼、晚二式：昼用常礼服单排三粒扣，戗驳领，前短后长，圆摆，后长与膝齐，袖与手脉齐，前对襟，后下端开衩；晚用常礼服以西方"塔士多礼服"为基本样式，双排两粒扣，戗驳领，长过胯，前对襟，后下端开衩。服用甲种常礼服时，头戴较低而有檐的圆顶黑色礼帽，西裤样式与大礼服同。和大礼服、常礼服搭配的礼靴均为黑色，分二式：昼用式长过踝，前上开，用带扣；晚用式较短露袜，靴前缀黑结（图7.3）。礼服内着背心、白衬衫、领带或领结。西装在社交礼仪中的地位愈见凸显，城市男子皆以穿西装为时髦，一身精致考究的西装成为新派思想和财富地位的标志。及至20世纪二三十年代，西装在政界、商界、知识界、演艺界及医生、律师等新兴职业群体中已经普及（图7.4），服饰西化的趋势难以阻挡。

1912年民国《服制》西化问题严重，这种将西式服饰"拿来"的举措无疑给中国传统服饰带来前所未有的变革和冲击，一时间各种批评、争辩声不绝于耳。诚如蔡元培强调，面对西方文化要"能保我性"，"不患其科学程度之不若人，

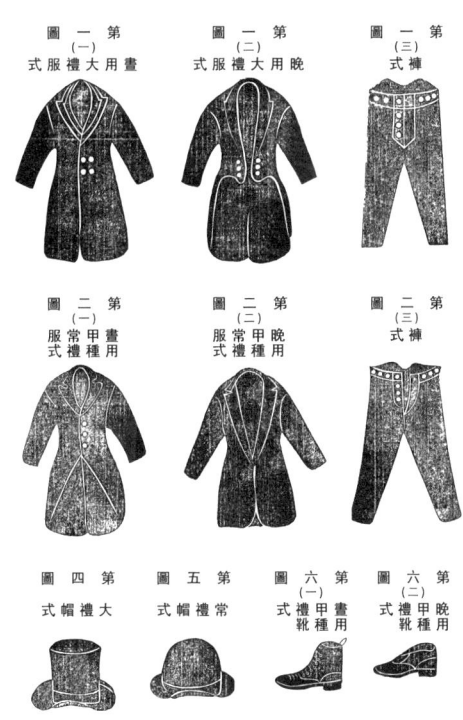

图7.3　1912年民国《服制》西装图样

患其模仿太过而消亡其特性"。[8]众多有识之士呼吁重振传统、反对自卑自弃的主张正顺应了中国服饰文化之继承性和连续性的特点。1929年《服制条例》重新考量了中、西服饰的适用性，废除燕尾服、圆筒帽，改长袍马褂为男子唯一礼服，是为对1912年《服制》过度西化的矫正。在追新逐异几成一种潮流的背景下，男子礼服系统回归传统，体现出文化主体意识的强化和中国传统服饰旺盛的生命力。

（二）洋装大行其道

20世纪初洋货大量侵卷中国市场，对民众日常生活产生深重影响，服饰审美观念也在与时俱变。1912年《申报》

图7.4　1918年，徐世昌（前排居中）担任民国大总统合影，着晚用大礼服

刊文描绘时髦男女必不可少的饰物：女子"尖头高底上等皮鞋一双，紫貂手筒一个，金刚钻或宝石金扣针二三只，白绒绳或皮围巾一条，金丝边新式眼镜　付，弯形牙梳一只，丝巾一方"。男子"西装、大衣、西帽、革履、手杖外加花球一个，夹鼻眼镜一付"。[9]无论男女，洋装成为新派人士和社会名流标榜时尚地位的一把标尺。报刊、杂志常开辟服饰专栏、刊登广告，介绍新式服装，如《良友》画报、《晶报》等；中外电影明星穿着各式洋装频繁出现在大众视野内，提供了可以参考和模仿的"时尚范例"；1931年，模特时装表演传入上海[10]，服装店"朋街"更是仿巴黎高级时装店的做法，定期举行流行时装发布会，大大提高了广大民众对西洋服饰的接受度。20世纪之初穿洋装以示革命进步的政治意涵慢慢被时髦摩登的现代风尚取代。

西式连衣裙和西式大衣是民国时装中的典型代表。连衣裙源自欧洲及日本，流行于20世纪30年代初期，穿着者多是年轻女性。其特点是上衣和下裙相连，衣襟前开或后开自颈背而下，腰部收紧或于腰间束带，充分显示出女性腰肢的纤细柔美。款式多样，领型有方领、圆领、一字领、V字领、水军领、飘带领、蝴蝶结领等；短袖居多，还有无袖、长袖、泡泡袖、喇叭袖等；裙型有喇叭式、褶裥式、不规则式等，裙长通常在膝盖或小腿中部[11]，美观又便于行动（图7.5）。一般市民和学生所穿连衣裙较为朴素，而富家女性、交际明星在上流社会的正式社交场合如宴会、舞会等，穿着高档的西式晚礼服以彰显身份、品位、教养，更有时髦前卫者采用纱质或蕾丝质地，华美飘逸[12]（图7.6）。西式大衣在20世纪30年代穿用度较高，男式一般穿在西装外，直身，大翻领，贴袋，双排扣，袖口有翻边，长过膝或到脚踝。女式大衣设计更为新颖，立领或翻领，在背、胸、腰部位增加省道使大衣更加合体，长至小腿或脚踝；流行皮毛、呢绒、花呢等面料，冬季在袖口和领口做毛边处理，格外华丽富贵[13]；内

图7.5　唐瑛　时髦洋装

搭旗袍或西式套装，下配丝袜与高跟鞋，点缀胸针、纽扣等配饰，精致而优雅。女性对洋装潮流格外追捧，样式迭彩纷呈：西式外套、西式背带裤、牛仔裤、灯笼裤、及膝短裙……帽式有编织帽、贝雷帽、宽边帽、钟形帽等，再搭配西式皮包、围巾、手套，摩登之感扑面而来。

图7.6　黄蕙兰　西式礼服

洋装还渗入日常穿着之外的多种场景中。例如20世纪30年代初期，女子运动服仿照西方，大多为短袖衫或背心、短裤或短裙，公众的视觉开始接纳裸露的肌肤。最大的突破当数女子泳装，常见款式如连身短裙和分体式上衣、短裤[14]，大胆展露身体曲线。1933年《良友》杂志封面刊登泳坛女将杨秀琼身着泳装的照片，身材健美的"新女性"成为时代的宠儿。民国婚礼习俗也在悄然发生变化，西方社会关于爱情、婚姻、家庭的民主思想被全面"拿来"，加之追求时髦新奇的心理，国人婚礼仪式和婚礼服装以西式为尚，新娘头披白纱，身穿白色

拖尾裙，纯洁高雅，新郎梳西式分头，穿黑色西装，庄重绅士。[15]

从工作休闲到社交嫁娶，洋装可谓大行其道。部分坚守传统的文化人士批判西化着装现象充斥着迎合西方之味。[16]不可否认，西方文化强劲的影响力已渗入民国社会的意识形态中，新颖、时髦的洋装在彰显身体自然之美的同时推动了中华服饰朝着个性化、功能化方向发展。

三、中山装的创制

中山装是以中国民主革命先驱孙中山的名字命名，因为孙先生的穿用和提倡，而成为民国时期中国男子普遍穿着的一种服装。中山装借鉴西式服装造型结构，又保留了庄重的民族气质与文化传统，集礼仪与日常穿着功能于一体，其出现对中国现代男装的发展起到示范作用，被视为"国服"。

（一）吸纳与改良

辛亥革命前后，全国各地反帝反封建的革命浪潮风起云涌，剪辫易服运动达到高潮。民众急于脱下旧制度下的衣装，而又不得适当之服替代，于是竞相争购洋装，致使外货畅销，内货阻滞，提倡国货、洋装本土化的呼声此起彼伏。孙中山意识到，创制一种符合中国革命特色、顺应世界革命潮流的服饰以适应新时期的需求刻不容缓。1912年2月，在回复中华国货维持会的信函中，孙中山系统地阐释了其服饰改革思想：其一，"礼服在所必更"，必要废除封建等级冠服制度，革新国民形象；其二，"博采西制，加以改良"，吸取西方服饰优点，同时适应中国人的习惯与需求；其三，"适于卫生，便于动作，宜于经济，壮于观瞻"，使国人着装与现代文明接轨，这十六字总原则也成为民国时期服饰改革一个很重要的指导思想。[17]

中山装的设计与制作是一个较为漫长的过程，其究竟来源于何种服装，目前仍存争议。一为"日本学生装"说。1895年广州起义失败后，孙中山赴日筹划成立兴中会日本分会，其间，委托宁波裁缝张方诚根据他的意见创制中式服装，在参照日本学生装的基础上，融入中国服饰文化传统，闭式立领、正中开襟，纽扣直线排列的形制与日本学生装颇为相似。二为"企领文装"说。孙中山请开设洋服店的广东商人黄隆生一同规划，在参考西欧服式和日本学生装样式的同时，结合南洋华侨中流行的"企领文装"上衣基样而设计。三为"日本陆军士官服"说。孙中山从日本带回一件日本陆军士官服，要求上海"荣昌祥"呢绒西服店老板王才运根据他的设计在此基础上做修改，便成为后来的中山装雏形，日式军服形制大多立领、贴袋、倒"山"字形式袋盖，与后来的中山装相似。四为"英国猎装"说。1929年《北洋画报》一则小文述"民党制服"之起源,言孙中山检阅军队"得旧日在大不列颠时所御猎服,颇觉其适宜,于是服之出,其后百官乃仿而制之,称之曰中山装"。从20世纪20年代早期中山装上可见,英国猎装的袋盖褶裥式口袋、后背腰带、背缝等特征。[18] 总而言之,中山装的创制是集体智慧的结晶,是融合中西文化进行创造改良的产物,又因为孙中山的积极穿用和倡导,逐渐成为民国时期中国男子普遍穿着的一种服装。

(二)中山装结构与人文蕴含

20世纪20年代后期,中山装基本定型:后背整片式裁剪,立翻领,单排扣,四个明袋(上二有箱形褶裥、倒"山"字形兜盖,下二为立式贴袋),前襟七粒扣,袖扣二粒,质用棉、麻、呢、绒均可,常见的颜色有黑、白、蓝、灰、米黄、咖啡、藏青等,用作礼服时,夏用白色,其他季节用黑色。中山装借鉴了西装结构,又保留了中华民族精神传统,达到中西服饰审美理念的统一,且经济适用,是近代服装改良的成功范例(图7.7)。

图7.7 第一套中山装(上海孙中山故居纪念馆藏)

中山装融汇了西装基本模式和裁剪技艺,服装造型表现出严谨、整饬、庄重的风格。穿着合体,活动便利;注重人的生理特征,肩位、胸背、袖笼尺寸参照胸围以一定比例精确计算,整体廓形均衡对称。挺括的立翻领借鉴了西式男衬衣的领形,顺应颈部的自然形态,外观平整、服帖;平直的肩线,使肩部显得健壮、饱满;腰部、腋下设省道略加收拢,突出人体的曲线变化。与中山装配套的裤子也参照西裤式样,前后分片裁剪,两侧各有一个斜插暗袋,后片右臀部有一挖袋,并覆袋盖,前腰右边设一暗袋,腰部有褶裥,裤口外翻折边。[19] 这样的裤子外观轮廓端正,线条分明,不仅穿着方便,也很适用携带随身必需品。

民主共和思想贯穿中山装的设计始终,为服饰赋予了特殊的人文内涵。20世纪40年代的中山装后背不破缝,表示国家和平统一之大义;翻领为封闭式设计,并配有风纪扣,显示严谨治国的理念;倒"山"字形"笔架盖",象征崇文兴教;门襟五粒扣(最初七粒)代表"行政、立法、司法、考试、监察"五权宪法;袖口上的三粒扣表示"民族、民生、民权"的三民主义;前襟四个口袋寓意

"礼、义、廉、耻"四大美德；口袋上的四粒扣表示人民拥有的"选举、罢免、创制、复决"的四权。[20]中山装承载着一种精神、一种文化、一种礼仪、一份民族自尊心和自豪感，它以间接、温和的方式，将具有三民主义象征意义的"符号"透过着装实践而转化为有意识的自我规约，在中国社会由传统向现代转型的特殊时期，中山装潜移默化地传播着自由、民主、平等、权利等价值观念，从这个意义上来说，中山装对民众起到了民主思想启蒙教育的意义。

（三）中山装的普及

早期中山装的穿着范围主要集中于追随三民主义的政界官员，随着北伐胜利与南京政府的建立，中山装逐渐成为纪念孙中山先生的载体，象征民主、进步的革命精神所在。民国政府通过颁布一系列法令规章，向社会各界推广这一服饰符号。率先从政府机关公职人员开始，1928年要求部员一律穿棉布中山装[21]；并于1929年规定"文官宣誓就职时，制服用中山装"，以示遵奉孙中山先生之法[22]，确立了中山装为法定制服。1936年中山装被定为男性公务员常服。同时，中山装开始向各级学校推广，1927年南汇县拟定"全县教育人士及中等学校学生高级小学学生一律改穿中山装制服，废除长服"[23]。1936年又规定：学生服制"衣袴中山装"，"教职员服中山装为原则，但颜色式样须一律"[24]。中山装的流行还拓展到社会生活领域，可以和长袍、西装并用。1942年湖南省新生活运动促进会制定的《湖南省新生活集团结婚办法》规定："男用蓝袍黑褂或中山装及其他规定之制服。"[25]湖南、南京、广州等地举办集团婚礼时，新郎所用礼服也常为中山装，其社会影响力日益增强。

中山装出现在新旧政治体制的更替时期，自始便被赋予了极深的政治意义。作为孙中山参与创制的革命服装，中山装最初代表着新兴资产阶级革命者形象。后越来越多的人通过穿着中山装来表达对孙中山先生的尊重与敬仰。共产党人也始终将中山装作为革命与进步的精神象征。新中国成立以来，不仅国家领导人常穿着中山装出席国内、国际重大活动，机关干部、教师、学生等各行各业的民众也穿着中山装。直到今天，在特定的场合中山装仍被使用，其已成为大众心中经典的"国服"。

四、"旗袍"时尚

旗袍[26]是中国现代女性"时装"的肇始，也是20世纪中国最具影响力的女装。在西学东渐和社会变革的大环境下，旗袍款式不断改进，形象地记录了当时社会风尚和审美意识的变迁。而其所蕴含的中华传统服饰尽善尽美、含蓄典雅之文化品位,也使得旗袍在世界服装舞台上大放异彩,被誉为中国国粹。

(一)样式起源

旗袍风尚起始于20世纪20年代,但关于旗袍样式的起源存有诸多争议,最具代表性的观点有"旗装说"和"男装说"。

一为"旗装说"。以旗袍之"旗"的少数民族属性为落脚点,因满族被称为"八旗"或"旗人",所着的服装便统称"旗装",旗袍则由旗女之袍演变而来。[27]清代中晚期盛行的"衬衣"和"氅衣"可看作旗袍的前身,衬衣为圆领、右衽、捻襟、直身、平袖、两侧无开衩,衣长掩足;氅衣与衬衣类同,穿在衬衣之外,左右两边开衩且顶端饰有如意纹饰,袖口宽松肥大(图7.8)。此时的女袍,衣身宽博,造型平直硬朗,领、袖、襟、裾处运用绣、滚、镶、嵌、盘等手法层层堆砌各色缘饰,最繁者多至所谓"十八镶"[28]。"驱除鞑虏"的口号推翻了摇摇欲坠的清政权,同时也将旗女之袍推向了暂时的沉寂,民初时期穿旗装者甚少,但仍保留着原来满族袍服宽大、平直的基本样式,衣缘喜做滚边镶饰,而繁缛之风日减。[29]

二为"男装说"。关注旗袍之"袍"的形制意涵,将旗袍的流行解释为民初女性"争女权""争平等"的象征。[30]在经历了辛亥革命和新文化运动后,女性的思想意识发生了翻天覆地的变化,她们不满于男尊女卑的旧有观念,首先要求在服饰上做到和男性相似,便选择袍服以彰显男女平权的政治社会理想。张爱玲在《更衣记》中描述,"五族共和之后,全国妇女突然一致采用旗袍,倒不是为了效忠于清朝,提倡复辟运动,而是因为女子蓄意要模仿男子。在中国,自古以来女人的代名词是'三绺梳头,两截穿衣'。一截穿衣与两截穿衣是很细微的区别,似乎没有什么不公平之处,可是1920年的女人很容易地就多了心。她们初受西方文化的熏陶,醉心于男女平权之说,可是四周的实际情形与理想相差太远了,羞愤之下,她们排斥女性

图7.8 晚清绸地刺绣独枝花蝶纹氅衣(中国丝绸博物馆藏)

化的一切，恨不得将女人的根性斩尽杀绝"。1929年《服制条例》规定女子礼服为长袍式样[31]，齐领，前襟右掩，长至膝与踝之中点，与裤下端齐，袖长过肘与手脉之中点，色蓝，纽扣六，与该条例中男子礼服袍式少有差别。此后历次服制修订均采纳"袍"类服饰为女子礼服或常服，足见其在推动女性思想解放、迈向男女平权上的历史意义。

（二）二维平面结构

自"黄帝尧舜垂衣裳而天下治"，二维平面裁剪在中国服饰的历史长河中传承了数千年，形成了以肩袖线为水平轴的十字型整一结构。平直、宽博、简洁的形制承载着中华服饰独特的造型观念，也成为民族文化的典型标识。民国旗袍在发展过程中经历了丰富的款式变化，但其结构和裁剪方式仍与传统范式一脉相承。

20世纪20年代初的旗袍，风格朴素、保守、简洁，廓形较为宽敞，整体如倒梯形，下摆至脚踝或腓部，袖长略过肘部，为"倒大袖"样式，使用扣襻固定大襟和侧缝，衣料只做一二道简单的边饰而没有繁复的镶嵌滚绣工艺[32]（图7.9）。旗袍结构恪守着中华传统服饰的"十字型平面结构"[33]，前后衣身相连、肩袖相连，实现了"全而不分"、浑然一体的着装状态，胸、肩、腰、臀平直，构成宽适而流畅的造型风格（图7.10），因此张爱玲描述，初兴的旗袍"缺乏女性美"，"严冷方正的，具有清教徒的风格"。[34]

20世纪20年代末至30年代，旗袍进入全盛时期，受欧美服装的影响，其式样日新月异，呈现低领、腰身收紧、衣袖窄小、下摆缩短、衩高攀升的发展趋势，并流行花边装饰，以"海派旗袍"最为典型。[35]时人参照西式裁剪方法对旗袍的结构进行了改造，沿用传统的平面裁剪，不分身分袖施省，不同的是在直线造型基础上将腰身侧缝处做收紧处理，松量减少，下摆收窄，整体廓形由前期的宽松直线向相对合体的曲线转变，形成了"十字型平面曲线结构"[36]（图7.11），可看作旗袍结构向立体化转变的过渡形态。新式旗袍既延续了传统服饰风韵，又充分显

图7.9　20世纪20年代　鹅黄色方格卷草纹提花绸侧开立领倒大袖旗袍（北京服装学院民族服饰博物馆藏）

示出女性秀美的身姿（图7.12），适度而不张扬，适应现代女性审美需求，因此在上海迅速风靡，并由社会名流、商人等迅速传播到全国各地。

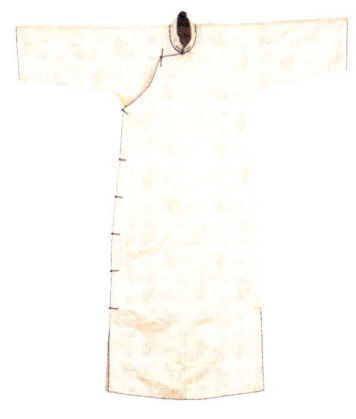  

图7.10　20世纪20年代末　银色葫芦万寿纹暗花缎长袖旗袍（北京服装学院民族服饰博物馆藏）

图7.11　民国花卉纹蕾丝无袖旗袍（中国丝绸博物馆藏）

图7.12　民国月份牌中穿旗袍的女性形象（香港历史博物馆藏）

中国传统服饰文化讲究和谐、对称、统一，强调敬物节用和尽善尽美。整一型裁剪方式使裁完衣身的余料可作为暗襟、领子等零部件用料，最大限度地节约面料。不似立体裁剪下的西式服装之方挺、夸张、束缚，旗袍以肩部为支撑，自然下垂形成纵向褶皱，随人的行坐而生波纹，以流动、婉转的空间形态追随着人体曲线，流露出含蓄之美。

（三）女性意识觉醒

中国近代妇女解放运动为旗袍的流行提供了助力。直到20世纪20年代初，缠足、束胸等不文明行为仍禁锢着女性的身体，张爱玲对此有经典的比喻，"中国女子的紧身背心的功用实在奇妙——衣服再紧些，衣服底下的肉体也还不是写实派的作风，看上去不大像个女人而像一缕诗魂"[37]。随着西方新思潮的涌入和传播、国际女权运动的影响，陈独秀、李大钊等人高呼打破"三纲"，开启了中国女性思想意识觉醒的序章，女性身体的解放成为社会各界关注的焦点。1927年广东省通过了《禁止妇女束胸的提案》，规定"限三个月内所有全省女子，一律禁止束胸"[38]，报章称之曰"天乳运动"。在众多开明人士和媒体的推动下很快蔓延到全国各地，大城市的女性率先去除了束缚胸部的布条，换上了衬托女性胸部的西式内衣。

著名女星阮玲玉是"天乳运动"的先行者之一,她使用西式内衣,穿着旗袍,代表了新潮的女性形象。"旗袍在今日之妇女界,其流行有意想不到的普遍……她之显然的优点,即在充分呈露出女性的曲线美"[39]。这场"内衣革命"打破了传统社会对女性身体的规训,促使人们重新审视女性的自然之美。与之相适应的外衣——旗袍,腰身收拢、袖口窄小,适体的剪裁衬托出身体的曲线美,和传统中国社会要求的"隐形自障闭"的服饰观迥异不同。西式内衣与修身旗袍的大众化普及,促进了民国女性自我意识的觉醒,推动着女性身体解放的历史进程。

(四)海外传播与国际认同

旗袍因具有浓郁的中华民族文化特色,博得了世界各国人士的赞赏与认同,在世界服装界享有"Chinese Dress""中国国粹""中国国服"等诸多美誉。1920年,美国著名服装设计师肖佛尔于《服装设计艺术》一书中对旗袍的审美特征做出了切中肯綮的论述:"中国服装的风格是简练、活泼的,它的式样是更多地突出自然形体美的效果,优雅而腼腆,这比华丽、辉煌的服装更有魅力。"1928年直至第二次世界大战期间,旗袍在南洋十分火热,成为上层女性华人宴会装的主流。[40]1933年,鸿翔时装公司送展的旗袍获芝加哥世博会银质奖,首次为中国时装赢得国际殊荣,也拉开了中国流行服饰与西方服饰体系并轨的序幕。[41]民国报刊多有报道,"美国的妇女都喜欢穿着中国的旗袍……一切都洋化的时代里,西洋妇女竟就效东方女子穿起古老的服装来"[42]。东方旗袍已然在世界服饰舞台上占据了一席之地。众多国际知名服装设计大师也以旗袍为创作灵感。1941年,巴黎高级女装设计师巴伦西亚加(Balenciaga)将旗袍元素,如中式立领、合体的曲线等,应用在晚礼服设计中;法国高级女装设计师迪奥(Dior)在1957年春夏推出了两款以旗袍廓形为模本的礼服,直身、袖身紧窄、袍身侧面开衩至大腿中部。活跃于六七十年代的法国服装设计师皮尔·卡丹直言:"在我的晚装设计中,很大一部分作品的灵感来自中国的旗袍"。此外,我们还可以从伊夫·圣洛朗、三宅一生等品牌中看到旗袍的影子[43],他们在借鉴中国旗袍元素的基础上,以自身文化为依托,进行创意转化,给世界留下深刻印象。

新中国成立后,我国为旗袍文化在国际上的传播作出了诸多努力。周恩来总理曾经提出建议"外交官夫人们(服装)以旗袍为主",1983年《外交部关于参加外事活动着装问题的几点规定》中也出现"女同志最好穿旗袍或长裙"的提议。[44]旗袍成为中国女官员及官员夫人在各种庆典宴会、招待接见仪式中的国宾服装首选，端庄、典雅的着装仪态提升了中国女性的国际形象，充分展现出民族自信。改革开放后，中国举办的历次大型体育盛会或国际会议，礼宾人员的服饰都是在传统旗袍的基础上进行创新设计，如2008年北京奥运会、2010年上海世界博览会、2010年广州亚运会、2014年APEC会议北京峰会等，使得旗袍之美深入人心。如今中国旗袍已不仅仅是一件"服装"，更是一种象征、一份骄傲，是将中华优秀文化进一步推向世界的重要媒介。

五、"旗袍"裂变

旗袍的造型风格从20世纪20—30年代的十字型平面式结构，逐渐向40年代的三维构筑式结构转型。分肩、分袖、收省的西式裁剪方法颠覆了传统整一结构旗袍所具有的温婉、含蓄、柔和的东方气韵，代之以突兀、硬朗、挺括的西洋风范。西式审美趣味主导了旗袍时尚的发展。传统旗袍的结构裂变触发了现代旗袍称谓之辨的相关思考。

（一）三维构筑式结构

20世纪30年代末，旗袍的结构设计多使用省道工艺，进一步由平面向立体转化。50年代初，"红帮裁缝"将西式服装的裁剪方法完全嫁接到旗袍中，1958年出版的《服装省料裁配法》明确运用"破肩缝""绱袖""施胸、腰省"等工艺，直至70年代中期，旗袍完成了结构西化并形成理论化的裁制系统，这一阶段可视为旗袍结构改良的定型期[45]，也是后续台湾学者提出"祺袍"之名的基础。

此改制旗袍从裁剪方法、结构技术到装饰元素都更加西化。衣身前后分片剪裁，分肩、分袖，去除肩部和腋下的松量，甚至衬以垫肩，谓之"美人肩"。衣身施胸省、腰省，功能性省道使旗袍与人体更加贴合，突出女性胸、腰、臀的曲线感（图7.13）。旗袍在领、袖等部位增加了类似洋装的细节设计，如荷叶领、翻驳领、荷叶袖等。20世纪40年代中期，旗袍传统的盘扣也多换成西方的拉链或揿扣，以求穿脱更加便捷。西方窄衣文化源于以人为基础的衣着观念，它重视形体美以及人体的固

图7.13　赵一荻"旗袍"

有结构，如张爱玲所言"要紧的是人，旗袍的作用不外乎烘云托月，忠实地将人体轮廓曲曲勾出"[46]。突兀、硬朗的西方"显形"审美观逐渐取代了柔和、含蓄的东方"隐形"审美观，制造身体之"壳"的三维构筑式结构成为20世纪后半叶旗袍发展的主流，其影响至今存续。

（二）"祺袍"正名运动

西式剪裁范式的现代旗袍，并不具备承载中国传统文化和历史底蕴的功能。本着"名""实"对位的严谨学术态度，台湾学界联合制衣界、教育界、工商界等各界学者发起一场"祺袍"称谓正名运动。1974年元旦，"中国祺袍研究会"在台北市成立，王宇清教授主持并发表题为《祺袍的历史与正名》的主旨演讲，主张改"旗袍"为"祺袍"，取幸福、祥瑞之意。提议当场获得大会通过，遂成定案[47]，自此，"祺袍"为台湾地区西式旗袍的规范称谓。

1975年，台湾杨成贵与王宇清分别发表《祺袍裁制的理论与实务》《历代妇女袍服考实》两部著作，从旗袍裁制系统和史学考据两方面为"祺袍"定名提供理论支撑。"红帮裁缝"传人杨成贵在专著中提出了完整的标准化裁制理论，认为西式"祺袍"的标志性结构是"分身、分袖、施省"，而有别于传统"旗袍"的"不分身、分袖、无明省"[48]。中式"旗袍"与西式"祺袍"在学理上得到清晰的划分。王宇清立足于西式"祺袍"的普遍性特征，认为中国女性所穿袍服可远溯至周秦汉唐宋明等朝代，有着一脉相承的历史渊源，并非仅限于清代。20世纪20年代以来的旗袍已经脱离了"旗人"所限定的少数民族属性，成为中华民族服饰的象征，倡导改"旗袍"为"祺袍"，强调现代旗袍的全民族属性。[49] "祺袍"称谓的诞生为深入理解"旗袍"文化提供了坐标参考。十字型平面结构的"旗袍"体现了中国传统服饰文化统绪的连续性之所在，就造型风格而言更能展现东方女性的温婉含蓄之美。

（三）固本开新

近年随着传统文化的升温，旗袍作为民族文化的象征，受到越来越多女性的喜爱。旗袍的现代演绎呈现出纷杂多样的表现形态。设计者与消费者对旗袍文化的误识、误用尚十分普遍。一些以文化传承为宗旨的高级定制品牌，采用三维构筑式结构，分肩、分袖、收省，强调紧身、短促、性感的造型效果，实为西式"祺袍"风格的模仿延伸，与欧美T台上东方风格的时装发布并无实质区别。本土品牌虽有文化传承的责任意识，但要处理好"固本"与"开新"的关系，守住中华文化统绪之正脉，筑牢旗袍传承的核心价值，在实践中不断探索代表中国美学特色的设计表达范式。在大众成衣领域，设计者为迎合消费者追求极端个性的猎奇心理，制造出"短、透、露"的新潮式样，一些年轻人不明就里，竞相模仿，引发了大众对旗袍形象的误识。古典旗袍端庄的韵味在泛娱乐化的冲击下渐被稀释。

明代叶梦珠在《阅世编》中写道："一代之兴，必有一代冠服之制，其间随时变更，不无小有异同，要不过与世迁流，以新一时耳目，其大端大体，终莫敢易也。"[50]中华旗袍文化所应坚守的"大端大体"在于中式的结构、得体的仪态。旗袍文化的复兴应正本清源，确立传统价值标尺，以引领创作实践。旗袍起源、演化的发展历程被烙上了鲜明的时代印记，其结构、款式、装饰、材质都有一定的象征意义，需在正确领悟旗袍文化内涵和审美韵味的基础上，继承优秀传统文化基因。但承袭传统并不等于循袭往复、固步不前。旗袍的当代设计创新，宜应遵循简约实用的现代美学原则，以科技手段助力传统价值的塑造。让典雅别致的新中式旗袍走进更多人的生活，以健康、端庄的形象向世界展现东方女性的秀雅之美。

※ 本章小结

20世纪上半叶是中国服饰从传统向现代转型的重要时期。西风东渐，观念更迭，多元风格杂糅相济：既有长袍马褂、袄裙等中装；又有西式礼服、学生装、连衣裙、大衣等洋装；亦产生了文明新装、中山装、旗袍等新式服装，中西服饰文化的碰撞达到了前所未有的程度。中国人的衣着观念由注重礼法教化转向追求个性的自我表达。服饰秩序与规范为西方价值所驱动，造型简约化、剪裁立体化、风格个性化、审美国际化，成为20世纪以来东西方服饰发展的主流。在新的历史时期，构建中国式的现代服饰文明是回应时代呼声、凝聚民族精神的必由之路。

☼ 思考题

1. 民国时期传统中装的承续与改良反映了怎样的时代特征？
2. 试论民国时期西风东渐下洋装的流行及其原因。
3. 试论中山装的形制蕴含着哪些人文精神。
4. 民国旗袍的西化嬗变对于中华传统服饰文化的"守正创新"有何启示？

【注释】

[1] 包铭新.近代中国男装实录[M].上海：东华大学出版社，2008：11，63.

[2] 服制（附图）[N].政府公报，1912-10-04（4-9）.通令知照服制条例（附图）[N].江苏省政府公报，1929-04-16（6-10）.

[3] 江世谦.民国时期传统女式袄服研究[D].杭州：中国美术学院，2015：16-21.

[4] 薛雁.时尚百年：20世纪中国服装：中英文本[M].杭州：中国美术学院出版社，2004：64.

[5] 廖军，许星.中国服饰百年[M].上海：上海文化出版社，2009：92-95.

[6] 张静如，刘志强.北洋军阀统治时期中国社会之变迁[M].北京：中国人民大学出版社，1992：298.

[7] 民国服制之初读会[N].申报，1912-07-15（3）.

[8] 蔡元培.在清华学校高等科演说词[M]//高平叔.蔡元培全集：第3卷.北京：中华书局，1984：28.

[9] 时髦派[N].申报，1912-01-06（22）.

[10] 1931年6月，上海大华饭店举行时装表演，是我国首届时装表演活动。展示的服装种类有男子西服、女子长旗袍、晨服、晚服、婚礼服等九大类，盛极一时。南兆旭.老照片：二十世纪中国图志：上[M].北京：台海出版社，1998：531.

[11] 黄能馥.中国服饰通史[M].北京：中国纺织出版社，2007：247.

[12] 袁仄，胡月.百年衣裳：20世纪中国服装流变[M].北京：生活·读书·新知三联书店，2010：175-176.

[13] 薛雁.时尚百年：20世纪中国服装：中英文本[M].杭州：中国美术学院出版社，2004：60.

[14] 袁仄，胡月.百年衣裳：20世纪中国服装流变[M].北京：生活·读书·新知三联书店，2010：247.

[15] 袁仄，胡月.百年衣裳：20世纪中国服装流变[M].北京：生活·读书·新

知三联书店，2010：237-242.

[16] 1934年鲁迅在《洋服的没落》一文中写道："洋服终于和华人渐渐的反目了，不但袁世凯朝，就定袍子马褂为常礼服，五四运动之后，北京大学要整饬校风，规定制服了，请学生们公议，那议决的也是：袍子和马褂！"林语堂也在其《论西装》中言："西装之所以成为一时风气而为摩登士女所乐从者，唯一的理由是，一般人士震于西洋文物之名而好为效颦；在伦理上、美感上、卫生上是决无立足根据的。"

[17] 中华民国南京临时政府.大总统覆中华国货维持会函[N].临时政府公报，1912-02-04（7）.

[18] 袁仄，胡月.百年衣裳：20世纪中国服装流变[M].北京：生活·读书·新知三联书店，2010：116-119.

[19] 杨春鹏.中山装制作技艺[M].北京：中国轻工业出版社，2017：18.

[20] 廖军，许星.中国服饰百年[M].上海：上海文化出版社，2009：87.

[21] 薛内长的谈话[N].中央日报，1928-03-28（2）.

[22] 内政部年鉴编纂委员会.内政年鉴4：礼俗篇[M].上海：商务印书馆，1936：13.

[23] 教育消息：南汇拟就党化教育实施办法[N].申报，1927-04-18（8）.

[24] 教育部订定的高中以上学校军事管理办法[M]//中国第二历史档案馆.中华民国史档案资料汇编 第五辑 第一编：教育.南京：江苏古籍出版社，1994：1314-1316.

[25] 伍野春，谢世诚，华国梁.民国时期的集团结婚[J].民国档案，1996（2）：136.

[26] 目前学界就"旗袍"的定义仍存在争议，可大致分为两类观点：第一种是以袁杰英教授为代表，《中国旗袍》一书中写道："满族就被称为'八旗'或'旗人'，所着的服装也就统称'旗装'……其形式世代相传。从西周时期的麻布窄形筒装，延传其后，同时也受元代蒙古族妇女长装的影响，一直是以简约的直身为基本样式，均称'旗袍'。"第二种观点是以包铭新教授为代表，在所著作的书籍《中国旗袍》和《近代中国女装实录》中对"旗女之袍"和"旗袍"分别进行了定义：清代女性所穿之袍称为"旗女之袍"，而"旗袍"仅用于指称民国时期的实物，是"具有中国民族特色的一套女服，由清代旗人之袍装演变而成，但也受古代其他袍服的影响，流

行于近代,材料常选用传统丝织物,缝制有镶滚绣等传统工艺,式样繁多,领袖、襟、衣长和开衩高低都经常变化"。上述两种观点的主要分歧在于"旗袍"指代的时间跨度和空间跨度,但都认为"旗袍"由清代旗人之袍演变而成。

[27] 袁杰英.中国旗袍[M].沈蓁,译.北京:中国纺织出版社,2000:9.

[28] 刘瑜.中国旗袍文化史[M].上海:上海人民美术出版社,2011:37.

[29] 曾慧.满族服饰文化研究[M].沈阳:辽宁民族出版社,2010:171.

[30] 王宇清.旗袍里的思想史[M].北京:中国青年出版社,2003:3.

[31] 法令中称"甲种一衣",而并未出现"旗袍"或"袍"的称谓。

[32] 袁仄,胡月.百年衣裳:20世纪中国服装流变[M].北京:生活·读书·新知三联书店,2010:126.

[33] 朱博伟,刘瑞璞.旗袍三个发展时期的结构断代考据[J].纺织学报,2017,38(5):116.

[34] 张爱玲.流言[M].北京:中国戏剧出版社,2005:49.

[35] 袁仄,胡月.百年衣裳:20世纪中国服装流变[M].北京:生活·读书·新知三联书店,2010:154-155,158,161-162,165.

[36] 朱博伟,刘瑞璞.旗袍三个发展时期的结构断代考据[J].纺织学报,2017,38(5):118.

[37] 张爱玲.流言[M].北京:中国戏剧出版社,2005:47.

[38] 朱家骅.朱家骅提议禁革妇女束胸[N].时报,1927-07-14(7).

[39] 鲁少飞.时装两种[J].上海漫画,1928(1):4.

[40] 袁杰英.中国旗袍[M].沈蓁,译.北京:中国纺织出版社,2000:87.

[41] 俞力.历史的回眸:中国参加世博会的故事[M].上海:东方出版中心,2009:184.

[42] 旗袍风行美国[J].都会,1939(10):171.

[43] 刘瑜.中国旗袍文化史[M].上海:上海人民美术出版社,2011:203-206.

[44] 外交部关于参加外事活动着装问题的几点规定[J].中华人民共和国国务院公报,1983(13):602.

[45] 朱博伟,刘瑞璞.旗袍三个发展时期的结构断代考据[J].纺织学报,2017,38(5):119.

[46] 张爱玲.流言[M].北京:中国戏剧出版社,2005:50.

［47］崔爱梅.祺袍制作与体型研究［M］.台北：嘉良印刷实业有限公司，2001：1-2.
［48］杨成贵.祺袍裁制的理论与实务［M］.台北：杨成贵印行，1975：98.
［49］王宇清.历代妇女袍服考实［M］.台北：中国旗袍研究会，1975：1-6.
［50］叶梦珠.阅世编：卷八［M］.上海：上海古籍出版社，1981：173.

| 第八章 |

文化复兴

——中华传统服饰文化的传承创新

20世纪中华传统服饰的现代转型是在西方文化的强势影响下发生、发展的。长期以来我国服装产业一直遵循西方确立的时尚规则及生产方式，缺乏中国特色的时尚价值引领。随着我国政治、经济实力的不断增强，文化软实力亦亟待加强。站在新的历史起点上，现代服饰文明建设应坚持可持续发展的原则，从文化担当、道德规约、人文关怀、环境保护诸方面做出调整和完善。重拾中华服饰文化优秀的精神瑰宝，弘扬"衣以载道"的文化传统，在东西方文化交流互鉴中，推动中华服饰文明走向新的辉煌。

一、文化担当

被西方价值驱动的现代服装产业、肆意泛滥的"快时尚"在满足大众消费的同时，也带来日益严重的社会问题。认清快时尚的终极本质，并从中国传统文化中汲取发展的智慧，创造出有情怀、有温度的中国"时尚"新形态，使中华优秀传统文化重焕生机与活力。

（一）醒思快时尚

当今时装产业中，"快时尚"商业模式以不可遏制之势席卷全球。"快时尚"（fast fashion）是一种通过迅速推出服装设计款式、更新销售终端产品等手段来满足消费者以较低的价格获得时尚着装需求[1]的服装品牌经营模式。简言之便是价格低、周期短、数量少、品种多。通过产品种类的迅速更换、价格的相对低廉以及对零售产品数量的限制，最大程度地刺激消费者的购买需求。目前，中国市场已经逐渐成为"快时尚"产品的聚集地，随处可见如西班牙的Zara、Mango，瑞典的H&M（图8.1），美国的Gap、Forever 21，意大利的Benetton等快时尚品牌。而一些大众时装品牌也逐渐向快时尚方向转化，例如Only、Vero Moda等。

图8.1 纽约第五大道 巨幅H&M标识

在"快时尚"影响下，"时尚"成为影响消费者购买决策的首要因素。消费者更加在意服装的款式、风格、颜色等时尚要素，而较少考虑服用的舒适性与安全性；消费者光顾店铺的频率大幅提高，单次购买服装的数量和种类显著增多。有调查表明，超过一半的消费者会在Zara、优衣库和H&M等店铺一次性购买2—5件服装[2];消费者对服装的持有态度发生变化,若服装不再符合潮流风向,便会毫不犹豫地抛弃它,转而购买新产品。快时尚潜移默化地改变着人们的消费和生活观念。随着受众群体的年轻化,越来越多的年轻人开始加入这场时尚消费主义的狂欢。有学者犀利指出时尚消费的本质,"在当代的消费社会中,时尚不仅提供令人目不暇接的变幻的风格,而且也产生出纷繁多样的风格,似乎给予个体无限的快感和选择的自由。但这作为商业制造的变幻和多样风格实质上没有太多的差别,仅仅是制造了一种纯粹的新而已,它让人们在看似永远新鲜的体验中跟随时尚一起走向虚无"[3]。不难发现,快时尚只是时尚的捕捉者,不是时尚的创造者,品牌文化内涵的匮乏以及版权抄袭行为的发生,使其沦为原创精神的反叛者。

快时尚还造成了不容忽视的资源浪费和环境污染。艾伦·麦克阿瑟基金会(Ellen MacArthur Foundation)2017年发布的报告《新纺织经济:重塑时尚的未来》显示,过去的15年里,全球服装销售额几乎翻了一倍,但衣服的寿命却急剧下降,在拥有众多快时尚品牌的美国,每件衣服平均只穿7次就会被扔掉,这导致美国的纺织品垃圾数量不断增加,每年被送入垃圾填埋场的衣物可达惊人的1000万吨。[4]除此之外,西方快时尚品牌在第三世界国家代工厂生产服装所形成的工业废水中含有大量的毒性化学物质,而工厂为了保证价格的低廉,通常想尽办法压低成本,污水未经妥善处理便被注入河流、海洋,随之形成的污染物对自然生态环境造成难以估量的破坏性影响。

跳出西方价值主导的"快时尚"的怪圈,思考如何运用中国智慧去化解日益严重的发展困境,需要本土设计者转换思路,从自身文化的传统根脉中去重新发现和定义"时尚"的中国式内涵。

(二)留住手艺

与飞速更迭的快时尚相比,传统手工艺似乎就是一种放慢脚步、注重生活体验与精神价值的文化形式。进入新世纪以来,手工艺逐渐抬头。随着现代化进程的推进,更加典型充分的工业文明环境反而让人们转身体会与思考根植于心底的中国传统文化,并且日益深切地感受到文化记忆机制在心理层面的作用。与此同时,国家有意识地通过一系列措施推动对传统文化的保护与传承。[5]近年来,政府陆续出台了《中国传统工艺振兴计划》(2017)、《关于推动传统工艺高质量传承发展的通知》(2022),旨在推动传统手工艺的创造性转化、创新性发展。而在服装领域,传承民族手工艺,树立时尚新风,逐渐成为本土服装设计师的文化担当。服饰不仅在于愉悦感观,更应成为民族精神的载体。

我国服装公益品牌"无用"(2006)坚持"以手传心,衣以载道,大爱无界,天下一家"为发展愿景,用最纯粹的创作方式表达对社会、对自然的爱与关照。"无用"创始人马可自2000年以来奔走于中国的田野乡间,体悟、传承手工艺这种"精耕细作"的文化,帮助更多的民间手工艺人留存技艺。"无用"品牌每年还推出民间工艺调研大展,对传统民族手工技艺进行展示与传承。2016年"寻衣问道——找寻最有故事的手作衣裳"民艺展,通过讲述手作衣裳背后的感人故事,找寻服饰所内蕴的人文精神(图8.2)。一针一线缝就的衣裳触发人们对生命价值的思考,更串联起绵延不断的家国情怀。对有温度的手工技艺的传承与坚守,成为"无用"品牌践行"守正创新"的文化担当。

图8.2 "寻衣问道——找寻最有故事的手作衣裳"展览海报

中华优秀传统服饰文化也在创作实践中被积极传承与转化。北京服装学院民族服饰博物馆馆长、2008年北京奥运会赛事制服及火炬接力制服总设计师贺阳教授,多次赴西南少数民族聚居的地区进行考察,深入挖掘传统制衣技艺蕴含的中国智慧。"一方布"系列服饰设计是贺阳教授团队借鉴古法制衣技艺,将"一方布"作为测量单位,通过平行、对称、旋转等不同方式将矩形布料进行拼接组合,构成规整有序的衣装形态。看似简单的制衣技术蕴含着"以不变应万变"的造物观念以及"敬物节用"的传统美德(图8.3)。

时尚更迭得越是迅速,越是有人循着自身文化的根脉,传承那些有思考、有担当的手工"慢"技艺,追寻那些关于生命、自然的哲学之思。相较以往,传统手工技艺的传承境况已经大有改观,我们应该做的,或许就是"凭借手工实践从互补与调节角度来把握自我的当下存在性",在劳动实践中造就并显示自身的存在、自身的价值，将手工对人实践性本性的证明和实现，视作手工艺超越现实、超越时代的永恒价值。[6]

二、道德规约

个人是社会的基本单元，是社会生活的主体和参与者。个体着装便成为一种社会化的存在。衣着关乎道德，绝非纯然个性化的选择，而是要受到来自社会道义的约束。服装面貌应符合视觉伦理规范和道德尺度的限定。良好的着装形象对社会秩序的维护与大众审美品味的提升具有积极的促进作用。

（一）视觉伦理

图8.3　贺阳教授"一方布"系列作品

21世纪以来，我国服装消费更趋向个性化发展，服饰选择愈加自由，风格日渐多元。从20世纪的"身体解放"到如今的"着装自由"，皆深受西方价值观念的影响。一些有悖于视觉伦理的着装乱象时有发生：以"时尚""个性"的名义，鼓吹边缘化的着装审美，宣扬低俗裸露的穿衣方式，其往往伴随着对美的定义偏差，模糊的价值观和是非观，诸上乱象是中国式现代文明中极不和谐的因素。虽然一般认为"在服饰的应用中实现自我着装倾向，使自己的整体着装形象更加特异化，更加独立，正是人的正当的精神需求"[7]，但这种以"自我为中心"，全然不顾所处环境的着装选择势必会伤及风化，从而与最初爱美自饰的愿望背道而驰。不得体的着装形象在女性群体中表现为日常生活中穿着过于暴露，或领口大开、或后背袒露，不时招致路人的侧目与围观，有时甚至为自己招致不必要的麻烦。珍妮弗·克雷克指出，"由于身体被认为意味着性泛滥，它的显示应受到行为准则的制约"[8]。我们的身体、着装总是与社会文化紧密相连，所以着装作为一种社会行为应受到伦理道德的约束。而时尚媒体在视觉伦理的维护上亦应承担其责。

"视觉文化"主导的当下，相较以往通过印刷文本来阅读世界，我们现在更多地通过视觉图像来观看世界。尼古拉斯·米尔佐夫在《视觉文化导论》中曾言，身处被荧屏、影像环绕的时代，连同过往的回忆、生活中的经验都被呈现为视觉化的，视觉无所不包。[9]海德格尔也曾预言，"世界图像并非意指一幅关于世界的图像，而是指世界被把握为图像了"[10]。那些不得体的着装形象从以往封闭的时空，借助摄影及网络技术的加持，以迅猛的速度渗入我们的视野。如时尚媒体出于商业利益，将性感、暴露的女性形象作为图像时代的时尚符号，制造充满感官刺激的"眼球经济"。除了男性观看者，女性观看者自身也会将此"景观"视为美的标杆而错误地加以模仿。观看方式越便捷，不良视觉传播引发的负面影响便会越大。时尚媒体应增强责任意识，自觉践行视觉伦理规范，积极传播高雅服饰文化。

（二）道德尺度

服饰之"美"的衡量标尺究竟是什么？什么样的服饰才具备积极的审美价值？回归中国传统文化语境，受儒家美学观的影响，服饰之"美"往往与其蕴含的伦理道德观念紧密相连。

在儒家服饰观念中，衣不可以不蔽体，"衣，隐也。裳，障也。所以隐形自障闭也"[11]。遮蔽身体不仅为了盖形暖身，更是文明礼仪的象征。少数民族常以袒裸为俗，儒家视之为"非礼"。着装要与时令场合相配，端庄得体。《论语·乡党》载："羔裘玄冠不以吊。吉月，必朝服而朝。"[12]可见，循时有序的着装成为君子个人修养乃至社会安定和谐的象征，承载了更多精神层面的道德含义。着装仪态与人的德行密不可分。《礼记·表记》载："是故君子服其服，则文以君子之容；有其容，则文以君子之辞；遂其辞，则实以君子之德。是故君子耻服其服而无其容，耻有其容而无其辞，耻有其辞而无其德，耻有其德而无其行。"[13]得体的着装形象要与端庄的仪态、适度的言辞相一致，是君子美好的品德与善行的外化表达。儒家审美认为，善是美的前提，尽善尽美才是追求美的至高境界。孔子在评价虞舜和周武王用乐时曾言："子谓《韶》：'尽美矣，又尽善也。'谓《武》：'尽美矣，未尽善也。'"[14]"美"，即乐曲的表现形式；"善"，可理解为音乐的道德内涵。在孔子看来，虞舜的《韶》乐是美妙的，因其象征和平禅让，故美善兼备。《武》为武王克商所作，内含攻伐之意，虽美非善。可见是否具备"善"意与"善"行，是衡量客体之"美"的标准所在。衣冠服饰莫不如此，只有符合以"善"为核心的道德尺度，才称得上真正意义的"美"。

照观当下我国大众的着装面貌，更易见到打着"个性自由"的幌子追求奇装异服，性感暴露，不分场合的失当行为。过度追求"奇观化"衣着的背后暴露出着装者人文精神的匮乏。对美的理解仅停留在视觉浅层，靠招摇过市吸引众目，不晓得追求美"不仅关注身体的外在形式或表现"，"还可以在成就他的德行方面给予我们更强的能力"。[15] 衣着关乎道德，服装的面貌应符合道德尺度——分美丑、辨是非、明善恶。为构建和谐有序的衣装环境，我们倡导"以服喻德""以服明礼"的新型服饰文明观。作为服饰美的创造者，设计师应担负起应有的社会使命，衣以载道，赋予服饰以爱国、勤俭、务实、知礼等道德内涵，以服饰美育促进德育提升，积极树立时尚新风，更好地推动社会可持续和谐发展。

三、人文关怀

人文关怀是社会文明进步的标志。《孟子》有言："仁者爱人，有礼者敬人。爱人者，人常爱之，敬人者，人恒敬之。"[16] "仁"是对他人的爱，"礼"是对他人的尊重。人文关怀是对人的生存状况的关怀、对人的尊严的肯定。现代服装产业要注入更多的人文关怀，不仅止步于制造绚丽的外观以吸引消费，还要在关乎大众健康的着装安全性方面承担更多的道义与责任。此外，服装产业还应更多关注弱势群体，帮助其改善生存状况，使之赢得人的尊严感。

（一）服用安全性

服装的服用安全性至关重要，直接关系到穿着者的生命健康。无论是设计师还是生产厂家，应坚持"以人为本"的经营理念，承担起安全把关人的角色。劣质的纺织面料与化工染料对人体以及环境的损害不容忽视，染织制衣业成为产品质量问题的重灾区。从业者为压低成本所使用的廉价材料，如劣质腈纶棉、涤棉、聚酯纤维等，容易导致服装毛球静电，无法贴身穿着；所含有害物质如芳香胺、重金属、超标甲醛、偶氮染料等，更是会刺激皮肤，给人体健康带来隐患（图8.4）。如2022年国家市场监督管理总局对服装的抽检调查中，一件由深圳某电商生产销售的女士短袖，其可致癌芳香胺染料"联苯胺"含量非常高，达到540毫克每千克，比国家标准要求的小于等于20毫克每千克，超标足足27倍。[17] 除国产品牌外，一些国际"快时尚品牌"也曾被曝出部分产品质量不达标，如Topshop、Zara等。芬迪（Fendi）、拉尔夫劳伦（Ralph Lauren）等奢侈品牌同样上榜。[18] 可见，售价昂贵的国际大牌不一定与高品质画上等号，服装穿着的安全性重于光鲜花哨的外观。服装生产方应积极倡导使用天然纤维和环保染料，确保

图8.4 偶氮染料

为消费者提供安全舒适的着装品质。

对于消费者而言，则应增强服用的安全意识，提升对纺织产品质量的关注度，有意识培养对服装品质进行判别的能力。随着电子商务平台的发展，互联网服装交易额逐年增高，网购零售平台成为服装交易的主要渠道。但消费者极易受到网红宣传、社交媒体达人推广、明星带货直播等营销方式的影响，发生冲动型的网络购买行为，加之网络电商行业的进入门槛低，同质化程度高，服装消费面临行业监管不足、商品质量参差不齐以及缺乏售后保障的窘境。为确保网购服装的安全性，需消费者不仅关注款式风格，还要特别留意其外观质量、材质构成、品牌评价等信息，在舒适、安全的基础上彰显个性化的审美品位。此外，个体着装选择也体现人文精神。长期穿着紧身的牛仔裤、塑身衣、高跟鞋，抑或佩戴材质不安全的金属饰品对身体的潜在危害也应有所警识。健康是时尚的前提，与其在风格多变的服装款式中醉心沉迷，不如让舒适安全的穿着方式成为一种时尚。

（二）服务弱势群体

现代服装产业常以绚丽、新潮为目标制造炫目浮华的流行风尚，以服务于那些有实力追求时尚的人们，并通过价格的悬殊确立"时尚等级"。当代服装设计的主流价值是遵从以"享乐主义"为导向的、以奢华、悦目、炫耀为本质特征的时尚定律。在锦上添花的鲜衣华服之外，还需要设计者将目光投向那些需要帮助的弱势群体。

全球约有十亿残障人士，他们被称为"世界上最大的少数群体"，但与之对口的功能性服装还十分有限。在全球残障群体中，中国残障人士的数量达到了8500万，由此带来庞大的无障碍服装的穿着需求。我国服装研发团队在该领域已取得开拓性成果。王文娟教授带领的北京工业大学无障碍服装设计团队自2008年首次与残障人士接触并了解到他们的穿衣困境后，通过实地采访与场景模拟，最终设计出满足残障人士的功能服饰。如针对如厕不方便问题，为轮椅使用者研发的臀部可开合设计的裤子（图8.5）。残障人士从自身需求出发，也积极投身

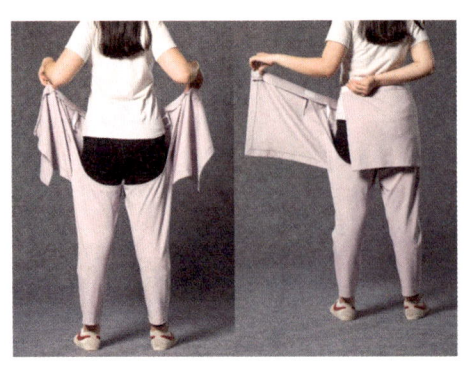

图8.5　王文娟团队为轮椅使用者设计的便捷裤

残障功能服饰的研发事业。张晓丽携手"丽裳羽衣"服装团队为残障群体特别定制了一系列服装单品，如为常年坐轮椅、腹部脂肪堆积者设计加大臀围的裤子；为女性坐轮椅者设计裙摆前长、后短，方便久坐的长裙。因需求千差万别，无障碍服装通常只能采取"一人一版"定制的方式[19]，但考虑到残障人士的支付能力问题，研发团队还为其提供价格相对较低的旧衣局部修改服务，真正体现了服装设计背后的人文关怀。

服务残障人士的中国设计更是扩大到更广阔的国际舞台。在2022年北京冬奥会和冬残奥会的国际赛场上，北京服装学院利用数字化建模和3D打印技术，在功能服装的舒适、保暖、穿脱、收纳等关键技术方面实现了突破，为残障运动员研发了符合其体型特征及运动原理的无障碍专项服饰。如针对轮椅冰壶运动员的久坐、防风等需求，设计出能够轻松穿脱的坐姿羽绒马甲和坐姿防风防滑羽绒裤；为残奥会冰球运动员提供高舒适度、保暖度的专属训练服（图8.6）。此外不仅涉及单板滑雪、高山滑雪、北欧滑雪等多个运动项目的功能服装[20]，还帮助相关单位建立了《冬残奥会运动项目辅助服装设计导则》《肢体残疾人服装用人体测量的尺寸定义与方法》[21]。

图8.6　2022残奥会国家集训队冰球训练服（比赛服）

图8.7　"IZ Adaptive"增高腰线裤子设计

在西方社会，弱势群体的功能服装也受到一定程度的关注。创立于2009年的意大利品牌"IZ Adaptive"是无障碍时尚品牌领域的开拓者，为残障人士提供兼具功能性与美观度的人性化时尚设计。如为适应轮椅使用者需要的增高腰线的裤子（图8.7），以及后背有拉链调节的防雨挡板的风衣（图8.8）。美国时装品牌Tommy Hilfiger于2016年首次针对残疾儿童推出了一系列"适应性服饰"，2018年继续推出专供成年残疾人的服装产品线。这些服饰通常采用便捷的磁性纽扣、可供调整的魔术贴封口、可以单手使用的拉链等，让残障人士可以不借助外力，轻松穿脱衣服。此外美国纽约帕森斯设计学院90后设计师Angela Luna出于善意，在毕业设计作品中为难民进行功能性服装设计（Design for difference）。成衣采用质地较硬的防水与保暖材料，融合了住宿、保暖、救生等一系列实用需求（图8.9），体现年轻人对社会问题的关心与回应。

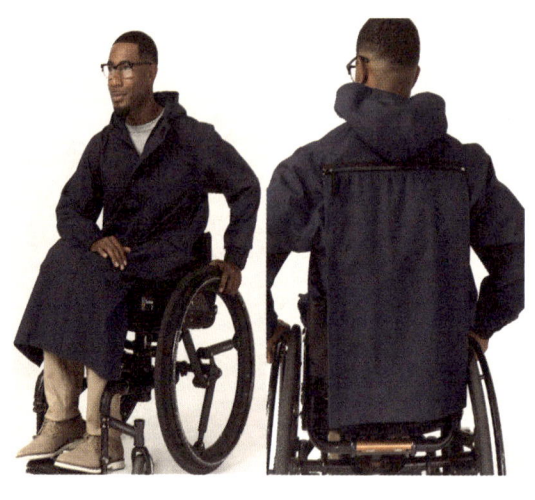 

图8.8 "IZ Adaptive"带有防雨挡板的风衣设计　　图8.9 Angela Luna为难民设计的服装

这些服务于弱势群体的服装在注重功能性设计的同时，充分考虑了穿着者心理和情感层面的需求，让他们在解决穿衣难题的同时能够获得体面与尊严。这便是人文关怀的意义。关注社会弱势群体的"着装生态"，通过人文设计，传递一份温暖，为营造和谐友爱的社会环境贡献一份力量。

四、环境保护

环境污染成为21世纪人类发展所面临的严峻问题。服装界在不断制造炫目的流行的同时，将短时性的购买与淘汰视为常态，忽视了废旧纺织品（废纺）泛滥所引发的环境污染问题。环境保护需要渗入服装消费与生产各环节当中，让可持续生产、消费方式成为现代服饰文明健康发展的有力保障。

（一）废纺污染环境

"快时尚"大潮席卷全球，人们为了追赶"时髦"而购买新衣，却又因"过时"而迅速将其抛弃。从"购买"到"淘汰"之间的时长变得极为短暂，人与衣长久相伴的意义日益被消解，现代人似乎丧失了亘古相承的"惜物"精神。随之而来的，便是年复一年的废旧纺织品的快速激增（图8.10）。全球时装业每年约产生9,200万吨固体废物，成为纺织垃圾的衣服价值超过4,000亿美元[22]，大量废纺被通过焚烧或者填埋的方式处理，资源浪费和环境污染日益严重。纺织服饰行业已成为仅次于石油工业的全球第二大污染行业。

作为直接产生废旧纺织品的广大消费者，应转变购衣观念，减少"多而劣"的盲目购买，倡导"少而优"的理性消费。弘扬"勤俭节约"，反对"奢侈浪费"，用实际行动为建设节约型、环保型社会提供助力。

我国高度重视对废旧纺织品进行循环利用以减少环境污染。

图8.10　非洲海滩的旧衣"垃圾山"

2022年国家发展改革委、商务部、工业和信息化部发布《关于加快推进废旧纺织品循环利用的实施意见》，提出到2025年，废旧纺织品循环利用体系初步建立，循环利用能力大幅提升，废旧纺织品循环利用率达到25%，废旧纺织品再生纤维产量达到200万吨。到2030年，建成较为完善的废旧纺织品循环利用体系，生产者和消费者循环利用意识明显提高，高值化利用途径不断扩展，产业发展水平显著提升，废旧纺织品循环利用率达到30%，废旧纺织品再生纤维产量达到300万吨。[23]中国纺联"将围绕'科技、时尚、绿色'纺织服装产业新定位，组织开展'旧衣零抛弃'行动、'Green Challenge可持续时尚'创新设计大赛、品牌联合倡议活动等系列宣教和实践活动"[24]，在宣传、教育中传递可持续时尚理念，促进服装产业绿色可持续发展。

（二）生态设计

生态设计是促进环境保护的有效实施途径，"可持续设计"领域中的一维。2013年1月,工业和信息化部、发展改革委和环境保护部在联合印发的《关于开展工业产品生态设计的指导意见》中将生态设计定义为"按照全生命周期的理念,在产品设计开发阶段系统考虑原材料选用、生产、销售、使用、回收、处理等各个环节对资源环境造成的影响,力求产品在全生命周期中最大限度降低资源消耗、尽可能少用或不用含有有毒有害物质的原材料,减少污染物产生和排放,从而实现环境保护的活动"[25],美国加州大学伯克利分校教授、伯克利生态设计课程创办者辛·凡得来恩(Sim Van der Ryn)和自生事务所合伙人史都华·考文(Stuart Cowan)则将其界定为"任何将自身与生活过程集成,从而达到对环境的破坏最小化的设计形式"[26]。生态设计的特征在于,将环境因素纳入了产品生命周期的全部阶段。与"绿色设计"相比,其既考虑了产品从材料选用、生产销售、使用和回收处理的整个过程中与环境的和谐,又兼顾了绿色设计所强调的"Reduce"(减量化)、"Reuse"(再利用)、"Recycle"(再循环)[27]三项原则,从而最大限度地减少设计对资源与环境的消耗。纺织服装行业持续推进生态设计是节约资源、保护环境的有效途径。

对废旧纺织品的循环利用是生态设计的重要内容。中外服装品牌及独立设计师们在废旧布料的利用、整衣的改造翻新、废旧纱线的循环方面多有创新性实践探索。中国设计师品牌江南布衣设立以"再想象、再利用、再创造"为主旨的"芝麻实验室"以推广"布尽其用"项目,对研发生产过程中产生的废旧面料进行循环利用。其"十四片拼布包"、兔子会务袋、门店特色环保杯垫等产品体现了对废旧纺织品的创新想象(图8.11);中国时尚品牌设计师张娜通过可持续时尚设计项目"再造衣银行",以解构旧衣、拼接设计的方式赋予废旧衣物新的生命(图8.12)。在废旧纱线的循环利用方面,美国Adidas品牌与可持续纤维公司Evrnu曾联合推出一款中性卫衣Infinite Hoodie(图8.13),采用全新的"NuCycl"技术,通过"提取原始纤维的分子结构块,重复创造出新的纤维,从而延长纺织材料的生命周期"[28],将旧的棉布料进行液化提纯,消除服装供应链中的废纺并转而循环为新的可用纤维;无印良品推出"余线系列",将囤积的多余纱线制作成配色缤纷的运动船袜、直角袜、短袖T恤等(图8.14)。这些对废旧纺织品回收再利用的积极举措,为服装产业有效节约资源和保护环境提供积极的借鉴。

第八章
文化复兴——中华传统服饰文化的传承创新

图8.11 江南布衣"十四片拼布包"

图8.12 再造衣银行"Reclothing Bank × FAKE NATOO"2019春夏系列

图8.13 100%可循环面料连帽衫"Infinite Hoodie"

图8.14 无印良品"余线"系列

  对非纺织类塑料垃圾的回收利用是生态设计的另一方面。全球迄今约生产了63亿吨塑料垃圾，并以每年约5%的速率在持续增长，其中仅有10%的塑料垃圾能被回收利用，大量的则会被填埋或者流入海洋。[29]将废弃塑料引入服装设计领域日益受到关注。中国可持续时尚品牌设计师张娜从回收塑料瓶中提取纤维，并设计制成全新的RPET环保面料服装（图8.15）。其中仅一米的毛圈布中便包含16个塑料瓶，每米户外面料是由22个塑料瓶转换而成。[30]日本优衣库品牌倡导"既舒适时尚还有利于保护地球"，用回收塑料制成五彩缤纷的摇粒绒环保外套（图8.16）[31]；Adidas品牌为拜仁球队定制"海洋垃圾球衣"，每件球衣的制作可以消耗掉28个废弃的塑料瓶（图8.17）；Nike曾推出"Nike hyper elite basketball uniform"系列使用塑料制成的男子球衣；Ecoalf曾发布用渔网制成的背包；Tread & Groove利用废弃的轮胎制作鞋底部分。诸上服装品牌通过"变塑为衣"的一系列设计探

171

图8.15 张娜采用RPET环保面料制作的服装

图8.16 优衣库由回收塑料制成的摇粒绒外套

图8.17 Adidas x Parley拜仁版球衣

索，引发社会对环境污染这一严重生态问题的关注。

此外，环境友好型可降解材料在服装领域的应用成为生态设计新的增长点。我国内衣品牌爱慕与青岛大学实验室合作，利用海藻纤维制作海洋内衣。海藻纤维的生物基碳含量为100%，能够在自然界微生物的作用下实现完全降解，其天然抑菌性还能够帮助内衣防霉除螨；北京化工大学自主研发了全球首批全生物基可降解鞋，该鞋鞋底创新性地采用生物基可降解聚酯橡胶材料，鞋面和鞋垫则采用大麻纤维、竹纤维材料、玉米秆乳胶等环保材料，可实现在堆肥条件下快速降解；美国运动品牌Adidas与英国设计师Stela McCartney联合推出由合成蜘蛛丝制作的生物纤维网球裙（Biofabric tennis dress）（图8.18），该裙使用的基础材料"微丝"（Microsilk）是一种用酵母制成的生物工程纱线，根据横纹金蛛所结的网研发而成，能够被彻底分解并重新融回大自然；美国户外品牌The North Face与后生物科技公司Spiber合作，推出了第一件可供量产的仿真蜘蛛丝夹克（图8.19）。这种蛋白质纤维材料可用于替换运动服及其他外衣中以石油为原料生产的尼龙面料。诸上基于可降解生物材料制作的服装从生产源头上就消除了环境污染的隐患，具有绿色可持续的特点，将成为未来服装产业高潜能的发展方向。

第八章
文化复兴——中华传统服饰文化的传承创新

图8.18 合成蜘蛛丝制作的生物纤维网球裙"Biofabric tennis dress"

图8.19 Spiber × The North Face 仿真蜘蛛丝夹克

※ 本章小结

20世纪以来中国服饰的现代转型一直遵循着西方主导的时尚定律，高消耗、高污染的发展模式带来日益严重的社会问题。随着我国综合国力的不断提升，现代服装产业需要中国精神的价值引领，在文化担当、道德规约、人文关怀、环境保护等方面，中国力量正在崛起。现代服饰文明建设应进一步探索"守正创新"的实践路径，推动中华优秀传统文化的创造性转化、创新性发展。我们应肩负使命，继往开来、承古拓新，以时代精神谱写中华服饰文明新的华章。

☼ 思考题

1. "快时尚"的本质及其引发的社会问题有哪些？如何创造有文化内涵的中国"时尚"新形态？

2. 个体着装行为应符合道德尺度，你如何看待服装中"善"与"美"的关系？

3. 为弱势群体设计服装，你能想到哪些温暖的人性化设计？

4. 面对日益严重的资源消耗和环境污染问题，服装领域的生态设计包括哪些内涵？

【注释】

[1] MIHM B.Fast fashion in a flat world: global sourcing strategies [J]. International business & economics research journal, 2010, 6（9）: 55-63.

[2] 杨楠楠, 郭燕. "快时尚"服装品牌对消费者购买行为的影响及启示 [J]. 商业时代, 2013（5）: 28.

[3] 杨道圣. 时尚的历程 [M]. 北京: 北京大学出版社, 2013: 213.

[4] Ellen MacArthur Foundation.A new textiles economy: redesigning fashion's future [EB/OL].（2017-11-28）[2025-02-22].https://ellenmacarthurfoundation.org/a-new-textiles-economy.

[5] 吕品田. 以手工造就人本身 [J]. 中华手工, 2018（Z1）: 6.

[6] 吕品田. 以手工造就人本身 [J]. 中华手工, 2018（Z1）: 6-7.

[7] 华梅. 服饰心理学 [M]. 北京: 中国纺织出版社, 2004: 21.

[8] 克雷克. 时装的面貌 [M]. 舒允中, 译. 北京: 中央编译出版社, 2000: 165.

[9] 米尔佐夫. 视觉文化导论 [M]. 倪伟, 译. 南京: 江苏人民出版社, 2006: 1.

[10] 海德格尔. 世界图像的时代 [M] // 孙周兴. 海德格尔选集. 上海: 生活·读书·新知上海三联书店, 1996: 899.

[11] 陈立. 白虎通疏证: 卷九 [M]. 北京: 中华书局, 1994: 433.

[12] 论语注疏: 卷第十 [M] // 李学勤. 十三经注疏. 北京: 北京大学出版社, 1999: 132.

[13] 礼记正义: 卷第五十四 [M] // 李学勤. 十三经注疏. 北京: 北京大学出版社, 1999: 1477.

[14] 论语注疏: 卷第三 [M] // 李学勤. 十三经注疏. 北京: 北京大学出版社, 1999: 45.

[15] 舒斯特曼. 实用主义美学 [M]. 彭锋, 译. 北京: 商务印书馆, 2002: 356.

[16] 孟子注疏: 卷第八下 [M] // 李学勤. 十三经注疏. 北京: 北京大学出版社, 1999: 233.

[17] 央视网. 关注休闲服装质量 [EB/OL].（2022-11-01）[2025-02-11].https:

//style.cctv.com/2022/11/01/ARTla0Teb2sCoLc7k1WWf221031.shtml.

[18] 中国质量新闻网.芬迪、拉尔夫劳伦、Zara等品牌服装不合格被依法销毁［EB/OL］.（2017-08-02）［2025-02-11］.https://www.cqn.com.cn/ms/content/2017/08/02/content_4661829.htm.

[19] 北青网.张晓丽和她的"无障碍服装"［EB/OL］.（2023-09-02）［2025-02-13］.https：//baijiahao.baidu.com/s？id=1775880500398088731&wfr=spider&for=pc.

[20] 新华社.赋能冰雪盛事，惠及特殊人群［EB/OL］.（2022-03-12）［2025-02-13］.https：//baijiahao.baidu.com/s？id=1727082228406681046&wfr=spider&for=pc.

[21] 华夏时报.科技赋能无障"爱" 121项无障碍成果献礼冬残奥［EB/OL］.（2022-03-06）［2025-02-13］.https：//baijiahao.baidu.com/s？id=1726541694782849933&wfr=spider&for=pc.

[22] 包顾.快时尚与人类需要的快行动［J］.中国纤检，2019（9）：106.

[23] 王丹阳.废纺循环再造向"新"向"绿"［N］.中国纺织报，2023-09-06（1）.

[24] 中国纺联副会长孙淮滨深度解读《关于加快推进废旧纺织品循环利用的实施意见》［J］.染整技术，2022，44（4）：62.

[25] 工业和信息化部，国家发展改革委，环境保护部.工业和信息化部 发展改革委 环境保护部关于开展工业产品生态设计的指导意见（工信部联节〔2013〕58号）［EB/OL］.（2013-01-30）［2025-01-16］.https://www.mee.gov.cn/gkml/hbb/gwy/201302/t20130228_248609.htm.

[26] RYN S，COWAN S.Ecological design［M］.Island Press，1996：Preface.

[27] 许平，潘琳.绿色设计［M］.南京：江苏美术出版社，2001：50.

[28] 全球纺织网.从旧衣服提取"新"材料，新一代旧衣回收技术NuCycl首次商用携手阿迪达斯［EB/OL］.（2019-07-11）［2025-01-25］.http：//www.sjfzxm.com/hangye/201907-11-541957.html.

[29] 邢雪.对塑料进行全生命周期管理［N/OL］.人民日报，2022-03-25［2025-01-25］.http：//world.people.com.cn/n1/2022/0325/c1002-32383655.html.

[30] 网易.好的设计就是环保［EB/OL］.（2019-06-05）［2025-01-25］.https：//www.163.com/dy/article/EGUMR9NM05149AIR.html.

[31] 中国服装协会.以再生衣改变世界：优衣库再掀变革［EB/OL］.（2022-12-17）［2025-02-11］.https://www.infzm.com/contents/240481?source=202&source_1=240479.

▶▶▶▶ 下篇

服饰与西方文化

第九章

回溯经典

——古希腊与古罗马时期服饰文化

一、古希腊时期服饰文化

古希腊文明是西方文明的摇篮。作为一个地区称谓的"古希腊",其地理范围除了现在的希腊半岛外,还包括爱琴海诸岛、小亚细亚西海岸、黑海沿岸、南意大利以及西西里岛。[1]古希腊文明的发展历程脉络清晰,主要可划分为以下几个重要阶段:"爱琴文明时代"(前20—前12世纪)、"黑暗时代"(前11—前9世纪)、"古风时期"(约前8—前6世纪)、"古典时期"(前5—前4世纪后期)和"希腊化时代"(前4世纪后期—前1世纪后期),[2]其中"古风时期"和"古典时期"被统称为"希腊城邦时代",是古希腊文明的鼎盛时期。

(一)爱琴文明时代的服饰

爱琴文明是古希腊文明的序曲,泛指爱琴海周边孕育的文明,[3]主要涵盖克里特文明(前2500—前1400年)与迈锡尼文明(前1600—前1200年)。克里特文明又称"米诺斯文明",它以克里特岛为中心,辐射爱琴海中的小岛、希腊沿海地区与小亚细亚海岸。[4]在克里特文明早期,其发展深受埃及、巴比伦古文明国家的影响,直至大约公元前2100年的青铜时代之后,它才逐渐开始形成自己的风格。[5]

公元1900年,英国考古学家阿瑟·约翰·伊万斯(Arthur John Evans)带领考古队伍成功挖掘了克里特岛的克诺索斯(Knossos)遗址,大量珍贵文物得以重见天日,这些文物为深入研究克里特文明时期的服饰文化提供了极为宝贵的一手资料。

在克里特现存的雕像和壁画中,米诺斯人的服饰色彩鲜艳、图案丰富,其中女性的服装尤为华美,这与米诺斯王朝的女神崇拜有着密切的关系。在米诺斯人的宗教信仰体系中,他们崇拜的主神是大女神,主持宗教祭仪的也是女祭司,偶尔出现的男性祭司只是处于从属地位,[6]女性在社会中备受尊崇。以出土于克诺索斯的米诺斯女蛇神雕像(图9.1)为例,其上半身着短袖的紧身衣,下身穿饰有数层荷叶边的及地钟形长裙,布料上交织着红、蓝、

图9.1 《女蛇神》(前1540年 伊拉克利翁考古博物馆藏)

黄、黑、白色的纺织图案，胸部的下面用束带（corselet）勒紧，使胸部完全裸露在外面；袖子上则饰有用金色或者彩色线刺绣的图案。雕像头上的动物和手中握着的蛇象征着自然女神的智慧和生殖能力。在克诺索斯宫殿的壁画中，同样可以看到穿着华丽精致的妇女们，她们佩戴着精美的首饰，显得十分雍容华贵。米诺斯人无论男女，腰都极细。他们常用一个金属圈箍住腰部，一般认为只有在童年时期就开始佩戴这种金属腰带才能达到如此纤细的效果。[7]相比女性，米诺斯男性的服装较为朴素，他们经常头戴小帽，上身裸露，腰部裹着缠腰布（loincloth[8]）（图9.2）。缠腰布是一种围裹在腰部和裆部，用以遮蔽和保护生殖器的传统衣物。早在古埃及时期，缠腰布就已广泛流行，只是那时女性穿的缠腰布通常长及脚踝，外形类似今天的裹身长裙。在克里特文明时期，缠腰布还是男女运动员在参加"公牛舞"表演时

图9.2 《戴百合花冠的王子》（前1600—前1450年 伊拉克利翁考古博物馆藏）[9]

壁画中的男子身穿彩色的裹腰布和腰带，头上戴着饰有巨大孔雀羽毛和百合花的王冠。

的首选服装，其覆盖身体的范围和今天的运动短裤相仿。希腊人、伊特鲁里亚人以及后来的罗马人也都有穿缠腰布的习惯，这一点在后来发现的西西里岛的壁画上便得以印证。

米诺斯人独特的服装风格随着克里特文明的传播和贸易的扩张，对整个地中海、黑海周围和亚洲内陆的一些国家以及随后的迈锡尼文明都有着广泛的影响。[10]不过，在迈锡尼人逐步统治了克里特岛之后，由于征服者是具有力量优势的男性，女性的地位在这一时期开始下降，人们的社会角色和地位发生了改变，男权主义出现[11]，男女皆穿的丘尼克（tunic）在迈锡尼文明早期出现，它自上而下呈筒状覆盖着人的大部分身体。

公元前12世纪，北方的多利安人（Dorian）屡次南下入侵，本已呈现衰败之势的迈锡尼文明被彻底摧毁。[12]希腊人被迫离开故土，远走他乡。希腊大陆以及爱琴海地区的大多数地区退回到原始公社时期的状态，进入了长达300多年的"黑暗时代"[13]。关于这一时期的社会状况，历史上没有留下任何可靠的记载，流传

下来的信息仅限于史诗民谣，它们由流浪的吟游诗人传唱，最终在公元前8世纪由荷马编写成为现代人所熟知的《荷马史诗》，该时期也常被称为"荷马时代"。

（二）城邦时代与希腊化时代服饰

在"黑暗时代"的中后期，希腊的社会经济逐渐复苏，人口数量稳步回升，并于公元前8世纪迎来了快速增长，希腊人居民点之间的联系日益密切，逐渐缓慢地发展成了城邦（polis），古希腊就此踏入了它的"古风时期"。在历史学家安东尼·M.斯诺德格拉斯（Anthony M. Snodgrass）看来，衰退的"黑暗时代"是迈锡尼文明和古风时期之间存在的一个断裂期，因此这两个时期之间并无关联。[14]从服饰史上看亦是如此。古风时期的服装样式相较爱琴文明时代发生了翻天覆地的变化。曾经女装那种上身合体短衣、下身长裙的基本样式完全消失，一种披挂式的装束出现。这一变化的具体发展过程至今依然不得而知，但是披挂式服装自此在随后的几百年里都展现出了显著的稳定性。[15]从古典时期的雕塑和描绘生活场景的瓶画上，可以尤为清晰地看到这一服装样式的基本模样。古典时期前期是古希腊文明的鼎盛时期，也是西方文明史上最具创造力的时代之一，许多被我们今天奉为经典的文学艺术作品都诞生于这一时期。然而，在古典时期后期，古希腊政治局势动荡，各城邦之间战争频繁，这导致其实力日益衰弱，最终，在公元前338年，古希腊沦为马其顿王国的附庸，自此步入"希腊化时代"。

1. 对人体美的推崇

古希腊的披挂式服装属于"宽衣"文化[16]，它通常是将一块矩形布以不同的方式包裹、缠绕人体，再任其随之形成自然的褶皱，勾勒出人的基本体形。换言之，衣服本无形，因附着于人体才有了形。因此，健美匀称的人体是古希腊服装美的根本。

古希腊人对人体美的崇尚与热爱是有其渊源的。

古希腊文明依托海洋而生，它与两河流域、古埃及的农耕文明截然不同，属于典型的海洋文明。之所以如此，在很大程度上源于古希腊恶劣的土地条件。贫瘠的土壤和耕地的匮乏让人们难以依靠种粮维持生计。然而，这里三面环海，城邦星罗棋布于沿海区域，其独特的地理环境为海上商贸的发展和殖民扩张提供了得天独厚的条件。古希腊人在频繁的海上活动中，必须面对深不可测的海洋和残酷的海上战争，健硕的体魄成为他们生存的必然选择。

此外，古希腊人认为健康的身体是自信的灵魂的开始，他们对于体育锻炼和健美身材的注重超过了其他任何同时期的外族。希腊温和的气候也为人们的日常生活和户外活动提供了极大的便利,这里一年中大部分的时间阳光普照,"没有酷热使人消沉和懒惰,也没有严寒使人僵硬迟钝"[17],希腊人几乎可以随时在阳光下进行锻炼。古希腊雕塑家米隆的青铜雕塑作品《掷铁饼者》(图9.3)就取材于现实生活,刻画的是一名强健的男子在掷铁饼时蓄势待发的优美瞬间,表达了古希腊人对人体美和运动精神的赞颂。

在古希腊,人的身体也视作给神灵的祭礼。自迈锡尼时代起,希腊人就虔诚地崇拜以宙斯为首的奥林匹斯诸神,他们认为诸神就住在希腊北部的奥林匹斯山巅,而自己是与之最为接近的一群人。他们要与神同乐,给神看最美的裸体。[18] 竞技场上的胜利者会被尊誉为"诸神的后裔",他们的雕像将被用来装饰神庙,或摆放在赛会举办的场地中供人们欣赏和膜拜。[19]

图9.3 《掷铁饼者》罗马时代摹制品(2世纪 罗马国家博物馆藏)
原作创作于约前450年

古希腊人对人体美的追求决定了他们的着装理念,他们甚至认为健美的人体本身便是服装。[20] 因而,穿在外面的衣服应该给人体的表现予以最大的自由,服装下的人体应该是舒适与放松的。

2. 依附于人体的服装

古希腊服装看似由简单形状的布料制成,然而,一旦上身,却能呈现出丰富多样的变化。在日常的穿着上,每一位古希腊人都可以称得上是自己的"设计师"。他们通过精妙地使用腰带、搭扣或别针,将布料在人体上围成各种形状,用精心排列的褶皱来表现服装的优雅(图9.4、图9.5)。服装的布料通常保留着自然幅宽,长度则根据用途而决定。不同的服装主要通过颜色、装饰以及其在身体上的不同穿着方式来进行区分。[21]

古希腊人的服装主要分为紧贴皮肤的内衣(undergarment)和外衣(overgarment)。内衣主要包括

图9.4 《驾战车者》(前480—前475年 希腊德尔菲博物馆藏)

缠腰布、佩普洛斯（peplos）和各种不同的希顿（chiton），佩普洛斯和希顿可以单独穿着也可以外面再罩上一层外衣。古希腊人的外衣同样是一块布，其功用类似今天的斗篷（cloak），外衣最常见的是覆盖全身的希玛纯（himation）和仅仅遮蔽上半身的克拉米斯（chalamys）。

图9.5 《命运三女神》（前447—前438年 大英博物馆藏）

图9.6 《背负苍穹的赫丘利》（前470—前460年 奥林匹亚考古博物馆藏）

（1）佩普洛斯[22]

佩普洛斯是希腊最早的居民所穿的服装[23]，它也是古希腊早期最基本、最有代表性的服装之一。佩普洛斯的男款长及膝盖，女款长及脚踝。

佩普洛斯由一块矩形织物制成，其长边与穿着者完全张开的臂展相等，宽度则等同于布匹的幅宽。穿着时，以布匹的宽度为高度，可以根据穿着者的身高将多余的部分从上面往外翻折，再用带子（zone）在胸部下方束紧（图9.6），带子可系在外折布的里面也可以系在它的外面，腰带处多余的部分可以适当拉出，以调整衣服的长度；在肩膀处需要左右各用一个别针（brooches）[24]将前后两片进行固定。衣服侧面垂直的开口有时会合拢形成筒状，不过大多数情况下，人们都会任其自然飘动，不予缝合[25]（图9.7）。

左侧女子身上所穿便是佩普洛斯。

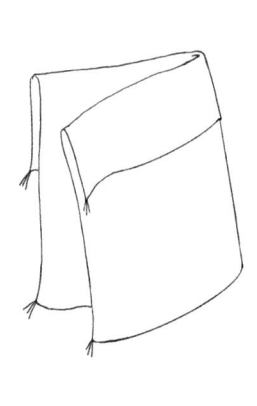

图9.7　佩普洛斯示意图（吴媚绘制）

（2）爱奥尼亚希顿（Ionic chiton）

爱奥尼亚希顿的名称源自古希腊历史学家希罗多德（Herodotus），他认为爱奥尼亚希顿来自爱奥尼亚人。[26]然而，无论从文字还是图像历史资料看，它实际上应该来自东方，确切地说是小亚细亚西南的一个邦国——迦利亚（Caria）。[27]

关于爱奥尼亚希顿取代佩普洛斯的原因，希罗多德曾经有过一段颇为著名的描述：一位从战争前线逃回的士兵带来了一个令人悲痛的消息，他称在与埃伊纳（Aegina）的激战中，雅典将士全军阵亡，雅典的妇女们无法接受这一噩耗，她们不能相信自己的丈夫皆战死沙场，而眼前这名信使却能得以逃生。于是，她们将这名士兵团团围住，并拔下佩普洛斯上的别针，将对方刺死。[28]从那以后，佩普洛斯被禁止穿着，在服装上使用这种别针也被视为非法行为。公元前550年，爱奥尼亚希顿取代了佩普洛斯。

爱奥尼亚希顿展开时是一块宽大的长方形布料，其长边长度等于两手平伸时两手腕之间距离的2倍，短边长度等于穿着者从脖口到脚踝的距离。将长边对折缝制成筒状之后，人进入其中，再用总共8—12个安全别针（fibulae）分别从两边的肩头至两臂，将前后两片布料分段固定起来（图9.8）。制作爱奥尼亚希顿的布料通常为轻薄的亚麻布。为了便于行动，人们会在胸腰肩处用饰带进行捆扎（图9.9）。捆扎的方法有很多种，爱奥尼亚希顿的着装效果也随之产生了许多精妙的变化。

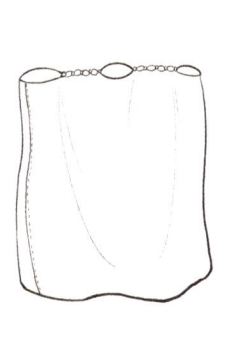

图9.8 爱奥尼亚希顿示意图（吴媚绘制）

图9.9 大理石雕像（前4世纪下半叶 美国大都会艺术博物馆藏）
雕像中的女性内穿爱奥尼亚希顿，外披希玛纯。

公元前480年希波战争之后，一种反东方的情绪迅速蔓延并不断高涨，男性停止了穿着爱奥尼亚希顿，佩普洛斯再次流行，不过，尖锐的别针并没有随之出现，人们依旧使用安全别针来进行固定。[29] 女性则在穿着佩普洛斯的同时依然保留了爱奥尼亚希顿。

（3）其他希顿

除了爱奥尼亚式，人们所穿的希顿还有诸多其他款式，这些希顿的大小、形状以及固定的方法会依据功能需求和时间的不同而发生变化，但其本质上都是一块布的变化。

希顿斯科（chitoniskos）是一种小型的爱奥尼亚希顿，大约出现于公元前6世纪中叶，主要作为士兵服装。它通常被士兵穿在胸甲的里面，其长度仅至大腿部，既方便士兵行动又能减轻身体与胸甲之间的摩擦。除士兵外，狩猎女神阿耳忒弥斯以及生活中的女性表演者，尤其女舞者，也都会穿希顿斯科。[30]

埃克索米斯（exomis）是一种仅固定单肩的短款希顿，在整个古希腊时期都颇为流行。在穿着埃克索米斯时，为了方便右臂的活动，人们通常仅固定左肩，并用细绳或带子在腰部系紧。埃克索米斯的材质除了羊毛织物，有时也会使用毛皮。这种希顿不仅底层的男性劳动者会穿，狩猎或打仗的女性，如勇猛强悍的亚马逊女战士也常常穿着。[31]

（4）希玛纯

希玛纯最初是披在佩普洛斯或者希顿外面的一块大型长方形羊毛织物，人们使用它主要是为了满足御寒的需求。后来，即使在气候温暖时，人们也会披上一件由轻薄布料制成的希玛纯，以追求一种时尚的感觉。希玛纯的穿法十分随意，可采用任何形式披在身上，最为常见的穿法是将希玛纯从左肩披下来，绕过后背，经过右边腋下，再搭回左肩或者左手臂上（图9.10）。在寒冷的季节或者雨天，人们有时会把希玛纯的后面拉起来盖住头部；而在某些特殊的场合，人们也会通过这种方式来表达哀悼。

虽然希玛纯属于外衣，但是仍有很多男性会单独穿着，他们披希玛纯的时候，会特别注意不让边缘拖到地上，因为这样会被认为是品位低下的表现。希玛纯最初主要是男性的服装，直至公元前5世纪后期，它才逐渐被女性接受。

（5）克拉米斯（chalamys）

克拉米斯是古希腊服饰中独有的一种斗篷（图9.11），贯穿了整个古希腊历史时期。它由一块相对小巧的长方形羊毛织物制成，大体长度3—5.5米，宽1—2米，四角通常坠有铅锤，穿着的时候通常仅固定单肩。[32]它可以单独穿着也可以披在短希顿的外面，必要时甚至还可以取下来当作毯子使用。

图9.10　《狄摩西尼》（前3世纪　波留克列特斯创作　哥本哈根新嘉士伯美术馆藏）

图9.11　细颈油瓶（前480—前470年　美国大都会艺术博物馆藏）

克拉米斯最初的穿着者主要是士兵、报信人和牧羊人。后来，人们在外出旅行时，也常常会披上它，用以为自己遮风挡雨。

3. 战服

在古希腊时期，各城邦的战服各有不同，不过它们通常都由丘尼克、肌肉胸甲（cuirass）、头盔和护胫甲（greaves）等基本部件组成（图9.12）。

图9.12　古希腊时期青铜胸甲（前350—前300年　大英博物馆藏）

自古风时代起，古希腊城邦主要采用重装步兵和方阵战术，这种战术体系的有效施行依赖大量士兵的协同作战，因而许多处于较底层的社会成员都被吸纳到军队中。[33]由于普通公民需自备武装参军入伍，因此古希腊时期的肌肉胸甲在造型上相对比较古朴。

肌肉胸甲的出现主要源自古希腊战士对强壮体魄的崇尚，他们希望即使身穿盔甲，也能展示出健美的肌肉，而青铜恰好具有良好的可塑性，通过锤击可以精准地塑造出紧实的胸肌和腹肌线条。穿上这种胸甲的战士们看上去魁梧、勇猛，尤其当他们头戴金属或者皮革制成的头盔、头顶高高的马鬃（horsetail plumes）时，在战场上更是宛如战神降临，极具震慑力。

除了胸甲，将士们的腿部还配有护胫甲，这也是一种由皮革或者金属制成的护具，主要用以保护小腿。重装步兵的胸甲下方还有一排皮制的宽带，用来保护身体的敏感部位，守护战士们在战场上安全。

不过，古希腊士兵的青铜胸甲大多厚度较薄，防御作用有限，因此其美学功能要远大于实用功能。[34]

4. 竞技着装

古希腊男性在参与竞技运动时习惯裸体上阵，他们认为只有这样才能充分展示运动员对身体的完美控制能力。古希腊人还认为，只有自由的成年男性公民的形体才是理想的（ideal）形体，其他年龄和阶层的人体都被认为是非理想（non-ideal）形体。[35]因此，赤身裸体进入运动场（gymnasium）成为希腊男子所独有的一种行为，[36]而着装运动在他们看来，是外族人缺乏自我控制能力的表现。[37]

自迈锡尼时代起，女性的社会地位便相较米诺斯文明时期发生了变化。步入希腊城邦时代后，女性的社会地位更是每况愈下，她们被视为"文化"的产物，是由男人塑造和观看的对象。女人必须穿衣，着衣是一个社会化的和适应文化习俗的女人的标志。[38]因此，女性在任何社交场合都被严禁裸体出现，即使在运动时，她们也会裹着胸带（strophium）和缠腰布（图9.13）。裸体作为某种形式的"外衣"，成为希腊男性公民区别于奴隶、女人和外族人的"服装"。[39]

图9.13　古马赛克壁画上的"比基尼女孩"（4世纪早期　西西里岛阿米里纳广场　卡萨尔的古罗马别墅）

5. 面料

古希腊耕地面积稀少，即使可耕种的土地也只适合种植橄榄和葡萄，其余的山地则主要用来养殖山羊，这样的农业生产结构，使得古希腊人的服装面料多以羊毛织物为主。希腊城邦时代之后，女童已不能外出接受教育。在出嫁之前，女性的大部分时间都在母亲的指导下学习操持家务，练习纺纱织布、染色和压褶等技能；待她们出嫁以后，年轻女主人便肩负起管理家庭的重任，纺织布匹和制作服装成为她们日常生活的重要部分。[40]在公元前5世纪，人们普遍都使用自家产的羊毛来织布制衣[41]（图9.14）。

图9.14　赤陶细颈有柄长油瓶　瓶画（前550—前530年　美国大都会艺术博物馆藏）
画作展现古希腊女性纺纱织布的过程。

亚麻布是经由埃及传入巴勒斯坦、叙利亚和卡里亚（今土耳其）之后，再由爱奥尼亚人传入古希腊的。[42]这种织物精密轻柔，人们手工将它排褶，拧紧，再把两头固定，静置几个小时以后，便可获得生动而自然的细褶。这种压好褶的亚麻布被人们垂直披在身上，可以呈现出如雕塑般的优美效果。正因如此，亚麻布成了制作爱奥尼亚希顿的理想布料，相较于羊毛织物，它更灵活也更显飘逸。

中国的丝绸在亚历山大时期才经由波斯商人进口至希腊。由于丝绸的生产工艺复杂、运输路途遥远，因此极为昂贵稀有，属于奢侈品范畴，这也使得大多数希腊人的日常服装仍主要以羊毛或亚麻制成。

6.色彩与纹样

今天的古希腊时期服装资料大多来自同时代的雕像或者瓶画。由于瓶画本身多为单色，很多雕像在被发现时色彩也已然褪去，因此人们经常误认为古希腊人的服装只有白色或是织物本身的自然颜色。但实际上，古希腊时期的很多雕塑都原本色彩艳丽且装饰图案精美。[43]在考古过程中，人们就曾经挖掘出经过植物染色和动物染色的各种面料，甚至从贝类中提取染料染成的紫色织物。[44]

紫色在19世纪60年代以前一直都是最昂贵的一种染料，在古希腊时期更是如此，当时的精英阶层将紫色视作财富、金钱和社会地位的重要象征。这种紫色最早源于迦南人，古希腊人称他们为"腓尼基人"，而这一名称很可能自希腊语中的"紫色"，即"phoinix"一词衍生而来。[45]早在公元前1570年以前，精明的古腓尼基人便在泰利安城（Tyre）一带生产紫色，也就是著名的"泰利安紫"（tyrian purple）。这种紫色取自一种骨螺（murex），当骨螺受到被捕食者攻击或被人类刺激时（比如被戳）就会分泌一种黏液，这种黏液最初为黄色，经过氧化后，会由黄转绿、转蓝，最后才变为紫色。泰利安紫不易褪色，而且会随着风化和阳光的照射变得更加明艳。但是，由于它的提取过程极其费时、费工且会产生十分难闻的味道，因此价格极为昂贵。

除了紫色，古希腊服装中常见的颜色还有黑色、白色、红色、黄色等。不过，在当时，穷人并不被允许穿有色彩的衣服。希罗多德就曾经记载：雅典法令禁止底层阶级的人在剧院或者任何其他公共场合穿经过染色的衣服。[46]

在很多古希腊时期的织物边缘处都装饰着古朴的几何或花朵纹样。它们被用以突出衣服上自然形成的褶皱边缘，使其更具美感。这些装饰纹样通常都是在织布的过程中，由天赋异禀的希腊妇女织入或者刺绣进布料之中。

二、古罗马时期服饰文化

公元前323年6月，马其顿国王亚历山大大帝猝然离世，他庞大的帝国也随之分崩离析，希腊化时代逐渐深入。与此同时，罗马人在历史的舞台上逐渐崛起，并逐步替代希腊人成为地中海的霸主。在这期间，雄心勃勃的将军们为了争夺权力混战不休，内战频繁，战争造成的压力带来了激烈的社会冲突。公元前44年,凯撒被任命为终身独裁官,然而他的权力之路却极为短暂,不久以后便被刺而亡。他的养子屋大维于公元前29年成为罗马的第一位元首,正式建立元首制,内战结束。公元前27年,屋大维做出了一个影响深远的政治举动,他将权力正式交给元老院,他自己也因其卓越的政治成就和对罗马稳定所作出的巨大贡献,而被正式授予"奥古斯都"的尊号。自此,古罗马在经历了王政时代(前753—前509年)和共和国时代(前509—前27年)之后,进入了罗马帝国时代(前27—476年)。奥古斯都和他的继任者们开疆辟土,将罗马帝国的领土拓展到西至大西洋边、北至莱茵河和多瑙河、东至幼发拉底河、南至阿拉伯和非洲的沙漠地带[47],罗马帝国迎来了其疆域最为辽阔的辉煌时期。然而,盛极必衰。公元3世纪,罗马帝国开始显露出衰败的迹象。统治者的昏庸无能、经济的衰落、军人的专权和外族的不断入侵,使罗马帝国内外交困。公元325年,罗马帝国皇帝君士坦丁为了应对复杂的局势,在帝国东部的拜占庭(Byzantine)设立新都(后改称为君士坦丁堡)。公元395年,罗马皇帝狄奥多西将罗马帝国一分为二,分为东、西罗马帝国,这一举动致使罗马帝国的军事力量和政治地位被大大削弱,正在经历民族大迁徙的日耳曼人趁机大举入侵西罗马皇帝统治的西部行省,公元476年,西罗马帝国灭亡。

在古罗马的整个历史进程中,罗马人与希腊化文明的接触密切而持久,他们广泛地接受和吸纳了大批希腊文化成果,其中,罗马人的服饰在很大程度上就沿袭了古希腊服饰的基本形制。但是,罗马人有着自身独特的文化特质,他们对秩序极其注重,并且建立了严格的等级制度。他们在古希腊服饰的基础上注入了更多可识别穿着者身份状况和社会地位的元素,服饰由此成了表明阶级差异的重要工具。

(一)丘尼克(tunic)

罗马人的丘尼克形似古希腊时期的爱奥尼亚希顿[48],是他们贴身穿着的基础内衣。与爱奥尼亚希顿不同的是,丘尼克的两侧被简单地缝合,整体造型类似现代的长款圆领T恤。罗马男子的丘尼克长及膝盖,腰部束带。上层社会的罗马人往往将它穿在里面,士兵和农民则习惯单独穿着。[49]丘尼克通常由羊毛织物制成,不过贵族的丘尼卡有时也会使用昂贵的丝绸,以显示其尊贵身份。在款式方面,丘尼克有长袖,也有短袖的。

在古罗马,富有的贵族经常会在丘尼克前片的两边各装饰一条紫色饰带(clavus),这种饰带纵向从肩膀一直延伸到底边。在共和国期间,对于这种饰带的宽度有着严格的规定,只有元老院的议员所着的丘尼克上才被允许饰用宽紫色饰带,而对于较之低一等级的骑士阶层,其所着的丘尼克上的饰带就要狭窄一些。[50]公元1世纪以后，这一规定被取消，所有的男性贵族都被允许穿着有饰带的丘尼卡。有趣的是，在提取染料过程中残留下来的那一点点异样气味，反而成为对穿着者财富与地位最隐晦的暗示，无声地彰显着他们在社会中的优越地位。

后来，丘尼克的袖子逐渐变得宽大，它也有了另外一个名称——达尔马提卡（dalmatic）[51]，并且成为中世纪最为常见的服装之一。

（二）托加

在罗马人的服装中，最具代表性的是一种只有男性公民才被允许穿着的外衣——托加[52]（图9.15），它也常被称为罗马人的"国服"。托加源自伊特鲁里亚人（Etruscans）的一种类似斗篷的衣服提本纳（tebenna）。在被罗马人征服之前，伊特鲁里亚人一直与希腊人保持着密切的贸易往来，因此他们的服装也深受希腊服装的影响，只是伊特鲁里亚人的服装与之相比更加合体，装饰性也更强。[53]提本纳的布料为半椭圆形，伊特鲁里亚人穿着它的方式有多种，罗马人借鉴了其中一种与古希腊希玛纯类似的穿法，将其演变成了自己的"托加"。

图9.15 提比留雕像（公元1世纪 巴黎卢浮宫藏）

古罗马人在穿托加时，通常将其披在丘尼克（tunic）的外面。最早的托加并无性别限制，男女皆可穿。[54]但到了公元1世纪中期，罗马法令规定，托加专属于罗马男性公民，奴隶、无公民身份的异邦人以及单身成年妇女均被禁止穿着。从此，托加成为一种特定身份的象征，进入了其最为盛行和庞大的时期。托加的布料是一整块巨大的椭圆形羊毛织物，面积可达12—16平方米。穿着时，需先将托加横向对折，直边朝里披于左肩，然后将身后的布料绕过背部，穿过右臂下方，再从胸前绕回左臂，用左臂托住布料。由于布料庞大，且上身的时候不借助任何其他工具，既没有别针也不使用束带，因此，为一位古罗马公民穿衣时，服侍者需要具备相当的技巧才能整理出完美的褶皱。如果在特殊的庆典场合，穿着者在走动时还需要时刻留意并调整，才能确保托加在身上保持优雅的垂悬状态。

罗马法律对托加的颜色和纹饰都有着严格的等级划分，不同的色彩和装饰图案都是对公民不同身份和地位的明确标示。带有金线刺绣花纹的紫色托加（toga picta）是凯旋的将军或皇帝的专属；最高执政官和祭司可穿着带有紫色边饰的托加(toga praetexta)(图9.16);地方护民官以及15岁以上的成年罗马男性公民可着无任何装饰的普通白色托加(toga pura)。[55]

公元2世纪,托加过于庞大的体积严重限制了普通人的日常行动和劳作,罗马的底层公民逐渐弃之转而穿着帕留姆(pallium)。[56]帕留姆的大小和形状与希腊的希玛纯相似,比托加轻便。公元3世纪,随着罗马帝国的整体衰落,曾经作为罗马公民身份象征的宽大托加

图9.16 庞贝古城壁画(1世纪)
中间这位男性穿的便是带紫色边饰的托加

也逐渐失去了往日的辉煌,其尺寸开始不断缩小。到了拜占庭帝国时期(Byzantine Empire, 395—1453年),托加更是演变成了一条仅仅绕在身上的狭窄装饰带,彻底失去了它曾经作为主要外衣的实用功能。

罗马共和国中期以后,女性不再被允许着托加,而是改穿帕拉(palla)。帕拉的穿法与男子的托加仍有几分相似,不过它可以从后面拉起来盖住头部,[57]为女性提供了更多的便利与遮蔽,且穿着过程没有那么烦琐。自由的已婚女人(matron)在着装搭配上更为讲究,她们通常会在丘尼卡和帕拉之间再穿上一层名为"斯托拉"(stola)的衣服。这种三层服装的搭配,成为当时女性较为常见的着装方式。

男性的服装除了标志性的托加,还有拉凯鲁纳(lacerna)、萨姆(sagun)、帕鲁达门托姆(paludamentum)、帕留姆(pallium)、派奴拉(paenula)等其他类型。两性的服装在这一时期尽管形制上还没有太大的区别,但已经有了各自独立的名称。

(三)面料与色彩

在古罗马时期,服装面料仍然以羊毛织物和亚麻布为主。与古希腊时期相比,纺织品的生产模式发生了显著变化。纺织品的生产已经不再依赖各个家庭作坊,而是来自一些大型的庄园或者各地专门的纺织工坊,并且市场上的商业形态也有所发展,商铺里开始出售服装。

丝绸在当时仍然属于十分稀有的面料。在相当长的一段时间里,中国是世界上唯一掌握养蚕技术的国家,这使得罗马的丝绸供应极为有限,其交易价格一度与黄金相等。身着丝绸衣物成为罗马贵族身份的象征,丝绸与紫色的组合更是代表着

至高无上的权力。

(四)战服

罗马人的战服在很大程度上沿袭了古希腊时期的基本样式,但随着时代的发展和军事需求的变化,也发生了一些独特的演变。在罗马帝国时期,士兵们在束腰的丘尼克下面穿上了及膝的裤子,以抵御寒冷天气,这种装束与北部的高卢人的着装颇为相似。

在古罗马军队中,为了有效抵御风寒,军官们常常会披上一种被称为"阿博拉"(abolla)的斗篷。这种斗篷由长方形布料对折而成,一般固定在军官的右边肩头。普通士兵所披为"萨格姆"(sagum),它采用的是单层的厚羊毛织物,通常为红色;罗马公民在战争时期也会穿它,以表示自己即将奔赴战场。当将军出征时,则会身披一件更加宽大厚实的斗篷——帕鲁达门托姆(paludamentum),以显示其高贵的身份。

图9.17 古罗马奥古斯都雕像局部(1世纪初 梵蒂冈博物馆藏)

罗马战服中的胸甲也同样体现着清晰的阶层差异。相较古希腊时期的朴素,古罗马时期的胸甲制作工艺更为复杂,装饰也更为精美。将领的胸甲上常常雕刻着华丽精美的浮雕(图9.17),它们多以神话为主题,用胜利的翅膀、失败的敌人等形象象征皇帝对世界的主宰;或者雕饰以蛇发女妖戈耳工,寓意着对主人的护佑。胸甲由胸板和背板两片组成,可从侧面打开,以搭扣和铰链连接。在肩部和腹部处还会用数条皮带加以装饰和保护。后来,随着军事技术的发展,铁甲和锁子甲被应用于战场,青铜胸甲逐渐退出了实际作战中,但是作为一种身份的象征,皇帝和将军们依然会在一些重要场合穿上它们,以显示自己的威严。

(五)发型

古罗马女性不仅和古希腊人一样十分注重身体的健美,她们对于发型也格外重视。公元前2世纪,罗马出现了理发店,上流社会的贵族家族也纷纷配备了专职负责美容和美发的奴隶,贵族女性在早晨要花大把的时间来打理她们的头发。为了追求独特的效果,有些女性开始佩戴金黄色或者乌黑色的假发,有的则借助加热过的铁钳进行卷发。[58] 她们将头发围绕成圆锥形的发髻,里面使用金属支架

第九章
回溯经典——古希腊与古罗马时期服饰文化

支撑,再涂抹上动物脂肪,发型完成后,再用针线加以缝制固定(图9.18)。这些复杂的程序需要奴隶或发型师花费数小时才能完成。因此,精致的发型在古罗马社会不仅仅是美的体现,更成为区分人们身份和地位的重要标志。

古罗马时期早期,男性发型相对简单,没有过多的修饰。进入哈德良时期(117—138年)以后,烫发逐渐在男性群体中流行开来。哈德良皇帝作为当时的最高统治者,对时尚有着独特的追求,他不仅喜爱喷香水,化妆,甚至会在脸上贴上黑色的小痣(patches)进行装饰。[59] 在他的影响下,蓄须这一古老的传统也重新受到男性的青睐,再度成为风靡古罗马的时尚潮流。

图9.18 罗马女子头像(2世纪 巴黎卢浮宫藏)

在古罗马帝国时代,服饰区分社会阶层的功能日益显著,皇室作为古罗马社会的最顶层,其服饰上所展现的审美品位成为众人追逐和模仿的对象。

※ 本章小结

古希腊人的服装崇尚自然、简洁与舒适,它既没有对性别特征的刻意强调,也没有过多表现权威的装饰,充分展现了对人体和布料自然形态的极大尊重,体现了希腊人对人体完美形态的深刻理解和对身心和谐的极致追求。正因为如此,古希腊服饰的艺术魅力从未随着古希腊文明的衰落而消散,而是持续滋养着一代又一代设计师们从中汲取灵感,重新演绎。

相较古希腊人,古罗马人是一个更加务实的民族。随着国家领土的急速扩张,古罗马统治者建立了秩序、规矩和等级,因此在传承古希腊服饰的基础上,古罗马时期的服饰具有更加鲜明的政治性、阶级性与性别属性,人工雕琢的痕迹也更为显著。

☼ 思考题

1. 试析古希腊服饰对西方现代服饰审美的影响。
2. 试比较古希腊与古罗马服饰的异同,并阐述其产生变化的根本原因。
3. 结合古希腊服饰的特点,试述同时期中西方服饰理念的异同。

【注释】

[1] 易宁，祝宏俊，王大庆，等.古代希腊文明[M].北京：北京师范大学出版社，2018：10.

[2] 易宁，祝宏俊，王大庆，等.古代希腊文明[M].北京：北京师范大学出版社，2018：10.

[3] 赵林.古希腊文明的光芒[M].北京：人民邮电出版社，2020：23.

[4] 麦克尼尔.西方文明史手册[M].盛舒蕾，宣栋彪，董子云，译.杭州：浙江大学出版社，2016：36–37.

[5] BOUCHER F. 2000 Years of fashion：the history of costume and personal adornment[M].New York：Harry N. Abrams，1987：77.

[6] 易宁，祝宏俊，王大庆，等.古代希腊文明[M].北京：北京师范大学出版社 2018：32.

[7] LAVER J. Costume and fashion：a concise history[M]. New York：Thames and Hudson，1986：16.

[8] 本书涉及众多不同时期的英语术语，为了让这些名词易于被理解，对于那些今天依然存在的服饰，我们保留了人们日常的习惯说法，而没有选择音译名称，例如"loincloth"意译为"缠腰布"，而非直译的"罗印克罗斯"；以便更加直观地理解服饰。对于没有延续至今的服装则采用音译，在本书中我们选定的音译是那些被史学家习用的说法。

[9] 克诺索斯遗址的发现者阿瑟·万斯认为壁画中的男子是"克诺索斯的统治者"，而其他学者则认为他可能是一名运动员，拳击手或者准备发号施令的将军。伊拉克利翁考古博物馆，https：//www.heraklionmuseum.gr/en/exhibit/the-prince-of-the-lilies-fresco/.

[10] BOUCHER F. 2000 Years of fashion：the history of costume and personal adornment[M].New York：Harry N. Abrams，1987：86.

[11] 赵林.古希腊文明的光芒[M].北京：人民邮电出版社，2020：108.

[12] 关于迈锡尼文明被毁灭的原因，说法不一，目前认为最可信也最主要的原

因是北边多利安人的南侵。

[13] 这是欧洲历史上的第一个"黑暗时代",中世纪初期被认为是第二个。关于古希腊时期的"黑暗时代"的具体时间和所涵盖的地域说法不一,比较传统的说法是公元前11世纪至公元前9世纪。易宁,祝宏俊,王大庆,等.古代希腊文明[M].北京:北京师范大学出版社,2018:61.

[14] 易宁,祝宏俊,王大庆,等.古代希腊文明[M].北京:北京师范大学出版社,2018:59.

[15] LAVER J. Costume and fashion:a concise history[M]. New York:Thames and Hudson,1986:25.

[16] 今天的西式服装是紧身合体的体形型衣服,即"窄衣"文化。李当岐.西洋服装史[M].北京:高等教育出版社,2005:64.

[17] 丹纳.艺术哲学[M].傅雷,译.北京:生活·读书·新知三联书店,2016:269.

[18] 丹纳.艺术哲学[M].傅雷,译.北京:生活·读书·新知三联书店,2016:291.

[19] 王大庆.古希腊体育竞技中的裸体习俗探析[J].世界历史,2015(2):93.

[20] LEE M M. Body,dress,and identity in ancient Greece[M]. New York:Cambridge University Press,2015:173.

[21] LEE M M. Body,dress,and identity in ancient Greece[M]. New York:Cambridge University Press,2015:93.

[22] 关于这一服装的名称有不同的说法:一部分学者将其称为"多利亚希顿"(Doric chiton),与后面的"爱奥尼亚希顿"(Ionic chiton)统一归为"希顿";多数历史学者则将它称为"佩普洛斯"(peplos),与"希顿"(chiton)进行区别,因为他们认为chiton一词是从闪米特语词根衍生而来,它来自东方,因此与peplos有着不同的源头。本教材采用了后一种说法。LEE M M. Body,dress,and identity in ancient Greece[M]. New York:Cambridge University Press,2015:107.

[23] LEE M M. Body,dress,and identity in ancient Greece[M].New York:Cambridge University Press,2015:100.

[24] brooches是一种如古代发簪一般尖而长的别针,后面的爱奥尼亚希顿上所使用的fibulae则类似现在的安全别针,针尖部分被藏在另一端的圆盘

底下。

[25] LEE M M. Body, dress, and identity in ancient Greece [M]. New York: Cambridge University Press, 2015: 100.

[26] 爱奥尼亚地区即小亚细亚的西部,爱琴海沿岸地区,现属于土耳其。赵林.古希腊文明的光芒[M].北京:人民邮电出版社,2020:24.

[27] LEE M M. Body, dress, and identity in ancient Greece [M]. New York: Cambridge University Press, 2015: 107.

[28] BOUCHER. F. 2000 Years of fashion: the history of costume and personal adornment [M].New York: Harry N. Abrams, 1987: 109

[29] LEE M M. Body, dress, and identity in ancient Greece [M]. New York: Cambridge University Press, 2015: 102.

[30] LEE M M. Body, dress, and identity in ancient Greece [M]. New York: Cambridge University Press, 2015: 111.

[31] 李当岐.西洋服装史[M].北京:高等教育出版社,2005:93-94.

[32] BROOKE I. Costume in Greek classic dramas [M]. New York: Dover Publications, 2003: 53, 183.

[33] 易宁,祝宏俊,王大庆,等.古代希腊文明[M].北京:北京师范大学出版社,2018:97,103.

[34] LEE M M. Body, dress, and identity in ancient Greece [M]. New York: Cambridge University Press, 2015: 206.

[35] LEE M M. Body, dress, and identity in ancient Greece [M]. New York: Cambridge University Press, 2015: 37.

[36] 柏拉图(Plato)和修昔底德(Thucydides)均阐述了这一观点。LEE M M. Body, dress, and identity in ancient Greece [M]. New York: Cambridge University Press, 2015: 173.

[37] 王大庆.古希腊体育竞技中的裸体习俗探析[J].世界历史,2015(2):93.

[38] 王大庆.古希腊体育竞技中的裸体习俗探析[J].世界历史,2015(2):95.

[39] STEWART A. Art, desire and the body in ancient Greece [M].New York: Cambridge University Press, 1997: 26.

[40] LEE M M. Body, dress, and identity in ancient Greece [M]. New York: Cambridge University Press, 2015: 43.

[41] BOUCHER F.2000 Years of fashion：the history of costume and personal adornment［M］.New York：Harry N. Abrams，1987：107.

[42] BOUCHER F.2000 Years of fashion：the history of costume and personal adornment［M］.New York：Harry N. Abrams，1987：106.

[43] 美国大都会艺术博物馆展览"Chroma：Ancient Sculpture in Color"中，德国学者Vincenz Brinkmann通过使用一系列的新技术发现了古希腊时期雕塑作品的色彩，并且进行了复原。具体参见 https：//www.metmuseum.org/exhibitions/chroma。

[44] LEE M M. Body，dress，and identity in ancient Greece［M］. New York：Cambridge University Press，2015：93.

[45] 普莱斯，索恩曼.古典欧洲的诞生：从特洛伊到奥古斯丁［M］.马百亮，译.北京：中信出版集团，2019：50.

[46] LAVER J. Costume and fashion：a concise history［M］. New York：Thames and Hudson，1986：26

[47] 杨共乐，等.古代罗马文明［M］.北京：北京师范大学出版社，2018：141.

[48] 在庞贝古城的壁画上，可见公元1世纪的古希腊英雄杰森（Jason）身穿及膝爱奥尼亚希顿的形象，罗马的丘尼克便是在它的基础上发展而来。Fashion：the definitive history of costume and style［M］.New York：DK Publishing，2012：35.

[49] LAVER J. Costume and fashion：a concise History［M］. New York：Thames and Hudson，1986：39.

[50] HOPE T. Costumes of the Greeks and Romans［M］. New York：Dover Publications，1962：35.

[51] BOUCHER F. 2000 Years of fashion：the history of costume and personal adornment［M］.New York：Harry N. Abrams，1987：119.

[52] LAVER J. Costume and fashion：a concise History［M］. New York：Thames and Hudson，1986：38.

[53] Fashion：the definitive history of costume and style［M］.New York：DK Publishing，2012：32.

[54] HOPE T. Costumes of the Greeks and Romans［M］. New York：Dover Publications，1962：34.

[55] BOUCHER F. 2000 Years of fashion: the history of costume and personal adornment [M] .New York: Harry N. Abrams, 1987: 119.

[56] BOUCHER F. 2000 Years of fashion: the history of costume and personal adornment [M] .New York: Harry N. Abrams, 1987: 120.

[57] CUMMING V, CUNNINGTON C W, CUNNINGTON P E. The dictionary of fashion history [M] .New York: Berg Publishers, 2010: 199.

[58] BOUCHER F. 2000 Years of fashion: the history of costume and personal adornment [M] .New York: Harry N. Abrams, 1987: 124.

[59] BOUCHER F. 2000 Years of fashion: the history of costume and personal adornment [M] .New York: Harry N. Abrams, 1987: 124.

| 第十章 |

禁绝与超越

——中世纪与文艺复兴时期服饰文化

一、中世纪服饰文化

"中世纪"本义为"中间的世纪",这一概念由公元15、16世纪的意大利人文主义者提出。关于"中世纪"的准确时间范围,学界说法不一,目前较为流行的观点是指公元前476年至公元15世纪末新航线开辟的这段时间。[1]说起"中世纪",人们常常会联想到"黑暗时期",但实际上,这一描述仅适用于公元1000年以前文化衰落、发展停滞的中世纪早期。从11世纪起,欧洲经济开始复苏,大量城市重新涌现。在随后的200多年间,欧洲总人口从约3500万增长至8000万[2],这一段时期被称为"中世纪盛期",它是欧洲文明史上承前启后的时期,在诸多方面为现代文明的发展奠定了基础。

基督教作为西方最具影响力的思想信仰和价值观体系,正是在中世纪到来之前为统治者所承认和扶持。它诞生于公元1世纪的巴勒斯坦地区,早期的教徒多为奴隶和贫苦农民,他们信仰上帝,相信耶稣基督会来拯救苦难的人类。基督教属于一神教,具有排他性和严肃性,与罗马人的诸神信仰以及罗马人追求的物欲享乐相悖,因而遭到了罗马帝国统治阶级的残酷迫害。然而,基督教并没有因此被彻底摧毁,反而顽强地生存了下来。随着教徒范围逐渐扩大到上层阶级,统治者们意识到这种宗教体制完全可以为己所用。公元313年,君士坦丁一世(Gaius Flavius Valerius Constantinus)颁布了"米兰敕令",使基督教合法化。公元392年,狄奥多西大帝(Flavius Theodosius)将其定为国教,基督教的影响力迅速扩大,其教义成为欧洲封建社会的精神支柱,甚至在很大程度上决定了人们对生活方方面面的选择。在教义中,关于穿着就有一些明确的规定,例如妇女不可穿戴男服,男子也不可穿女服等。[3]欧洲服饰的发展脉络从此与基督教有了千丝万缕的联系。

就地理位置而言,在公元395年,罗马帝国被皇帝狄奥多西分为东、西罗马帝国之后,北方的日耳曼人趁机入侵西罗马皇帝统治的西部行省。公元476年,西罗马帝国灭亡。在随后的5个多世纪里,一群群罗马人眼中的"野蛮人"在曾经的西罗马帝国土地上穿行,而东罗马帝国则在东地中海地区延绵发展了一千多年。因此,中世纪的服饰从地域上也被分为了欧洲和近东两个区域。[4]

(一)北方"野蛮人"的穿着

西罗马帝国被日耳曼人灭亡以后,先后被不同的日耳曼民族以及阿拉伯人、匈牙利人甚至维京海盗瓜分和统治[5],政权更迭频繁。入侵者各自为政,相邻而居。

第十章
禁绝与超越——中世纪与文艺复兴时期服饰文化

其中，实行土葬的法兰克人为后世的服饰研究提供了宝贵的依据。彼时的法兰克人主要居住在现今法国的大部分地区和德国的西部，公元481年，他们在那里建立了他们的第一个王朝——墨洛温王朝（Merovingian Dynasty），并延续了将近三百年。与其他实行火葬的民族不同，法兰克人在皇室成员和贵族去世后，会将逝者生前使用过的物品，例如武器、服饰等与其一同埋葬。正是通过他们的墓葬，我们得以大致了解这群"野蛮人"的模样：他们身穿齐膝丘尼克，以皮带束腰[6]；他们着亚麻裤装，小腿处覆盖着护腿（tibiles），并用鞋子上的长带子进行捆绑。[7]在公元5—6世纪的文字中也有这样记载：他们高大魁梧，红头发，剃须，服装裁剪合体，上身着短丘尼克，下着各色长短不一的马裤（breeches）。[8]他们在打仗时所穿的丘尼克通常由结实的材料或者皮革制成，外面覆盖着金属板。[9]男人们经常身披一件由动物皮毛制成的斗篷（rheno），冬天的斗篷会添加皮毛里衬，周围用细细的兽皮或者鱼皮装饰一圈，再用青铜别针固定在身上。[10]

考古资料显示，日耳曼人与罗马人在着装上的显著区别便是日耳曼人着裤装，这也是罗马人最初判别"野蛮人"的重要依据。

随着与罗马人的接触日渐频繁，日耳曼人也开始信仰以罗马为中心的天主教。公元496年，墨洛温王朝的第一位国王克洛维（Clovi）皈依天主教，罗马和东边拜占庭的服饰文化自此融入宫廷服装之中。人们开始穿着镶有刺绣或花纹图案装饰带的丘尼克，有时穿上下两层（under tunic & super tunic），里面的颜色较浅，外面的通常色彩鲜艳。这种里外两层的丘尼克在后来的13—14世纪被称为科特（cote）和萨科特（surcote）。[11]女性贴身穿着的丘尼克常用细亚麻布制成，这便是后来的女性内衣——修米兹（chemise）的雏形。男性的服装依然保持着丘尼克和斗篷（mantle）的组合，其中斗篷分为敞开式或者封闭式的两种，敞开式斗篷为单肩固定，封闭式的则为套头。富人大多喜爱在领口、袖口以及底边处饰以丝带。

后来，原住民的着装习惯也慢慢受到这些入侵者的影响，裤子加长袍作为这个时期服装的主要样式，在原西罗马帝国的领土上存在了很长一段时间。

（二）初显腰身的女装

公元1095年，教皇乌尔班二世（Pope Urban Ⅱ）在梵蒂冈发表布道词，号召欧洲的基督教徒向穆斯林宣战，以收复圣地耶路撒冷。自此，共计9次的十字军东征（1096—1291年）拉开帷幕。然而，这场持续了200年的宗教军事行动并没有让罗马教廷建立世界教会的企图得以实现。一方面，十字军东征使所到之处一片焦土，教会威望大幅下降；另一方面，十字军东征带回的各种新奇物品，如上等的香料、药物、纺织品、毛皮、珠宝等，极大地刺激了贵族的奢侈欲望，东西方之间贸易的门户自此被打开。此外，俗语文学也在这一时期出现了爆发式的发展[12]，诗歌体和散文形式的传记文学相继兴起，它们赞颂美好的妇女[13]，歌颂骑士罗曼蒂克爱情。这些文学作品中所表达的对爱情的向往启发了中世纪女性意识的萌芽，人们的物质欲望和精神欲望被双双唤醒。

女性的服装第一次出现了具有"诱惑性的修身"（seductively fitted）[14]的迹象，一种凸显人体线条的服装布里奥（bliaut）在12世纪初应运而生。在制作布里奥的时候，人们

图10.1　西大门雕塑局部（12世纪初　法国安格尔斯大教堂）

将服装上身两侧腰臀间多余的部分去掉，使之贴近人的体形，再沿着边缘打上孔，用细绳将前后两片穿在一起，勒出腰部的曲线（图10.1），原来直筒形的下身裙子部分被嵌入三角形布料，（gore）以加大裙摆。女性所穿的布里奥的领口大开，脖颈处的皮肤被显露出来，这让牧师们大为惊恐，谴责其为"地狱之窗"[15]。

公元13世纪，受哥特式建筑风格的影响，服装的裁剪方法取得了新的突破。[16]人们对于服装收腰适体的意识越来越强烈，服装史上最为重要的裁剪手段之一——省道[17]（dart）出现，并被运用在女装科塔尔迪（cotardie）（图10.2）上。虽然12世纪出现的布里奥已开始展现人体的

图10.2　意大利人的日课经（1380年　法国国家图书馆藏）

线条，但两侧拉绳的方法表明它仍然停留在平面概念，而科塔尔迪中省道的使用，去除了布里奥上那些多余的横向褶皱，流畅地勾勒出女性从腰部到臀部柔美的线条。上身的合体结合下身逐渐打开的及地长裙，这便是女装最基础的上轻下重的组合。

省道的出现使服装在经过裁剪以后拥有了过去所不曾有的侧面，从平面结构转变成追求三维空间的立体结构，确立了近代三维空间构成的窄衣基型。[18]

（三）尖形的首服与鞋具

13世纪的服饰极具雕塑感和建筑感，哥特建筑那种纵向升腾的势态在首服与鞋具上表现得最为直观。

高耸的汉宁帽（hennin）（图10.3）在当时被修道士们形容为"高如尖塔"[19]；庞大而具有韵律感的蝴蝶形头饰（butterfly headress）（图10.4）看上去有着超越现世的肃穆。一种名为波兰那（poulaine）（图10.5）的尖头鞋最具哥特时期的特点，它大约出现于1360年，因鞋头过于尖长，英格兰国王爱德华三世（Edward Ⅲ）甚至为此专门颁布禁奢令，对波兰那的鞋尖长度加以限制，但这一举措并没有起到任何效力，鞋尖长度的增长依然势如破竹，有的甚至能达到18英寸[20]（约46厘米）。部分鞋子甚至因为鞋尖太长而妨碍行走，人们不得不用链子将尖头拴住固定到自己的腿上。尽管教会对这种鞋子深恶痛绝，甚至称之为"撒旦的爪子"，但是它依然一直流行至15世纪初才逐渐销声匿迹。

图10.3 妇女肖像（1470—1480年 美国大都会艺术博物馆藏）
画像中这位妇女头上戴的便是汗宁帽。

图10.4 《店中的金匠》（1449年 美国大都会艺术博物馆藏）
左边的女性头戴蝴蝶形头饰，长袍上绣有精美的图案；身后的男子戴着一种当时流行的风帽（liripipium），着前开襟外套（jacket）；前面穿红色吾普朗多的金匠与身后男子的服装相比，服装的裁剪和搭配上都要显得简单朴素。

图10.5　15世纪尖头鞋波兰那的复制品（1800—1899年　维多利亚与阿尔伯特博物馆藏）

（四）战服

在中世纪的中晚期，锁子甲（mail armour）始终都是士兵们最主要的盔甲。

自12世纪中期起，士兵们会在锁子甲的外面罩上萨科特[21]（图10.6），这种穿法最初起源自十字军，其目的是保护盔甲免受地中海阳光的暴晒。12世纪后期，由于头盔遮蔽了士兵们的脸部，为了便于识别，所属军队会在萨科特上印上各自的盾形纹章。

13世纪末，十字弓被广泛使用于战场，它削弱了锁子甲的防御能力，锁子甲逐渐被板甲（plate armour）取代。此后的欧洲新式军队开始由训练有素、装备精良的职业步兵构成。

（五）二部式男装的雏形

14世纪早期，男性和女性都穿着科特和萨科特，有时还会在外面披上斗篷，这便是当时的一整套常

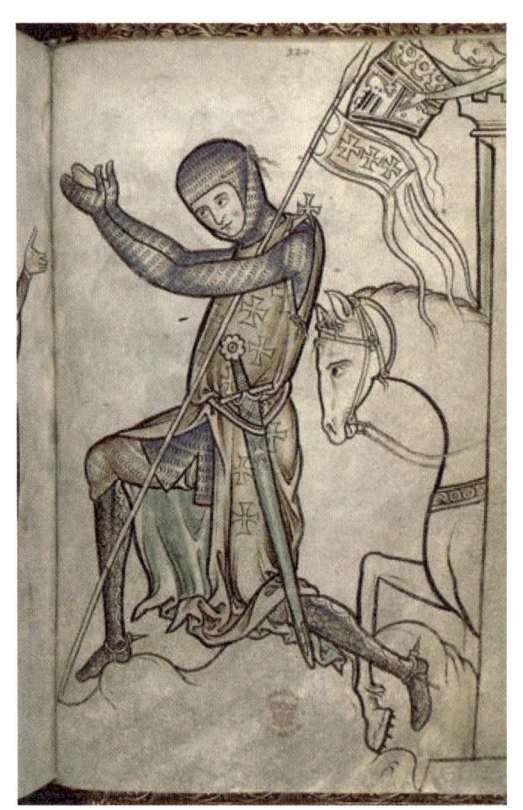

图10.6　《效忠的骑士》（1250年　大英皇家图书馆藏）

士兵在锁子甲外罩上萨科特。

规服装（full sets of clothing）。[22]女性的萨科特后来演变成一种布料奢华的无袖外衣，它不仅无袖，袖笼还极深，从侧面可以看到里面的身形（图10.7），是中世纪极具特色的一款女装。

大约在公元1360年，年轻的男性开始穿起了短萨科特。与此同时，由于板甲的出现，此前穿在里面用于减小摩擦的长袍丘尼克变成了贴身的加垫紧身上衣[23]——"普尔波万"（purepoint）。它由多层布缝纳在一起，能起到更好的缓冲作用。为了能够更加合体，这种紧身短衣被裁成四片：左右肩膀处各一片，前后身各一片。衣服的正面和袖子的边缘各缝一排小木制包扣（图10.8）。由于普尔波万的结构便于行动，平民也开始穿着这种衣服。于是，上身着普尔波万、下身着紧身长袜（hose）的男性装束在这一时期开始流行，男人的双腿线条一览无余。男性的着装从此进入二部式阶段。

在公元14世纪，纽扣已经被广泛使用于服装上，它们原本只是起到装饰的效果，后来才逐渐具备实用功能。[24]

在男装彻底进入二部式之前，曾经出现过一种名为"吾普朗多"（houppelande à mi-jambe）的宽大外袍，它长至膝盖或小腿处，常被用来罩于普尔波万的外面。吾普朗多的领子多为高立领，袖子呈大喇叭形，袖山处的褶皱使得肩部看上去非常宽阔；它的袖口宽大，夸张时可拖至地面；袖边常呈巨大

图10.7 巴伐利亚的伊莎贝拉王后（约1388年 普瓦捷司法宫藏）

图10.8 布列塔尼公爵夏尔德（Charles de Blois）的普尔波万（1364年 法国里昂纺织博物馆藏）

图 10.9 《四月》（林堡弟兄作 1412—1416 年 孔蒂博物馆藏）

此作品是林堡弟兄为贝里公爵画的时祷书中的一幅，画中展示了中世纪晚期贵族阶级的服饰时尚，其中左边男士所穿为吾普朗多。

图 10.10 《在菲利浦大帝的宫廷里猎鹰狩猎》（15世纪 凡尔赛宫博物馆藏）

的花瓣形（图10.9）。吾普朗多存在的时间并不长但极为华美，它在进入15世纪中期以后便不再流行，取而代之的是一种短款的吾普朗多——海恩塞林（haincelin）。

15世纪中期以后，男装的造型以上宽下窄的倒三角为主，它与女装稳定的正三角形造型形成了鲜明的对照（图10.10）。

随着男装二部式对传统一体式筒形服装的取代，男女服装在造型上的性别区分开始明确下来。西方服装由宽衣文化逐渐过渡为窄衣文化，并且在构成形式和构成观念上自此与东方分道扬镳。[25]

（六）宗教与东方色彩

拜占庭帝国（即东罗马帝国）[26]服饰具有浓郁的宗教与东方色彩。其都城君士坦丁堡（Constantinople）地处亚欧大陆的交会处，既是东西方贸易的重要节点，也是黑海通往地中海的咽喉。在查士丁尼王朝时期（518—610年），拜占庭帝国的工商业经济繁荣，国土面积曾涵盖北非、意大利和西班牙的众多土地，[27]帝国文化影响了整个欧洲。然而，由于继任领导者的无能、政府的腐败以及自然灾害的频发，公元6世纪末，拜占庭帝国国力开始下降，势力逐渐衰弱。到公元9世纪中叶，其统治面积已仅剩希腊半岛和包括现代土耳其在内的部分地区，拜占庭与罗马也逐渐失去了联系，中东文化对它的影响变得越发突出。因此，在整个拜占庭帝国由盛转衰的过程中，跨文化的相互影响得到了充分体现，古罗马文化、古近东文化和基督教文化在这里相汇，服饰上也形成了独特的多元融合局面。

在拜占庭帝国时期，服饰的基本形制仍然是罗马帝国时期圆筒形的长袍和缠裹披挂式外衣。但是，受宗教禁欲主义的影响，服装具有极为强烈的严肃性。人们必须用及地长袍将自己包裹严实，无论男女，身形都被笼统地遮盖在服装的下面。服装的尺寸和形状也被千篇一律地格式化，其目的是只展现男女的共性而非个性。[28] 自此，服装逐渐失去了古希腊时期那种自然贴合于身体的灵动美，造型变得呆板起来。

拜占庭时期最为主要的服装是达尔玛提卡和帕鲁达门托姆。由于服装样式相对单一，其表现重点主要集中在面料的质地、色彩和装饰纹样的变化上。纺织品中大量运用了彩绘、刺绣和编织工艺，其内容涵盖花卉、动物、人以及福音书中的故事。[29] 在位于意大利城市拉韦纳（Ravenna）的圣维塔莱教堂（S.Vitale）内，有两幅著名的壁画《查士丁尼皇帝及其侍从》和《皇后狄奥多拉及其侍从》（图10.11、图10.12）[30]，它们是记录拜占庭帝国巅峰时期服饰大融合的珍贵资料。壁画采用的是拜占庭时期最具代表性的马赛克镶嵌工艺，壁画中的查士丁尼皇帝看上去如同一名修道士[31]，他身披紫色的方形大斗篷——帕鲁达门托姆，身体被遮盖得严严实实，胸前缝有一块四边形的装饰布，这种特有的装饰物叫塔布里昂（Tablion），上面常绣有金色纹样[32]；在衣服的侧面开衩处以及底边处，也装饰着刺绣的动、植物纹样。为了显示尊贵，他的右肩上用耀眼的宝石别针（brooches）别住帕鲁达门托姆，以此标示阶层等级。11世纪以后，贵族和皇室不再穿这种帕鲁达门托姆，而是以系于前胸中间的半圆形斗篷取而代之。

图10.11 《查士丁尼皇帝及其侍从》（公元6世纪 意大利圣维塔莱教堂）

图10.12 《皇后狄奥多拉及其侍从》（公元6世纪 意大利圣维塔莱教堂）

相比之下，壁画中狄奥多拉皇后的装扮具有更为浓郁的东方色彩。她头上的王冠（stephanos）比国王的更加华丽，上面镶嵌着各种珍贵的彩色宝石，两侧悬挂着长长的珍珠吊坠，头饰上珠宝的装饰方式具有鲜明的西亚风格。她的肩膀上披着肩饰，上面也用金线缝满了各色宝石和珍珠；身上的长袍由从遥远的中国运来的昂贵丝绸制成，边缘绣有金色的纹饰，纹饰展现的是《圣经》中东方三博士前来朝拜耶稣的场景。在中世纪，宗教是唯一可以颂扬和宣传的主题。在拜占庭服饰中，这种主题与形式的完美结合正是西方宗教思想与东方装饰工艺相互交融的生动体现。

二、文艺复兴时期服饰文化

文艺复兴（Renaissance）运动是一场诞生于意大利，发生在14世纪至16世纪欧洲的资产阶级文化运动，它是中世纪封建社会向近代资本主义社会转变时期一场伟大的反封建、反教会神权的思想解放运动，[33]是人类近代史的起点。"文艺复兴"指的是精神生活的重生，是希腊、罗马古典文化的再生。

14世纪中期，黑死病的肆虐夺走了欧洲三分之一到一半的人口，[34]给这片土地带来了近乎毁灭性的打击。人口大量死亡所导致的劳动力严重不足，让欧洲社会的政治秩序陷入了动荡和混乱之中；然而，对于那些幸存者而言，这场灾难却为他们打开了一扇充满机遇世界的大门。[35]劳动者的地位获得提升，贵族和教会的权威被逐渐削弱，农奴制面临崩溃。一些农民摆脱了土地的束缚，参与到手工业和商业的发展之中，产生了由富裕的手工业者和商人构成的城市中产阶级。[36]虽然这群人中的绝大多数都是基督教徒，但是通过劳动获取的财富让他们对生活充满了渴望,他们的生活观念也随之逐渐走向世俗化,这一新兴的阶级群体很快便成了推动文艺复兴与商业文明发展的重要力量。与此同时,黑死病所带来的恐慌和萧条引发了人们对宗教神学的深刻怀疑,这为新观念和理性思维的产生提供了土壤。几乎在同一时期,东罗马帝国的学者为了躲避奥斯曼土耳其人的炮火,陆续带回了大批古希腊和古罗马的文化典籍,它们为当时西欧的知识分子提供了重要的精神引导。人文主义精神这一文艺复兴的思想核心开始悄然萌芽,享乐主义、个人主义也随之兴起。在经历了漫长的中世纪以后,"人"又回到了世界的中心位置,并且是作为有生理概念的人,而不是曾经认为的不朽灵魂的躯壳。[37]

(一)多片缝合式服装

文艺复兴带来了人性的复苏,也带来了对个体价值和尊严的再次肯定。人们开始重新审视身体的形态,认为"人的理想典型是性感的人",倡导"彻底纯粹的健康"。[38]女性开始追求宽胯、肥臀,男性则渴望拥有发达的肌肉、宽阔的肩膀、厚实的胸膛,以展示个人旺盛的精力,使自己看上去"兼具阿波罗和赫拉克勒斯的美"[39]。两性的差异被前所未有地关注起来,服装成了强化男、女性别特质的重要手段,人们潜藏在心底的服装创造力就此被彻底唤醒。

为了突出男、女两性不同的人体线条和生理特征,多片式服装应运而生。人们受中世纪晚期普尔波万的启发,根据人体的基本结构将服装分成若干部分进行裁剪,再以多片组合的方式将它们缝合或者用带子系在一起。男士的上衣由此发展出了一种合体的短上衣,称为达布里特(doublet)。这种上衣长度仅及腰部,底边处装有带子,以便与连裤袜(hose)相连。[40]在文艺复兴的发源地意大利,女性的长裙由过去的通体裁剪变为在腰部断开、上下分开裁剪(图10.13)。如此一来,下身的裙子能够更加

图10.13 《少女画像》(1450年 柏林博德博物馆藏)

图 10.14 《少女画像》(1569 年 伦敦泰特不列颠美术馆藏)

膨大,上身则可以更加紧身。袖子经常被设计成可拆卸的款式,在肩膀处用带子与衣服的前、后片系在一起;在带子的缝隙间,会隐隐露出里面的白色细亚麻内衣。后来,随着裁剪技术的提高,袖子与肩部能够直接相缝合,为了掩饰接缝,袖山处常被加上月牙形装饰物(wings)或者饰布(tabs)(图10.14)。与之相应地,在上衣的下摆处也常有一排宽饰布,用来掩盖上衣与女裙或男裤的连接处。总之,在这种多片缝合式的服装中,无论是出于掩饰或是装饰目的,人体的关节和连接点都被醒目地勾勒了出来。

缝合式服装虽然在一定程度上束缚了衣服之下的身体,但是它所呈现出的裁剪技术革新,为人类打开了广阔的想象空间,并且在自此以后的一千多年里,让男女服装能够拥有如此这般的千变万化。

(二)紧身胸衣(corset)与裙撑法勤盖尔(farthingale)

自从服装由宽衣走向窄衣以后,女性也逐渐从中世纪对美避而不谈的宗教禁欲阴影中摆脱出来。内衣被赋予了新的功能,它们不仅被用来遮蔽身体,同时还需要负责支撑起外衣逐渐夸张的尺寸和结构,并且分担上层社会对奢侈服装展示的需求,显示穿着者之间的阶层差异。[41]这些内衣功能在男装上的体现是切口处露出的昂贵衬衣面料[42],而在女装上则是后来对欧洲女性影响深远的紧身胸衣和裙撑。

紧身胸衣的历史可以追溯到古代文明时期。在古希腊和古罗马时期,妇女们便开始使用麻布、羊毛或皮革制作一种类似现代抹胸的束胸带,用于包裹胸部并进行支撑,以便在运动时获得更大的灵活度。这种束胸带被认为是现代文胸的早期雏形。在中世纪的大部分时间里,女性服装对身体并没有过多的束缚。直到14世纪中期,随着服装开始强调身形,老年女性以及一些对自己形体不够满意的女性开始使用质地厚实的布料制作内衣(cotte),并通过背后的细绳将其拉紧,

第十章
禁绝与超越——中世纪与文艺复兴时期服饰文化

以达到塑形的目的。[43]

进入15世纪，欧洲的人口数量逐渐恢复并开始增长。意大利的贸易和制造业发展迅猛，一些城市拥有了高度发达的织物工场。早在12世纪便已是精致布料制造中心的佛罗伦萨，凭借其优越的地理位置、繁荣的商业贸易和独立的城市共和国体制，在纺织品材料的进口上占尽优势，并在14世纪初建立了当时欧洲最大、水平最高的毛纺织业。[44]15世纪中期，意大利的面料无论在材质还是色彩图案上都已经极为丰富。然而，这些采用了大量金丝银线的锦缎、丝绸、天鹅绒比传统的羊毛织物更加硬挺和厚实，这使得人们在穿着时需要对身体施加更大的压力才能获得理想的塑形效果。于是，最早的软质紧身胸衣（busc）便在意大利诞生，并且向北部流行开来。[45]我们今天所熟知的嵌有鲸须的紧身胸衣则出现于16世纪。

16世纪初，英国和法国开始流行上衣（bodice）与下裙（skirt）分开的女装。[46]上衣的剪裁变得更加细长和紧身，女性对于内衣塑形功能的需求也越来越迫切。最让人惊奇的是，一种本用于矫正脊柱的医疗器械出现在服装当中，即我们今天所称的"铁制紧身胸衣"（iron corsets）（图10.15）。法国国王亨利二世的王妃凯瑟琳·德·美第奇（Catherine de' Medici）的嫁妆就包含了这种铁制紧身胸衣。它由前后左右四片金属构成，以合页连接，穿上之后再用螺丝拧紧。鲸须在16世纪下半叶才开始被用于硬织物或皮革制成的紧身胸衣中，最初只是嵌在侧面和后面，[47]后来为了获得更好的支撑力，人们将一条条鲸须排列好插入整个胸衣，使其呈现出倒圆锥体的形状，穿着者穿上它以后必须始终保持僵硬、直立的姿态。英国女王伊丽莎白一世（Queen Elizabeth I）就是束腰的积极倡导者，她不仅穿着紧身胸衣而且亲自进行改造，她将胸衣的形状拉得又长又尖，形成了一种独特的款式。

宫廷女性对紧身胸衣的推崇，使它自然而然地成为民间效仿和追捧的对象。为了

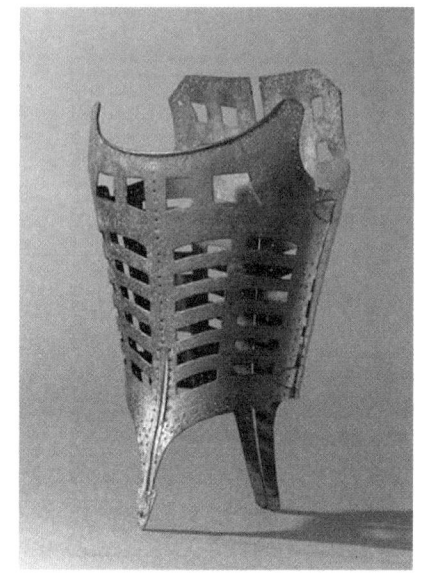

图10.15 铁制紧身胸衣（1590年 法国埃库昂城堡博物馆藏）

图 10.16 《施洗者圣约翰》
（1470年 巴塞罗那加泰罗尼亚国家艺术博物馆藏）

图10.17 《凯瑟琳·帕尔》
（1545年 伦敦国家肖像画廊藏）

让腰身显得更加纤细，少女们最迟在12—13岁身体尚未发育成熟之时就开始束腰，只有在晚上睡觉时才将紧身胸衣解下。同时，她们还使用了宽大的裙撑，期望通过紧身胸衣与蓬松裙子的组合，塑造更加性感的体态。

在15世纪末至16世纪，欧洲先后出现了两款著名的裙撑：西班牙法勤盖尔（Spanish farthingale）和法式法勤盖尔（French farthingale）。

西班牙法勤盖尔是一种环形裙撑，它由柳树枝、藤条或者鲸鱼骨制成的箍圈组成，被缝入亚麻布中的箍圈自上而下逐渐增大，使整个裙撑看上去如同一口倒扣的钟，因此，它也被称为"钟式裙撑"。在15世纪末以前，西班牙的服饰风格主要受意大利的影响。1492年，新大陆的发现让西班牙一跃成为欧洲强国，并逐步取代意大利成为欧洲的时尚中心，西班牙法勤盖尔也随之流行开来。佩德罗·加西亚·德·贝纳巴雷（Pedro García de Benabare）的祭坛装饰浮雕《施洗者圣约翰》（St.John the Baptist）中就呈现了早期西班牙法勤盖尔的样式（图10.16），只是当时的箍圈还缝制在外裙上。16世纪以后，这样的结构已不再显露于外裙表面（图10.17）。

16世纪中期，一种新的裙撑——法式法勤盖尔出现，并很快成为宫廷时尚的主流样式。法式法勤盖尔的造型如同一个平放在腰部的车轮，因此它又被称作"轮式裙撑"。在这个"车轮"后面的下方还系着一个又大又厚的臀垫（bum roll），让裙子略微朝前倾斜[48]，使女性的上身看上去更加修长，臀部也较之前显得更加浑圆。衬裙罩在这种裙撑上呈筒状，拥有独特的垂直侧面（图 10.18）。法式法勤盖尔最初流行于法国宫廷，随后传入英国，并被女王伊丽莎白一世发扬光大。伊丽莎白女王非常擅于利用服饰来塑造自己的形象。她将法式法勤盖尔的尺寸加大，与她的细长圆锥形紧身胸衣形成强烈对比，不仅衬托出她引以为傲的细腰，更彰显了她作为一名女性统治者的权威、气势和不凡的领导力。

（三）盔甲式的男装

15世纪中后期，服装的廓形从哥特时期的强调垂直方向转而突出水平方向。[49]为了让男士显得身形魁梧，达布里特的袖根处被加入了极宽的衬垫。在最夸张的时期，上衣两肩之间的宽度甚至超过了衣服的长度。有时，男士们会在达布里特的外面再穿一件无袖的合体上衣——茄肯（jekin），或者披上斗篷，这使整个肩头看起来更加宽阔（图 10.19）。服装的造型似乎在寻求与顶部平缓的新式拱形建筑风格的呼应。[50]

进入16世纪中期以后，服装上的横向趋势逐渐减弱，但男装对肩部和胸部的强调并没有改变。为了获得理想的身形，西班牙男性在衣服的胸腹部处铺满棉花、马毛或麸皮等垫料，以求获得"盔甲式服装"[51]的效果。穿上这种衣服的男性如同穿着一副"胸甲"，看上去僵硬而傲慢。不过，有趣的是，有时衣服会意外裂开，导致里面的麸皮洒落一地。随着西班牙成为欧洲的中心，各国的男士也纷

图 10.18 《伊丽莎白女王》（1592年 伦敦国家肖像画廊藏）

图 10.19 《亨利八世》（晚于1537年 利物浦沃克艺术画廊藏）

纷追随这一潮流（图10.20）。直至1625年以后，衣服中的填充物才开始逐渐减少。

与这种僵硬的上衣形成鲜明对比的是男性外形松垮的马裤。由于男装的上衣被缩短，马裤（breeches）的造型变得丰富起来，其中最具代表性的就是"圆形马裤"。这种裤子的两条裤腿被填充得圆鼓鼓的，外面饰以一条条价格昂贵的呢绒面料，衬里在布条之间的缝隙中若隐若现。由于这种裤子形状酷似南瓜，因此也被形象地称为"南瓜裤"（图10.21）。

图10.20 《莱切斯特伯爵罗伯特·达德利》（1560年 伦敦华莱士收藏馆藏）

图10.21 《穿粉红色衣服的男人》（1560年 莫罗尼宫博物馆基金会藏）

（四）炫耀的小部件

文艺复兴时期是人的思想得到解放的时期，也是一个极度混乱的时代，动乱、争论产生的活力、道德约束的缺失以及各种抑制的松绑激发了人们的创造性。[52] 同时，财富也为没有节制的奢华提供了温床。在这一时期，除了衍生出紧身胸衣、裙撑这些延续了几个世纪的服装元素之外，还出现了一些独有的、炫耀财富与性别特征的小部件，它们后来成为文艺复兴时期服饰的代表，其夸张程度让之后的任何一个时代都难以企及。

第十章
禁绝与超越——中世纪与文艺复兴时期服饰文化

切口（slashing）和拉夫领（ruff）都是文艺复兴时期最具标志性的服装装饰元素，它们的出现将该时期人们生活的奢华和挥霍展现得淋漓尽致。

切口主要流行于15世纪80年代至17世纪50年代，是服装的一种装饰手段，指的是服装上被对称剪开的一行行小口子。人们从切口处将里面的内衬轻轻拉出，不同质地和颜色的面料形成对比，呈现一种新奇的装饰效果。如果露出的内衬是来自埃及的高品质亚麻布，那更是对穿着者财富的高调炫耀（图10.22）。关于切口出现的原因有多种记载，其中最主流的

图10.22 《萨克森亨利四世和梅克伦堡凯瑟琳肖像》（1514年 德累斯顿历代大师画廊藏）

说法与战争相关。公元1476年，作为德国雇佣军的瑞士士兵，在击败英国的勃艮第公爵之后缴获了大批丝绸以及其他一些昂贵的面料。士兵们将这些战利品剪成布条，用来缝补自己破烂不堪的军服。[53] 令人意想不到的是，不同的色彩与材质所产生的对比效果竟然成了人们争相效仿的对象，甚至被传入法国宫廷，并且随着路易十二和英王亨利七世的妹妹玛丽的联姻传入英国，最终风靡整个欧洲。在切口流行的极盛时期，连人们的帽子和鞋子上也都布满了这种装饰。

拉夫领（图10.23）是文艺复兴时期另一个著名的服饰元素。这种独特的领部装饰和巨大的法式法勤盖尔一样，都来自在时尚上拥有惊人想象力的法国。拉夫领最初从衬衫领口抽绳的小褶边衍生而来，到了16世纪中期，它逐渐演变为一种独立于衣服之外、可单独拆卸的装饰性配饰。最初的拉夫领只是细小的一圈，随着时间的推移，尤其在糨糊被应用于服装制作中以后，拉夫领最终发展成了轮状皱

图10.23 《第一代蒙茅斯伯爵和他的家人》（1617年 伦敦国家肖像画廊藏）
画中展示了文艺复兴时期流行的各种不同的拉夫领。

领（cartwheel ruff），在其外形最为宽大的时候，甚至需要在领子的底部用铁圈进行支撑并上浆，才能保持形状。为此，人们必须在靠近脖子的内圈缝制一圈可以拆卸的布料，以便于单独换洗。不过，身体的热量和气候的冷暖还是会使拉夫领松弛变形并很快被丢弃。制作拉夫领的材料最初多使用亚麻布或荷兰麻纱，偶尔以蕾丝镶边，后来逐渐发展成完全由蕾丝制成，这使得原本已经价格不菲的拉夫领变得更加昂贵。

围上拉夫领的贵族们必须昂首挺胸直视前方，尽管不能低头也不方便转动，但是却可以让他们保持着一种高高在上的尊贵以及与他人之间的距离感，帮助他们维持其作为特权阶层的神秘地位，因此他们对于这些服装上的小部件乐此不疲。

为了展示男性的性别魅力，在男性的马裤两腿间的兜裆处有一个科多佩斯（cod piece），它最初是由于裁剪技术的限制，用来连接两条裤腿之间的一块三角形遮挡布。[54]在文艺复兴时期，它也被加入了垫料，并成为炫耀男性第一性别特征的部件，男士们甚至会用它来存放钱财和一些珍贵的东西。在亨利八世的画像中，便可以看到这种特大号的科多佩斯。突出的科多佩斯和修长的双腿是文艺复兴时期男装对性别特征最直率、最彻底的展示。

※ 本章小结

在中世纪早期，由于跨文化的相互影响，产生了独特的服饰大融合现象。14世纪中期，政治冲突和战争推进了盔甲的演变，男装二部式取代了传统的一体式服装，男女服装之间的差异日趋明显，时尚开始出现。[55]男女装都逐渐从简单、宽松的宽衣样式转变为紧身、合体的窄衣样式。进入文艺复兴时期以后，服装的裁剪技术进一步提高，面料和装饰更加丰富，色彩也更加鲜艳。新兴的富裕中产阶级希望通过服装来展示自己的地位和财富，而处在阶级结构顶层的人们则拼命维护着他们特殊的时尚地位。在模仿与区隔之间，服饰风潮不断变换，形成了一直延续至今的时尚形态。

☼ 思考题

1. 为什么在中世纪服装会出现由宽衣文化向窄衣文化的过渡？请谈谈你的理解。
2. 请阐述"民族大迁徙"和"十字军东征"对欧洲服饰的重要影响。
3. 如何理解文艺复兴时期出现紧身胸衣这一服饰现象？你认为它是对人性的解放还是禁锢？它代表了怎样的性别观念？

【注释】

[1] 王觉非.欧洲历史大辞典[M].上海:上海辞书出版社,2007:217.

[2] 乔丹.中世纪盛期的欧洲[M].傅翀,吴昕欣,译.北京:中信出版集团,2019:3.

[3] 出自《圣经·旧约》中《申命记》第22章5节:妇女不可穿戴男子所穿戴的,男子也不可穿妇女的衣服,因为这些都是耶和华——你神所憎恶的。

[4] 李当岐.西洋服装史[M].北京:高等教育出版社,2005:129.

[5] 麦克尼尔.西方文明史手册[M].盛舒蕾,宣栋彪,董子云,译.杭州:浙江大学出版社,2016:201.

[6] LAVER J. Costume and fashion: a concise history[M]. New York: Thames and Hudson, 1986: 51.

[7] BOUCHER F. 2000 Years of fashion: the history of costume and personal adornment[M].New York: Harry N. Abrams, 1987: 157.

[8] BOUCHER F. 2000 Years of fashion: the history of costume and personal adornment[M].New York: Harry N. Abrams, 1987: 143.

[9] LAVER J. Costume and fashion: a concise history[M]. New York: Thames and Hudson, 1986: 51.

[10] BOUCHER F. 2000 Years of fashion: the history of costume and personal adornment[M].New York: Harry N. Abrams, 1987: 157.

[11] CUMMING V, CUNNINGTON C W, CUNNINGTON P E. The dictionary of fashion history[M].New York: Berg Publishers, 2010: 199, 211.

[12] 乔丹.中世纪盛期的欧洲[M].傅翀,吴昕欣,译.北京:中信出版集团,2019:162.

[13] 麦克尼尔.西方文明史手册[M].盛舒蕾,宣栋彪,董子云,译.杭州:浙江大学出版社,2016:308.

[14] Fashion: the definitive history of costume and style[M].New York: DK Publishing, 2012: 52.

［15］CUNNINGTON C W，CUNNINGTON P. The history of underclothes［M］. New York：Dover Publications，1992：23，169.

［16］李当岐.西洋服装史［M］.北京：高等教育出版社，2005：148.

［17］省道之"省"读音为 sǎng，是颡道（sǎng dào）的简写。

［18］李当岐.西洋服装史［M］.北京：高等教育出版社，2005：148.

［19］BOUCHER F. 2000 Years of fashion：the history of costume and personal adornment［M］.New York：Harry N. Abrams，1987：200.

［20］LAVER J. Costume and fashion：a concise history［M］. New York：Thames and Hudson，1986：72.

［21］英语称 cote，即 under tunic，穿在里面的丘尼克。surcote，即罩在外面的丘尼克。

［22］HELLER S. Fashion in medieval France［M］. New York：D. S. Brewer，2007：65.

［23］HELLER S. Fashion in medieval France［M］. New York：D. S. Brewer，2007：48.

［24］巴拉利.图解欧洲艺术史：14世纪［M］.伍姝瑾，译.北京：北京联合出版公司，2016：75.

［25］李当岐.西洋服装史［M］.北京：高等教育出版社，2005：148.

［26］君士坦丁堡原名"拜占庭"，因公元330年君士坦丁大帝在此定都而改名。为了区别于罗马古典文明，后来的历史学家更愿意称东罗马帝国为"拜占庭文明"和"拜占庭帝国"。麦克尼尔.西方文明史手册［M］.盛舒蕾，宣栋彪，董子云，译.杭州：浙江大学出版社，2016：194.

［27］布朗沃思.拜占庭帝国：拯救西方文明的东罗马千年史［M］.吴斯雅，译.北京：中信出版集团，2016：134.

［28］霍兰德.性别与服饰：现代服装的演变［M］.魏如明，等译.北京：东方出版社，2000：41.

［29］HELLER S. A cultural history of dress and fashion in the medieval age［M］. New York：Bloomsbury Publishing，2017：21.

［30］张敢，李云.外国美术简史［M］.上海：上海人民美术出版社，2020：121-122.

［31］查士丁尼皇帝本人是一位独自统治帝国的信奉基督教的皇帝。布朗沃思.拜

占庭帝国：拯救西方文明的东罗马千年史［M］.吴斯雅，译.北京：中信出版集团，2016：83.

[32] 李当岐.西洋服装史［M］.北京：高等教育出版社，2005：135.

[33] 中国大百科全书.文艺复兴［EB/OL］.（2022-07-10）［2025-03-21］.https：//www.zgbk.com/ecph/words?SiteID=1&ID=27476&Type=bkzyb&SubID=51448.

[34] 梅里曼.欧洲现代史：从文艺复兴到现在［M］.焦阳，等译.上海：上海人民出版社，2015：12.

[35] 莫蒂默.欧罗巴一千年：打破边界的历史［M］.李荣庆，等译.上海：上海人民出版社，2019：107.

[36] 王觉非.欧洲历史大辞典［M］.上海：上海辞书出版社，2007：227-228.

[37] 傅克斯.欧洲风化史：文艺复兴时代［M］.移然，编译.西安：陕西人民出版社，2013：67.

[38] 傅克斯.欧洲风化史：文艺复兴时代［M］.移然，编译.西安：陕西人民出版社，2013：68.

[39] 傅克斯.欧洲风化史：文艺复兴时代［M］.移然，编译.西安：陕西人民出版社，2013：76.

[40] RIDLEY J. The Tudor Age［M］. New York：The Overlook Press，1996：163.

[41] CUNNINGTON C W，CUNNINGTON P. The history of underclothes［M］. New York：Dover Publications，1992：25，169.

[42] 见本章后面"炫耀的小部件"一节。

[43] WAUGH N. Corsets and crinolines［M］.New York：Theater Arts Books，2004：17.

[44] 刘明翰.欧洲文艺复兴史：艺术卷［M］.北京：人民出版社，2008：17.

[45] WAUGH N. Corsets and crinolines［M］.New York：Theater Arts Books，2004：17.

[46] WAUGH N. Corsets and crinolines［M］.New York：Theater Arts Books，2004：17.

[47] WAUGH N. Corsets and crinolines［M］.New York：Theater Arts Books，2004：19.

[48] CUNNINGTON C W，CUNNINGTON P. The history of underclothes［M］. New York：Dover Publications，1992：115.

[49] WAUGH N. Corsets and crinolines［M］.New York：Theater Arts Books，2004：17.
[50] LAVER J. Costume and fashion：a concise history［M］. New York：Thames and Hudson，1986：74.
[51] 霍兰德.性别与服饰：现代服装的演变［M］.魏如明，等译.北京：东方出版社，2000：56-57.
[52] 曼彻斯特.黎明破晓的世界：中世纪思潮与文艺复兴［M］.北京：化学工业出版社，2017：102.
[53] LAVER J. Costume and fashion：a concise history［M］. New York：Thames and Hudson，1986：76.
[54] RIDLEY J. The Tudor Age［M］. New York：The Overlook Press，1996：163.
[55] Paul Post认为时尚产生于大约1350年，其他采用这一说法的学者包括有：Boucher、Von Boehn、Flugel、Laver、Brenninkmeyer、Lipovestky及其他历史学家，这是目前一种主流的看法。历史学家如：Jennifer Harris、Gilles Lipovetsky、David Abulafia等则认为应该以时尚体系产生的动机和源头确定其产生的时间，例如城市的扩张，农业的发展等，因此时尚产生的时间应该至少提前至13世纪，甚至11世纪。HELLER S. Fashion in medieval France［M］. New York：D. S. Brewer，2007：49.本文中采用的是前一看法。

第十一章

奢靡之巅峰
——巴洛克与洛可可服饰文化

一、巴洛克服饰文化

"巴洛克（Baroque）"是17世纪至18世纪早期（约1600—1750年）在欧洲盛行的一种艺术风格。它发源于意大利，以其热情奔放、动感强烈、装饰华丽而自成一体。[1]"巴洛克"本义为"不规则的、扭曲的、奇形怪状的"，最初是一个贬义词。19世纪下半叶，瑞士著名美术史家海因里希·沃尔夫林（Heinrich Wolfflin）提出"巴洛克既不是古典艺术的复活，也不是古典艺术的衰落，巴洛克是一种完全不同的艺术"，"巴洛克"一词的负面含义才得以纠正。[2]画家鲁本斯、委拉斯开兹、伦勃朗等都是巴洛克时期的代表人物。

在巴洛克时期的欧洲，君王掌握着国家的最高权力，拥有至高无上的权威。在这一社会政治背景下，服饰深受巴洛克艺术的影响，形成了以男性群体为中心的服饰文化。

（一）早期的荷兰风

巴洛克时期的服装经历了一个由简入繁的演变过程。17世纪初，原属西班牙统治的佛兰德斯爆发独立战争，并在北方建立了第一个资产阶级掌权的共和国——荷兰。独立后的荷兰执行宽容的宗教和解政策，凭借其发达的工商业和繁盛的对外贸易，迅速成为17世纪前半叶欧洲的经济和商业强国，并且取代西班牙掌握了欧洲服饰潮流的主导权。[3]

荷兰的商业城市居民大都归附新教，他们勤勉、节俭，不太喜欢南部的浮华作风[4]，也没有真正地接受过支配着欧洲天主教诸国的纯粹的巴洛克艺术[5]。典型的荷兰风服装轮廓简洁、色调温和、风格硬朗。

16世纪服装中那些夸张的填充物和小装饰元素被逐渐摒弃，服装的各部分被流畅地连接在一起。男装上衣达布里特的腰线随着人体的自然线条向前倾斜，在中间形成一个向下的尖角，下摆处被拉长盖住了臀部；一种新的领型"拉巴"（Rabat）取代了文艺复兴时期流行的轮状皱领，它是一种宽大平整的大披领，可以像项圈一样被取下，与衣服分离。由于这种领子经常出现在画家安东尼·凡·戴克（Anthony Van Dyck）的画作中，故也被称为"凡·戴克领"[6]（图11.1）。初期的拉巴领由亚麻线钩织而成，后来改用轻薄的蕾丝制作。南瓜裤和紧身袜在这时已不再流行，取而代之的是一种长及膝盖以下的宽松筒形长裤，它在臀部和大腿处的裁剪十分宽松，至膝盖处逐渐收紧。

荷兰风时期女装的腰线被提至胸部下方，紧身胸衣呈尖锥形，造型简洁干净。外衣领口较低,边缘处常饰有精美的蕾丝,袖子膨大。女装的裙体宽松自然,巨大的裙撑消失,代之以层层衬裙。由于这一时期正处于欧洲的小冰河期,女冬装的衬裙也常常会被加以里衬,因此,即使没有裙撑,女性的裙体依然显得十分庞大(图11.2)。

图11.1 《斯图亚特家族中的约翰勋爵和伯纳德勋爵》(约1638年 伦敦国家画廊藏)

图11.2 《拿扇子的女士》(1628年 华盛顿国家美术馆藏)

1. 骑士和清教徒的影响

荷兰风时期的男装在款式和色彩上深受骑士文化和清教徒的影响。

经过三十年宗教战争以后,男性的服装中仍然保留着部分骑士服饰特有的元素。其中,最典型的代表之一便是男士常穿的马靴,这种原本只有骑马时才穿的带有马刺的靴子,在1610年以后被男士们穿着频繁穿梭于城市街道和室内场所。[7] 有些靴子的靴口向上翻起,宽大的翻边常被饰以蕾丝,形似两只巨大的漏斗,因此也常被称为"漏斗靴"(funnel boots)。此外,许多男士在日常生活中也会斜挎肩带(sash),佩剑出行。

早期的荷兰服装以深色系为主。17世纪初,由于长期战乱,大批清教徒从英国逃往荷兰避难,他们信奉加尔文主义(Calvinism),与天主教对立,是一群极为虔诚、自律，追求圣洁生活的新教徒。清教徒的服装色彩单一，以黑色为主，服装上几乎没有任何装饰。受其影响，荷兰人的服饰也以黑色和其他深色调为主。

2. 三L时代

"荷兰风时代"也常被称为"三L时代"，即长发（long locks）、蕾丝（lace）、皮革（leather）三者流行的时代。[8]

"长发"主要指男性的头发长度趋向女性化，他们将前面的头发梳到后面露出额头，卷发垂至衣领；女性在巴洛克初期喜欢将头发全部拢在脑后，包上亚麻或蕾丝头巾，后来又流行将卷曲的头发垂在两侧，把后面的一部分头发拢在脑后并戴个小帽，也有的女性偏爱佩戴饰有羽毛的男式宽檐帽。

"蕾丝"是这一时期最为时髦的饰品。无论是男装还是女装，在领口、袖口、手绢和靴子等部位都装饰着各式各样的蕾丝花边，其中，以法兰德斯锁芯蕾丝的应用最为广泛。

"皮革"主要体现在男士的穿着上，他们身上又长又大的皮手套、皮靴以及宽阔的剑带均由皮革制成。当然，女性也佩戴皮手套。

1649年，英国国王查理一世被处决之后，以护国主身份掌管"英联邦"共和国的奥利弗·克伦威尔（Oliver Cromwell）就是一名清教徒，他在着装方面追随的便是荷兰的服饰风格。带有白色大披领的黑色衣服成为当时英国的主流服装，而他们的对立者，保皇党人则继续追随着法国宫廷的时尚。[9]

荷兰的时尚由资产阶级主导，宫廷未能得以参与其中，因此，在很长一段时间内，荷兰始终保持着简单内敛的服饰风格，它与后来路易十四统治下法国服饰的灿烂绚丽形成鲜明对照，二者在风格上大相径庭。

（二）路易十四（Louis XIV, 1638—1715年）与时尚之都巴黎

法国国王路易十四于1643年开始执政，在位时间长达72年，是法国封建社会鼎盛时期的君主，也是法国历史上在位时间最长的君主之一（图11.3）。在他的统治下，法国发展成为强大的封建专制国家。

在路易十四登基之初，欧洲的时尚之都并非巴黎，而是西班牙的马德里。法国的丝绸、挂毯、蕾丝等纺织品均依赖进口。面对此种状况，路易十四决心要将法国打造成贸易大国，让巴黎成为欧洲的时尚领军者。在财政大臣让-巴普蒂斯·科尔贝（Jean-Baptiste Colbert）的辅佐下，他大力开拓奢侈品贸易市场，吸引

豪华配饰和珠宝商到巴黎新建的皇家广场开设商店，鼓励开办蕾丝厂。同时，路易十四还规定，凡是为他打造国王形象时所需要的物品，都必须在法国生产或者由法国工人制造。[10]到17世纪末，里昂已经成为全欧洲最重要的丝绸、天鹅绒、锦缎等纺织品的产地，生产着最为高端的产品。[11]

路易十四在构建时尚贸易帝国的同时，巧妙地利用服饰把权力牢牢地掌控在自己手中。他统治下的法国，一切以国王为中心。1682年5月，路易十四命令贵族们全部随他搬入凡尔赛宫。他清楚地意识到，要让这些贵族臣服于自己，就必须让他们相互攀比，明争暗斗。他一方面鼓励他们过着极度奢华的生活，一方面放松服饰的禁

图11.3 《法国国王路易十四》（1701年 巴黎卢浮宫藏）

奢令。他让贵族们从早到晚在宫殿里参加宴会、舞会和狩猎活动，甚至会"高兴地检查着每个人的着装，他在欣赏着各式各样的材质以及各种奇思妙想时，满足之情溢于言表"[12]。为了能够讨得国王的欢心，王公贵族们在服饰上费尽心思，争奇斗艳，不惜重金置办各种衣物和假发，他们的生活日渐入不敷出。为了维持奢华的生活水平，贵族们只能更加攀附和依赖于国王，对他保持绝对的忠诚和恭维。路易十四通过服饰成功地建立了一套个人崇拜体系，并最终将凡尔赛宫打造成了法国时尚的中心，法国也因此迅速成为欧洲最大的奢侈品生产国，主导了整个欧洲的丝绸、锦缎和蕾丝的生产。

1675年，路易十四批准了法国女裁缝成立行会的请求，这奠定了"女人打扮女人，男人打扮男人"的格局。[13]这一变化加剧了男女服装的分化，女装逐渐形成了一种易变的、追求短时效应的风格。

在服装和纺织品的宣传方面，法国也走在其他国家的前列。早在1672年，法国就发行了第一本时尚杂志 *Mercure Gallant*。这种快速有效的宣传方式一直被延续至今，像时装杂志 *Vogue*、*Esquire* 等都是无数人生活中的着装指南。

在17世纪70年代的巴黎，衣服开始向时装转型并且成为一种工业。[14] 巴黎自此一跃成为时尚行业的发源地，欧洲的时尚之都。

（三）男士的裙裤（petticoat breeches）

从17世纪初开始，男士马裤中的填充物被去除，变得贴身起来。这种马裤长至膝盖，裤口用缎带或纽扣固定；膝盖以下的腿部则由长筒袜覆盖。这种男士下身的基本穿法在当时颇为流行，一直延续到18世纪末法国大革命爆发。

然而，在这期间的17世纪60年代，男士曾经短暂地流行过一种奇异的裙裤（图11.4）。这种裙裤看起来像短裙，裤腿又宽又大，材质上选用的多为极其华丽的锦缎等奢华面料，在裙裤的两侧和腰部饰有大量缎带、蝴蝶结、蕾丝。与之相配的外套被极度缩短，以至于腰部会露出里面的

图11.4　男装外套与裙裤（1665年　皇家苏格兰博物馆藏）

衬衫[15]；外套的肩膀和袖子处也相应地饰有数圈丝带。在这一时期，装饰一套这样的衣服常需要耗费几百码的丝带。[16] 这种裙裤堪称巴洛克时期男士服装装饰过剩的典型代表。

（四）男装套装（suit）的产生

公元1660年，英国在经历了短暂的共和国时期之后，国王查理二世（Charles Ⅱ）复辟，宫廷风格的服饰再度盛行。1666年，查理二世宣布要重新定义男性时尚，他的这一决定被视为"要摆脱法国式时尚而故意进行的尝试"[17]，他推出了一套由鸠斯特科尔（justaucorps）、韦斯特考特（waistcoat）[18]和马裤组成的正式服装。

鸠斯特科尔是一种齐膝紧身长外套，它取代了之前的达布里特，成为男士的主要外套。[19] 这种衣服的腰部以上延续了达布里特的合体款式，袖子上臂处合体，越往下越宽松，袖口有宽大的翻折克夫（cuff）。衣服从腰臀处开始往外呈喇叭形展开，这一部分被称为外套的下摆（skirt）。衣服的前中处密集装饰着一排细小的扣子，但通常不扣，或者偶尔在腹部扣上几粒（图11.5）。为了方便骑马和佩剑，这种外套的后中缝底摆处会有开衩，这便是现代男士西装上衣开衩的由来。从15世纪紧身的达布里特到后来19世纪男士各种款式的长外套，鸠斯特科

尔在这个漫长演变过程中扮演了重要的角色。

在鸠斯特科尔的里面，男士们通常会穿一件韦斯特考特，其剪裁方式与外衣完全相同，只是版型上略微收身，长度也与外套相当或者略短。韦斯特考特单独与衬衣搭配时仅作为室内服或者家庭服；如果外出或者参加正式的聚会，人们则必须在外面套上鸠斯特科尔。由于制作鸠斯特科尔的布料越来越奢华且费料，宫廷不得不颁布禁奢令，对其面料的使用进行严格管控。于是，人们便转而在韦斯特考特上开动脑筋，他们在衣服的前片和袖口那些显露出来的位置使用精美昂贵的面料，而在袖身和衣服背面等不易被看到的部分，使用的面料则要朴素和便宜很多（图11.6）。由于鸠斯特科尔和韦斯特考特都长及膝盖，因此裤子可见的部分并不多，简单、合体的紧身马裤再次取代了花哨的宽大裙裤，它与"鸠斯特科尔""韦斯特考特"一同登上历史舞台，组成了男士套装最早的三件套。

图11.5 《九世梅迪纳切利公爵》（1684年 马德里普拉多博物馆藏）

图11.6 韦斯特考特（1720年 波士顿美术馆藏）

（五）领结的前身——克拉瓦特（Cravat）

由于鸠斯特科尔上不再使用大披领，为了保持整体造型的平衡，颈饰变得尤为重要，一种名为"克拉瓦特"的领巾开始流行起来。

关于这种颈饰的起源，众说纷纭。但究其"Cravate"（克拉瓦特）与"Croats"（克罗地亚人）两个名称的相似度，较为可信的说法是它源自服役于法国军队的克罗地亚士兵的围脖。1670—1675年，在法国宫廷担任近卫兵的克罗地亚士兵喜欢在脖子上系一条亚麻布带，他们起初只是简单地打个结，垂在胸前。后来，这种装扮被法国军官效仿，将其传入路易十四的宫廷并在民间流行开来，系领巾的方法也随之变得多样化：有的人在下巴处打一个蝴蝶结，留下短短的两端；有的则只是松散地系一下，长长飘着的尾部上还带有流苏；[20] 还有的会在领巾的边缘装饰上蕾丝或者刺绣，并将长度增加到2米。克拉瓦特在17世纪后半叶已经成为男子装束中不可或缺的饰物，能否系好领巾成为当时评价一位男士高雅与否的重要标准。

在1692年，还曾经出现过一种系法独特的领巾——"斯坦科克"（steinkirk）。据说它的由来与一场战争有关。当时的法国军队正在比利时的斯坦科克（Steinkirk）作战，意外遭到敌军袭击的士兵们来不及系领巾，便随意拧了几下，将其塞进外套的扣眼里。[21] 这种看似随意的系法后来在贵族中流行起来，不过，在正式场合，他们会将领巾规整地塞进外衣的第6个扣眼。这一装扮同时也深受外出打猎的女贵族们的喜爱。

（六）夸张的男士假发（wig）与女士的人工痣（beauty patch）

自西罗马帝国灭亡后，假发几乎消失了将近一千年，直至进入文艺复兴时期，它才重新回到人们的视线中。1624年，法国国王路易十三因为年少脱发开始佩戴假发。不过，假发真正在贵族中广泛流行并且成为一种时尚，还要归功于路易十四。路易十四身材矮小，且也是早年便开始脱发，因此他对高耸的假发和高跟鞋情有独钟。大臣们为了迎合国王，纷纷效仿。17世纪90年代，假发的高度达到了顶峰。人们将假发从中间分开，在头顶形成双峰的形状，下端分别垂向左右两边与后中间，整体看上去雍容华贵（图11.7），这便是著名的双峰假发（double peaks full-bottomed wig）。为了与普通百姓有所区分，显示自己尊贵的社会地位，贵族们还会往头上喷洒香粉。双峰假发后来在欧洲各国宫廷盛行，直至18世纪10年代路易十四去世之后，它才逐渐失去了它的尊崇地位。17世纪的女性也佩戴假发，但是在尺寸上要比男性的小巧很多。

法国大革命之后，时尚之风陡转，假发的流行之风逐渐消散。从那以后，假发的使用仅限于某些正式场合，或者医生、法官、律师等特定职业形象。

第十一章
奢靡之巅峰——巴洛克与洛可可服饰文化

图11.7 《路易十四和他的家人》（1715—1720年 伦敦华勒斯典藏馆藏）
画作中显示了巴洛克晚期男装和女装的典型样式以及发型。

人工痣在17世纪也十分流行。虽然人们在古代就使用人工痣，但那时多是为了遮盖脸上的疤痕。17世纪以后，人们开始将这些小黑痣贴在脸颊、嘴角、眉梢甚至胸部，目的是将他人的视线吸引到他们认为性感的部位（图11.8）。人工痣的形状、大小各异，除了圆形、四角形、心形、星形和月亮形以外，还有小动物、小人形和马车等形状。[22] 这些人工痣通常由昂贵的丝绸或者天鹅绒制成，背面涂有胶水，使用的时候只需一点唾液就可以粘在皮肤上。

图11.8 《贴有人工痣的女子肖像》
局部（1650年 私人收藏）

（七）"巴黎臀"与芳坦鸠（Fontange）发饰

巴洛克时期的女装在大部分时间里都延续了短外套（bodice）、衬裙（petticoat）和长裙（gown）的基本组合。直到17世纪70年代，一种新的女士外套——曼托（mantua）开始流行，在当时的时尚版画中经常可以看到它。曼托是一种罩在外面的、上下相连的长袍[23]，其上身是一件没有嵌鲸须的合体上衣，与之相连的是一件后面有着长长拖裾（train）的裙子。女性在穿着时，会将裙子的

231

前面从中间分开,再将下摆往两边撩起,精心组织好褶皱之后将其固定在臀部,露出里面同样华丽的衬裙。为了支撑住臀部后面的褶皱,人们会在裙子的里面加上一种名为"克尤·德·巴黎(cul de paris)"的臀垫,[24]意为"马毛做的臀垫",这种造型也被称作"巴黎臀"(图11.9),至于为何会与巴黎扯上关系,其原因不得而知。不过,这种穿着方式确实将人们的注意力很自然地引向了女性的臀部。1830年以后,这种臀垫才有了后来广为人知的名称——"巴塞尔"(bustle)。[25]

大约在1680年,一种奇特的发饰——"芳坦鸠"(Fontange)开始在女性中流行。芳坦鸠是一种圆形或椭圆形的小布帽,女性在佩戴时用别针将它固定在脑后。帽子的顶部连接着一个高高的金属丝框架,上面层层排列着蕾丝、丝带、镂空绣和亚麻的花边[26](图11.10)。这种发饰的最初发明者是路易十四的情妇芳坦鸠侯爵夫人(Madame Fontange)。据说,她在一次与路易十四外出打猎的时候,取下帽子之后,用丝带将长长的头发卷至头顶扎起,这一随意的发型立刻获得了路易十四的喜爱,并且被宫廷的贵族女性们效仿,很快就在整个欧洲迅速流行开来。[27]后来,女性开始将小假卷发堆在头上,再把亚麻布和蕾丝做成的波浪状扇形装饰物竖在头上,用金属框架进行支撑,以呼应同时期男性日渐高耸的发型。芳坦鸠在巅峰时期高度可达脸部长度的1.5倍,以至于到最后都难以稳定地固定在头上,经常会向一侧倾斜。18世纪初,这种头饰逐渐退出时尚舞台。

图11.9 《穿曼托和臀垫的女士》(1682—1686年 洛杉矶郡艺术博物馆藏)

图11.10 《玛丽女王》(1690年 美国国家美术馆藏)

二、洛可可服饰文化

"洛可可"（Rococo）一词来源于法语"Rocaille"，发端于路易十四时代晚期，流行于路易十五（Louis XV，1710—1774年）时代。它最早出现在装饰艺术和室内设计中，其风格纤巧、精美、浮华，又称"路易十五式"。[28]

公元1715年，国王路易十四去世，在其侄子奥尔良公爵菲利普二世担任了8年摄政王之后，路易十五于1723年正式执政。在路易十五继位以后，王室不再是时尚和舆论控制的绝对中心，沙龙（salon）成为当时的贵族与文人雅士聚会活动的重要场合，并且通常都由一位女主人（saloniere）主持，这一特点赋予了法国上流社会的女性从未有过的社会身份和话语权。沙龙中产生的女性崇拜、温文尔雅的礼仪和着装规范，经由参与其中的上层贵族和中产阶级人士向外传播，成为一个时代的风尚流行标。洛可可时尚风潮在这种沙龙文化中获得了极大的推动。

这一时期，欧洲的很多其他国家也相继进入了由女性直接或者间接统治的阶段，欧洲服饰从庄严豪华的巴洛克风格转向了轻盈纤巧的洛可可风格。[29]

（一）帕尼埃（panier）与罗布（robe）

进入洛可可时期的女装变得极为奢华，裙子面料的用量不断增加，体积也日益庞大。17世纪末18世纪初，原本在巴洛克时期已经消失的裙撑又重新出现在女装中。起初流行的是带有轮骨的吊钟状衬裙（hooped petticoat），后来出现了一种新式裙撑——"帕尼埃"。这种裙撑前后扁平、左右宽大，呈椭圆形，它可以将布料上那些精美的图案平整地展示出来。帕尼埃主要分为两种：一体式和分体式。在一体式帕尼埃（图11.11）的宽度达到极致的时候，贵妇们穿着它经过门洞时必须侧身而行，而且两位贵妇无法同坐在一张长椅上进行交谈。后来，随着时间的推移，这种巨大的帕尼埃逐渐淡出了日常生活，仅出现于宫廷中或者正式社交场

图11.11　一体式帕尼埃（1750—1780年　洛杉矶郡艺术博物馆藏）

合。[30] 分体式帕尼埃（paniers）由左右分开的两个小轮骨衬裙组成，中间用带子相连，系于腰部，看上去如同两个小翅膀（图11.12）。女性穿着它时，行动起来更为方便轻盈。

图 11.12 《穿一对小帕尼埃的老妇人》（1775年）

洛可可时期的女性在穿好裙撑之后，会先罩上一条华美的衬裙，然后再罩上外裙罗布（robe）。罗布的款式类似曼托，也是上下连身的长袍。

这一时期流行的罗布主要有三种：法式罗布（robe à la francaise）、波兰罗布（robe à la polonaise）以及晚期的英式罗布（robe à l'anglaise）。

法式罗布也称"布袋裙"（sack back dress），它流行于18世纪30年代至80年代，被认为是18世纪欧洲最为优雅的女装之一（图11.13）。它的前身是一种由曼托演变而来的飘逸式罗布（robe volante），这种罗布由4块未经裁剪的丝绸面料（两片正

图 11.13 法式罗布（1775年 美国大都会艺术博物馆藏）

面和两片背面)组合而成,前后片分别在肩部缝合,上身多余的面料被制成箱形褶裥,宽松地垂下。画家让-安托万·华托(Jean-Antoine Watteau)在很多他的绘画作品中都描绘了身着这种罗布的年轻女性。18世纪30年代,这种长袍前面的褶裥被改为合身的上衣(bodice),后面的箱形褶裥被保留,从肩部泻下如同一件披风。女性穿上它显得体态优雅,风姿翩翩。这种结构性更强的罗布深受法国宫廷贵妇的青睐,因此被称为"法式罗布"。[31] 法式罗布上的装饰极为精美繁复,除了镶嵌有华丽的花边、缎带和蝴蝶结之外,有的甚至还会缀以立体的人造花卉。法式罗布上通常搭配塔袖(pagoda sleeves),塔袖长至肘部下方,上臂处合体,袖口常饰以双层荷叶边。

图11.14　波兰罗布(1780年 美国大都会艺术博物馆藏)
面料均为手绘中国丝绸(Chinese silk)。

波兰罗布(图11.14)是一种自18世纪70年代开始流行的功能型外裙,其原型为普通城镇居民的服装。[32] 年轻时尚的贵族女性在这种平民阶层的劳作服上加以流苏和花边,将其演变成了时髦的宫廷服装。[33] 波兰罗布的上衣合体,裙子从前面的中间向两侧撩起,借助细绳、带子和纽扣,在后面分两处将裙摆向上提起,形成三个优美的膨起,同时露出里面同样奢华的衬裙。[34] 衬裙长及脚踝,刚好露出女性美丽小巧的高跟鞋。由于没有拖地裙摆的束缚,穿着波兰罗布的女贵族们行动起来更加方便,她们可以自如地在乡村散步,呼吸新鲜空气。因此,波兰罗布成了颇受上层社会女性欢迎的日常着装。

图11.15　英式罗布(1784—1787年 美国大都会艺术博物馆藏)

英式罗布(图11.15)作为波兰罗布的延续,大约开始流行于18世纪80年代。

其样式相对简洁，上身为合体的短上衣，背部腰线处呈V形，裙子仅腰部设有褶裥，长度及脚踝，后面常带有短拖裾。波兰罗布的里面通常不使用裙撑，只有一个简单的臀垫。

（二）女性的浮夸假发

在巴洛克时期，男性的假发高耸威武，女性则通常只是梳一个发髻，配以珍珠装饰。进入洛可可时期之后，男性假发的高度回归自然，最为常见的发型是将后面的头发扎起，装入一个黑色的袋子，并系上黑色缎带，这便是男士的"袋装假发"（bag wigs）。与此同时，女性假发的造型却发展到了近乎疯狂的程度。其中，最负盛名的当数出现于1774年初的"高发髻"。这款发髻由王后玛丽·安托瓦奈特（Marie Antoinette）的御用设计师罗丝·贝尔坦（Rose Bertin）携手美发师共同设计而成，它需要做在用线、布、纱、马鬃及假发做的支架上，佩戴者自己的头发则被高高地梳起在前额[35]，整体造型极为庞大。因此，当玛丽·安托瓦奈特首次顶着约半米高、饰有一大丛白色鸵鸟毛的假发，在万众瞩目的路易十六加冕典礼上亮相时，这种新奇的发型立刻成为焦点，并迅速传遍了整个法国。[36]贵妇们将各种奇思妙想的设计都搬上头顶，她们在假发上兴建微型花园、农场、亭台楼阁，装饰风车、磨盘、牛羊；展现士兵之间的打斗，甚至把情人为她们争风吃醋的场面也拿出来炫耀。[37]社会事件也成了假发设计的主题。1780年，法国人为了庆祝英法海战中的胜利，竟然在女性的头顶上安放了一艘完整的"美丽少女号"（Belle Poule）快速帆船模型（图11.16）。

图11.16 《庆祝胜利的发型》（1778年巴黎大皇宫藏）

这种高大笨重的假发给女性的生活带来了诸多的不便。由于难以清洗，它们成了寄生虫的滋生地，女性在感到瘙痒的时候，只能用挠子轻轻挠一挠；在入睡前，女性还需要将头发套入一个巨大的包裹中，靠在堆积如山的枕头上半站着睡觉。在这种高发髻上还常常装饰着各种鸵鸟和孔雀羽毛，其高度令人咋舌——有时候高达三英尺。[38]女人们在乘坐马车时，甚至无法坐下，只能跪在马车地板上；有时，为了进入舞会大厅，她们不得不先把假发拆下，穿过门廊之后再重新装回去。[39]为了保护这种发型，人们还发明了一种由丝绸和鱼骨支撑的可折叠遮阳篷（calash），用来罩住头发，以免外出时发型被吹乱。

（三）媚气的男士装扮

进入洛可可时期以后，人们眼中的美男子从巴洛克时期充满力量和阳刚之气的形象变为了稚嫩的美少年、懂得情趣的雅士。贵族男性甚至渴望拥有苍白的皮肤和手无缚鸡之力的颓废感，他们认为这样才能显示自己与普通劳动者的差异。他们扑粉，洒香水，搽胭脂，也不再时时佩剑。脂粉气成了男人的新特质，男性越来越热衷于拥有女人般柔美的外表。[40]

服装作为体现男性理想的载体也颇有几分媚气，呈现出一种娇嫩的女性化风格。男装的色彩流行柔和鲜嫩的色调，淡粉、果绿、明黄等娇艳的色彩都深受男性的青睐（图11.17）。男装的造型追求飘逸、轻盈；外套收腰，下摆宽大并带有褶皱，如同女性的裙摆一般呈波浪状（图11.18）。男性穿上这样的服装，走动起来似翩翩起舞，尽显妖娆妩媚。男性在饰品佩戴上也十分讲究，精致的怀表、戒指以及各种小玩意揣满了口袋，供他们随时把玩。

图11.17　色彩明艳的男装韦斯特考特（1730—1739年　维多利亚与阿尔伯特博物馆藏）

图11.18　《爱的宣言》（让·弗朗索瓦·德·特洛伊作　1724年　美国大都会艺术博物馆藏）

（四）晚期的阿比套装（habit à la Francaise）

18世纪下半叶，男装外套开始朝着更具实用性的方向发展。在法国大革命前夕的18世纪70年代，欧洲宫廷流行一种流线型男装外套（streamlined suit coat），名为"阿比"（habit）。[41]它的款式合体，前襟、后开衩以及袖口处均装饰着用金丝银线刺绣的极其精美的图案。阿比的袖口不再像鸠斯特科尔那样宽大，前襟向后斜裁，保留着一大排装饰扣子，穿着时依然不扣或者仅扣其中的二三粒。纽扣的材质、大小和造型变化多样，其中，由各种名贵宝石制成的纽扣最受欢迎。

在阿比套装中，韦斯特考特的袖子被去掉，长度也被缩短[42]，已经初步具备了今天西装马甲的基本样式。韦斯特考特的色彩通常为浅色或与外套同色，门襟处也绣着花卉图案，与外套相互映衬，相得益彰。[43]与之相配的衬衣袖口也通常装饰有华丽的蕾丝或飞边褶饰。

阿比套装是典型的18世纪末法式宫廷套装，它由阿比、马甲和马裤组成（图11.19），再搭配白色衬衣、领巾以及一双白色长袜，便构成了当时一位宫廷男士完整的装束。[44]

图11.19 《彼特·贝克福特》（1766年 丹麦国家美术馆藏）

（五）时尚皇后——玛丽·安托瓦奈特

法国的末代皇后玛丽·安托瓦奈特（图11.20）是路易十六时期洛可可时尚潮流的重要引领者。

玛丽·安托瓦奈特出生于奥地利王室。当时的法国为了防止本国资产阶级发动革命，也为了牵制英国的势力，选择与奥地利联姻。年仅14岁的玛丽公主被远嫁法国。然而，年幼的她在相当长的一段时间里，面对的都是怀疑她的法国宫廷贵族，她没有朋友，在政治与空间上同时被孤立[45]，于是玛丽便将生活的重心全部转移到纵情享乐上。她通过把她的服饰变为自由和声望的大胆表达，对抗由来已久的宫廷礼仪。[46]她热衷于举办各种豪华的沙龙，用化装舞会点燃奇装异服的风潮。在服装上，她做了很多在当时看来是离经叛道的选择，她从男士服装中寻求自我，对中性服装颇有兴趣；她让男式定制马甲、披风以及骑马服在上层社会女性中风行一时。[47]她甚至直接穿上马裤，像男士那样跨骑在马上，而不是侧鞍骑行，这引来了不少行事大胆的贵族女性的效仿，同时也为她招来了诸多非议。[48]玛丽王后每星期都会和她的御用发型师见面，商讨创造出几种新的发式，好让巴黎的贵妇们模仿，其中就包括著名的航海发型。她在服饰上

图11.20 《玛丽·安托瓦奈特》（1775年 法国历史博物馆藏）

花钱如流水，仅1776年，她单在饰物上就花掉了十万弗尔。[49]尽管每个季度她都要把除了她最喜爱的之外的衣服全部处理掉，她的衣服仍然能够堆满凡尔赛宫整整三个房间。[50]

玛丽王后在时尚上的独特品位与创新成为人们争相追逐的目标，她将欧洲的洛可可服饰风格推向了顶峰，但她的极度奢靡同样也将自己推向了人民的对立面。1785年8月的"项链事件"成为导火索，点燃了民众的怒火，她最终在法国大革命的轰雷声中，被送上了断头台。

※ 本章小结

在君主专政的巴洛克时期，王室是时尚的绝对引领者。他们将服饰作为统治国家的工具，建立了严格的礼仪制度，也成功地建构了贵族阶级的文化身份。在随后的洛可可时期，统治阶级深陷腐败堕落、纵情享乐的泥潭，法国国王路易十五那句著名的"我死后哪管他洪水滔天"，正是上层阶级普遍心态的真实写照。从高耸的假发到宽大的帕尼埃，王公贵族们在服饰上一味追求着数量的堆砌和质量的极尽奢华。宫廷与市民阶级之间的矛盾日益尖锐，洛可可时期成了君主专制的最后一个巅峰。随后爆发的法国大革命，彻底摧毁了法国的君主专制制度，颠覆了整个欧洲大陆的封建秩序。

☼ **思考题**

1.试比较洛可可时期与巴洛克时期服饰的审美差异,并探究其背后原因。

2.在君主专制时代,服装是统治阶级实现阶层隔离和巩固统治的重要手段,请举例说明你对这一现象的理解。

3.如何理解洛可可时期"男装退缩的同时女装在扩张"[51]这句话?

4.17至18世纪,"中国风"(Chinoiserie)装饰艺术风格作为中西文化交流的产物,广泛渗透到了欧洲人生活的方方面面,请举例阐述这一风潮在服饰与纺织品上的具体体现及意义。

【注释】

[1] 中国大百科全书.巴洛克美术［EB/OL］.（2023-04-15）［2024-06-12］. https://www.zgbk.com/ecph/words?SiteID=1&ID=54139&Type=bkzyb&SubID=61077.

[2] 张敢，李云.外国美术简史［M］.上海：上海人民美术出版社，2020：201.

[3] 李当岐.西洋服装史［M］.北京：高等教育出版社，2005：191.

[4] 南方的佛兰德斯当时依然在西班牙的统治之下，地理位置相当于今天的比利时、卢森堡和法国东北部地区。张敢，李云.外国美术简史［M］.上海：上海人民美术出版社，2020：207.

[5] 贡布里希.艺术的故事［M］.范景中，译.南宁：广西美术出版社，2011：413.

[6] EDWARDS L. How to read a dress: a guide to changing fashion from the 16th to the 21st century［M］.New York: Bloomsbury Academic 2017: 30.

[7] LAVER J. Costume and fashion: a concise history［M］. New York: Thames and Hudson, 1986: 106.

[8] DAVENPORT M. The book of costume［M］. New York: Crown Publishers, 1948: 505.

[9] Fashion: the definitive history of costume and style［M］.New York: DK Publishing, 2012: 128.

[10] 德让.时尚的精髓：法国路易十四时代的优雅品位及奢侈生活（前言）［M］.杨冀，译.北京：生活·读书·新知三联书店，2012：7.

[11] WAUGH N. Corsets and crinolines［M］.New York: Theater Arts Books, 2004: 47.

[12] 德让.时尚的精髓：法国路易十四时代的优雅品位及奢侈生活（前言）［M］.杨冀，译.北京：生活·读书·新知三联书店，2012：13.

[13] 霍兰德.性别与服饰：现代服装的演变［M］.魏如明，等译.北京：东方出版社，2000：74.

[14] 德让.时尚的精髓：法国路易十四时代的优雅品位及奢侈生活（前言）［M］.

杨冀，译.北京：生活·读书·新知三联书店，2012：2-14.

[15] BOUCHER F. 2000 Years of fashion：the history of costume and personal adornment[M].New York：Harry N. Abrams，1987：259.

[16] WAUGH N. The cut of men's clothes：1600-1900[M].New York：Theatre Arts Books，1964：17.

[17] LAVER J. Costume and fashion：a concise history[M]. New York：Thames and Hudson，1986：116.

[18] "韦斯特考特"的英语"waistcoat"在今天专指西装马甲。在巴洛克时期，它有袖子，且与外衣长度相当或略微短一点。

[19] Fashion：the definitive history of costume and style[M].New York：DK Publishing，2012：130.

[20] CUNNINGTON C W，CUNNINGTON P. Handbook of English costume in the seventeenth century[M]. Boston：Plays，1972：147.

[21] LAVER J. Costume and fashion：a concise history[M]. New York：Thames and Hudson，1986：118.

[22] LAVER J. Costume and fashion：a concise history[M]. New York：Thames and Hudson，1986：109.

[23] 德让.时尚的精髓：法国路易十四时代的优雅品位及奢侈生活[M].杨冀，译.北京：生活·读书·新知三联书店，2012：28.

[24] EDWARDS L. How to read a dress：a guide to changing fashion from the 16th to the 21st century[M].New York：Bloomsbury Academic，2017：42.

[25] CUMMING V，CUNNINGTON C W，CUNNINGTON P E. The dictionary of fashion history[M]. New York：Berg Publishers，2010：34.

[26] HILL D D. History of world costume and fashion[M].New Jersey：Pearson Prentice Hall，2011：413.

[27] EDWARDS L. How to read a dress：a guide to changing fashion from the 16th to the 21st century[M].New York：Bloomsbury Academic，2017：43.

[28] 中国大百科全书.洛可可[EB/OL].（2024-12-13）[2025-03-21].https：//www.zgbk.com/ecph/words?SiteID=1&ID=443227&Type=bkzyb&SubID=61075.

[29] 汤晓燕.革命与霓裳：大革命时代法国女性服饰中的文化与政治[M].杭州：浙江大学出版社，2016：59.

[30] WAUGH N. Corsets and crinolines [M].New York:Theater Arts Books, 2004:47.

[31] 李当岐.西洋服装史[M].北京:高等教育出版社,2005:214.

[32] FUKAI A. The collection of the Kyoto costume institute:fashion, a history from the 18th century to the 20th century [M]. Kyoto:Taschen, 2013:78.

[33] EDWARDS L. How to read a dress:a guide to changing fashion from the 16th to the 21st century [M].New York:Bloomsbury Academic, 2017:49.

[34] 美国大都会艺术博物馆, https://www.metmuseum.org/art/collection/search/83887.

[35] 韦伯.罪与美:时尚女王与法国大革命[M].徐德林,译.北京:商务印书馆,2013:142.

[36] Fashion:the definitive history of coutume and style [M].New York:DK Publishing, 2012:149.

[37] 傅克斯.欧洲风化史.风流世纪[M].张洁,编译.西安:陕西人民出版社,2014:74.

[38] 韦伯.罪与美:时尚女王与法国大革命[M].徐德林,译.北京:商务印书馆,2013:145.

[39] CAROLLY E. To the Scarffold:the life of Marie-Antoinette [M].New York:William Morrow, 1991:124,523.

[40] 傅克斯.欧洲风化史.风流世纪[M].张洁,编译.西安:陕西人民出版社,2014:56.

[41] Fashion:the definitive history of costume and style [M].New York:DK Publishing, 2012:154.

[42] FUKAI A. The collection of the Kyoto costume institute:fashion, a history from the 18th century to the 20th century [M]. Kyoto:Taschen, 2013:70.

[43] 现在的英语中"waistcoat"一词专指正式的"西装马甲",本书自下一章节开始也将把无袖的"waistcoat"译为"西装马甲"。

[44] FUKAI A. The collection of the Kyoto costume institute:fashion, a history from the 18th century to the 20th century [M]. Kyoto:Taschen, 2013:27.

[45] 韦伯.罪与美:时尚女王与法国大革命[M].徐德林,译.北京:商务印书馆,2013:135.

[46] 韦伯.罪与美：时尚女王与法国大革命[M].徐德林，译.北京：商务印书馆，2013：4.
[47] 韦伯.罪与美：时尚女王与法国大革命[M].徐德林，译.北京：商务印书馆，2013：203.
[48] 汤晓燕.革命与霓裳：大革命时代法国女性服饰中的文化与政治[M].杭州：浙江大学出版社，2016：102.
[49] 韦伯.罪与美：时尚女王与法国大革命[M].徐德林，译.北京：商务印书馆，2013：155.
[50] 韦伯.罪与美：时尚女王与法国大革命[M].徐德林，译.北京：商务印书馆，2013：156.
[51] 霍兰德.性别与服饰：现代服装的演变[M].魏如明，等译.北京：东方出版社，2000：85.

第十二章

近代服饰的开端

——新古典主义与法国大革命时期服饰文化

一、新古典主义时期服饰文化

新古典主义是在欧洲启蒙运动的历史背景下所产生的复古理性思潮。它兴起于17世纪后期，几乎横跨整个18世纪。[1]这种新兴的古典主义并非简单的复古，而是对一百多年前古典主义积极因素的升华，因而被称作"新古典主义"。[2]它以希望重建古希腊古罗马艺术的精神与形式为特征，被视为对轻浮的洛可可风格的一种反击。[3]新古典主义时期与随后的浪漫主义时期之间并没有明确的时间界限，但是受这两种思潮的影响，19世纪20年代前后的服装风格呈现出较为明显的变化，因此，从18世纪中后期到19世纪20年代的这一段时间，被称为服装的"新古典主义时期"。

（一）白色平纹纱裙（robe en chemise）

1689年，英国在经历了资产阶级革命之后，建立起君主立宪制。议会成为国家的权力中心，英国进入它的和平发展时期，并在政治层面为法、美等国资产阶级革命树立了成功榜样。英国的贵族已不再需要整天穿梭于宫廷，在社交中争奇斗艳，他们将更多的时间打发在乡下的农场，喝茶、打猎，消磨时光。这种悠闲的生活让贵族女性们拥有了更多的自由与自我设计的空间，她们的生活方式和服饰风格也都随之改变，英国的女装整体转向了低调、平实和自然。18世纪中期，庞贝古城（Pompeii）和赫库兰尼姆（Herculaneum）遗址开始陆续被挖掘。随着勘查和考古的不断深入，人们得以重新领略古典艺术的魅力。在这一背景下，一种白色平纹纱裙于18世纪70至90年代在英国女贵族中流行开来。这种纯白色的长裙几乎没有结构上的剪裁，仅是一块被缝合成筒状的白色平纹棉布，在领口处缝有细绳。女性穿上它之后，在脖子后面将细绳系紧，再在腰部简单地系上一根宽缎带即可（图12.1）。相比洛可可时期的罗布，这种裙

图12.1 《拉瓦锡夫妇[4]肖像》（雅克-路易·大卫作 1788年 美国大都会艺术博物馆藏）
画中的玛丽-安妮·拉瓦锡穿着白色平纹棉纱裙，留着当时流行的刺猬发型。

子穿在身上轻盈、舒适。

很快，这种白色平纹纱裙便在欧洲流行，"亲英热"（Anglomania）也在1775年再次席卷整个欧洲。[5]

在彼时的法国，让-雅克·卢梭（Jean-Jacques Rousseau）的审美观念正在贵族女性中广为传播。卢梭反对矫揉造作，提倡女性要以简洁、朴素、自然为美。受此影响，法国贵族和资产阶级女性纷纷效仿英国贵族，穿起了白色平纹裙。王后玛丽·安托瓦内特作为一位亲英的时尚追随者（图12.2），也常穿着这种裙子与孩子们一起玩耍。然而，法国人并不能接受他们的王后身穿这种简单松垮、在他们看来有伤风化的衣服，他们觉得它简

图12.2 《穿平纹纱裙的玛丽·安托瓦内特》（1783年 美国大都会艺术博物馆藏）

直就是一件"白色的内衣"，[6]因而嘲讽地为它取了另外一个名字"王后内衣裙"（chemise à la Reine）。不过，讽刺的是，法国女性却对这种装扮趋之若鹜，这股潮流甚至影响了后来白色高腰裙的产生。[7]

女性在穿着这种服装的时候，通常会配以宽檐帽，帽上饰以宽丝带和三两根巨大而柔软的鸵鸟毛，与她们灰白色的头发和蓬松的发型产生呼应。腰间则用与帽饰同色的丝带扎成一个蝴蝶结，作为简单而别致的装饰。由于这种裙子的布料十分轻薄，无法缝制口袋，女性便开始随身携带小巧的手提包，以满足日常物品存放的需求。

（二）骑马服（redingote）

骑马是上流社会女性最早参与的娱乐活动之一。[8]自17世纪起，她们就会穿着男式外套在乡间漫步或策马驰骋。[9]18世纪晚期，随着人们对乡村生活和狩猎的热情日益高涨，英式骑马装变得十分流行。骑马礼服、鹿皮马裤、双色"翻口靴"以及一顶圆帽成为男性外出骑马时的标志性装束，其中的骑马礼服[10]是一种双排扣的长大衣，它上身合体，衣摆宽大。喜爱骑马的女贵族们巧妙地将这种男士骑马服的元素融入女装中，从而诞生了女式骑马装。[11]女式骑马礼服通常

罩在长裙的外面,其肩部和衣领的样式与男装相仿,礼服从胸部至腰部紧裹着身体,下身则完全敞开(图12.3)。骑马礼服在贵族阶层女性中非常受欢迎,它比传统女装要方便和舒适许多,能够极大地提升骑马时的体验。然而,这种与男装款式相似、名称相同的女装,在当时还是因为突破了服装的性别界限而引发了社会的广泛批评。

(三)低调的英式男装

18世纪中叶,英国乡村贵族开始定下了男装的基调:无意浮夸的简洁,不事修饰的布料。[12]

一种被称为夫拉克的宽松长外衣(frock coat)在英国悄然流行,它源自英国乡村男士平日所穿的休闲外套,在结构上与法国宫廷的阿比外套颇为相似;曾经流行的巨大克夫被改成窄袖,配以小翻领,前中呈弧线往下斜裁向后方(图12.4)。[13]夫拉克大衣起初多由丝绸面料制成,上面常伴有纹样装饰。后来,随着羊毛料的流行,色彩低调的羊毛织物成了制作夫拉克大衣的主要面料。

18世纪晚期,英国出现了燕尾服(swallow-tailed coat),其基本款式为前身短、后身长,后衣片呈燕尾形两片开衩。无袖的韦斯特考特已经成为后来男装的固定套装部件之一——马甲,它的前片仍然使用华美的面料,后片则用朴素的单色面料制成。这种新式上装和传统的下装——紧身马裤,一同作为上层社会男子社交礼服的基本组件,一直延续到19世纪。

(四)英国的羊毛织物

英国的羊毛业历史悠久,它在中世纪时

图12.3 女式骑马服(1790年 洛杉矶郡艺术博物馆藏)

图12.4 《乔治·维纳布尔斯·维农肖像》(1767年 南安普敦城市艺术馆藏)

便是英国最重要的经济支柱之一。新航路开辟后,英国的羊毛贸易迅猛发展,羊毛织物成为英国的主要大宗出口产品。工业革命爆发后,英国的纺织业从手工制作转向机械化生产,高速发展的纺织业为后来英国男装的变革提供了强有力的支撑。

18世纪中叶,新古典的自然风格[14]盛行,其静穆古朴的风格与资产阶级推崇的低调、素雅不谋而合。获得建立审美标准决定权的资产阶级以古典裸体雕塑为依托,重拾对人体自然结构的正视,树立了一套关于人体美的新观念,他们选择具有塑形能力的羊毛织物作为男装的主要面料,锦缎丝绸开始逐渐退出男装舞台。

英国的男装裁缝在把控羊毛织物的伸缩性和灵活度方面技术纯熟。因此,在男装制作工艺上的优势也为英国的羊毛织物获得了极高的声誉。低调而体面的毛织物面料作为男士展示绅士气派的标志,几乎占据了整个男装礼服和大衣领域。

伦敦对现代男装的影响一如巴黎对女性服装一般深远。

(五)修米兹高腰裙(chemise dress)

在法国大革命步入尾声的同时,[15]革命的热情也随着恐怖时期(Reign of Terror)的结束和督政府(Directoire,1795—1799年)的建立逐渐消散,加诸服饰上的禁忌在一夜之间消失。[16]法国服饰的整体面貌再一次出现了显著的变化。

早在18世纪50年代便已萌发的、追求自然的审美趣味在此刻重新焕发生机,人们对展现自然体态的渴望更加强烈,古希腊古罗马时期的雕塑再一次成为人们争相模仿的对象。不同阶层的女性都不约而同地重新燃起对白色长裙的热爱。[17]女性开始流行穿着一种新式的、简约的高腰细棉布长裙,这种裙子起源于大革命之前的白色平纹纱裙,即"王后内衣裙"。[18]不过,它在款式上与后者有很大差别,裙子的腰线被提到胸部的下方,之前那种坚硬的、圆锥形紧身胸衣被暂时搁置一边,取而代之的是一种短的无鲸须内衣。裙撑、臀垫也被统统丢弃,只留一条细细的带子系于胸下,长而轻盈的裙摆悬垂而下,使得本来就前凸的胸部更为突出,廓形上极像古希腊时期的希顿(图12.5)。

图12.5 《杜莎夫人》(弗朗索瓦·热拉尔作 1805年 卡纳瓦雷博物馆藏)

这种裙子以白色或淡雅的浅色调为主，上面用简单的花边或者首饰加以点缀；布料则以印度进口的精细平纹细棉布最受欢迎，它轻薄柔软，最能体现出这种"古典"服装的质朴和垂感。[19]透过这种衣料人们几乎能看到女性的整个腿部，女性的裸体被若隐若现地勾勒出来，修米兹高腰裙对身体的展示程度几乎超过了之前的任何一个时代。[20]

除了印度细棉布，工业革命之后英国生产的高支纱细棉布也是制作这种小白裙的理想布料。这些棉布取代了过去备受追捧的丝绸，广受大众的青睐。

加长裙裾的修米兹礼服裙（chemise gown）是富有阶层女性在舞会上的宠儿。这种裙子的裙裾长度可达8—9米，女性在跳舞时，需要将其挽起搭在胳膊上，或是搭在舞伴的肩上，尽显优雅与浪漫。[21]

不过，与之前的紧身胸衣和层层叠叠的衬裙相比，这种薄裙实在过于单薄，很多女人因此而患上肺炎。为了御寒，同时也增添服装的层次感，披肩（shawl）成了每位女性衣橱中的必备之物。其中，印度产的开司米（cashmere）披肩最为流行，当然，细棉布、高级密织棉布和薄纱质地的披肩也各有拥趸，它们的上面还常绣有精美的花纹。[22]在1798年，一款名为斯潘塞（spencer）的前开襟短款户外穿小外套问世，[23]其名称源自英国的斯潘塞伯爵二世（2nd Earl Spencer），[24]男、女装皆有此款。女装斯潘塞的长度仅齐胸部下方，与里面高腰身的长裙搭配得恰到好处；它的颜色通常较深，与下面露出的白色长裙形成鲜明对比（图12.6）。这种款式一直风靡至浪漫主义时期初期，也是20世纪流行的超短款女外套的前身。

修米兹高腰裙在时尚舞台上存在的时间并不长，在进入帝政时期以后，女装由简约再次走向华丽，并且在后期重新进入了依赖紧身胸衣塑形的时代。

图12.6 短外套斯潘塞（约1815年 洛杉矶郡艺术博物馆藏）

(六)帝政服(Empire silhouett)

帝政时期通常是指第一法兰西帝国时期(1804—1815年),主要为拿破仑·波拿巴(Napoleon Bonaparte)称帝的阶段。

1804年12月,拿破仑在巴黎圣母院举行了盛大的加冕仪式,正式称帝。法国在经历督政府时代(1795—1799年)和三人执政府时代(1799—1804年)之后,正式进入了为期10年的第一帝政时代。

作为一名古典主义的推崇者,拿破仑十分向往罗马帝国的辉煌,他不仅在政治、经济、军事等领域强化中央集权,还对大革命后服装出现的混乱局面进行了重整。为了对抗由于棉布和羊毛织物的流行给法国丝绸纺织业所带来的巨大冲击,振兴英国纺织业,他颁布了一条帝国法令,要求人们在公共庆典中必须着丝绸服装,同时也在法国宫廷中鼓励丝绸的使用。[25] 大革命之前宫廷的华贵气息随之抬头,男装恢复了路易十六时期贵族的华丽外套、马甲、紧身马裤以及高领的褶裥衬衫。奢华绚丽的宫廷服装又一次成为权力的象征,并且一直延续到波旁王朝复辟之后。

这时期女装的帝政裙在廓形上基本延续了大革命晚期新古典主义风格的高腰裙,保留了高腰线、剪裁宽松的裁剪特点。但相比早期的高腰裙,帝政裙要华丽很多,原来简洁的白色长裙上增加了各种装饰图案(图12.7)。其中,很多元素都取自巴洛克和洛可可时期的宫廷服饰,以点缀的方式融入裙装中。在新古典主义画家雅克-路易·大卫(Jacques-Louis David)的油画《拿破仑的加冕礼》中,皇后约瑟芬(Josephine)和侍女所穿的便是典型的帝政长裙,上面用金线刺绣着精美的图案。画中的法国宫廷里,满眼皆是华丽的长裙和拖裾。拿破仑对华丽古典主义的推崇在他的登基典礼上得到了淋漓尽致的体现(图12.8)。约瑟芬后来也成了帝政时期时尚的标志性人物,是巴黎时尚在欧洲的重要推广者。

图12.7 《穿着帝政裙加冕服的约瑟芬》(雅克-路易·大卫作 1807—1808年 枫丹白露城堡藏)

图12.8 《拿破仑的加冕礼》局部（雅克-路易·大卫作 1808年 巴黎卢浮宫藏）

帝政裙最主要的袖型是经典的泡泡袖（puff sleeves）和细窄的长袖。前者常用于社交场合的礼服；后者则多用于日常穿着。帝政裙的领口有以方形为主的低领口，还有饰有花边的中高立领。叠穿是当时一种流行的穿着方式，质地、长度、颜色各不相同的衬裙和罩裙搭配在一起，衍生出各种丰富的变化。

1804年，紧身胸衣重新被女人们穿回身上。最初它与法国大革命之前一直流行的硬质紧身衣毫无相似之处，只是一件可勒紧的小短衣，仅覆盖着胸部。1806年以后，紧身胸衣的形状被拉长并添入了鲸须，前面也加入了巴斯克（busk）。[26]

（七）现代男装"三件套"的结构雏形

虽然帝政时期的宫廷男装回到路易十六时期的风格，但是一般资产阶级已经接受了大革命之后的紧身长裤庞塔龙（pantaloons）[27]。夫拉克大衣、基莱和庞塔龙的组合成为他们基本的服装样式。[28]

为了让男性的胸部和肩部显得宽阔强壮，男装的制作者们创造了一套全新的剪裁方法。他们在外套的胸部和肩部位置添加了轻薄的衬料，然后让其在外套的下部自然消失，使下摆能轻微摆动，衣服的整体效果看上去就像没有加衬料一样。[29] 马甲也由原来的长至下腹缩短至腰际，服装的视觉重心被整体提高。穿着这种衣服的男性看上去如同自身就拥有完美的体形一般。

光滑性感的紧身马裤在与庞塔龙一起流行了一段时间以后，到1815年逐渐被长裤（trousers）取代，庞塔龙也在19世纪中叶退出了历史舞台。[30] 男装裤腿形成了圆筒形，自此，现代男装基本成形。[31] 为了让这种看上去有些松垮的长裤显得笔挺，一些人开始使用吊带；随着男装告别过去那些缤纷的色彩，领巾成了重要的点缀物，其系法也变得越发复杂多样。

（八）"丹蒂"（dandy）时尚

进入19世纪以后，英国贵族们的生活重心从乡村转入了城市。1811年，乔治四世（1820—1830年在位）以摄政王的身份开始代理统治，英国自此踏入摄政时期。乔治四世热爱艺术，也热衷于追求奢华而有品质的休闲生活，是摄政时期上流社会时尚潮流的引领者。他率先放弃自巴洛克时期便一直流行的假发，以真发示人；他重新兴起穿高领上衣和领巾的潮流；他甚至还穿束腹，这不仅可以使他的身姿显得更加挺拔，也掩饰了其因生活放纵而日益发胖的体型。在乔治四世执政期间，他和亲密好友乔治·布莱恩·布鲁梅尔（George Bryan Brummell）一起在英国掀起了一股丹蒂主义（dandyism）风潮。

丹蒂——本义为花花公子。在牛津词典中，被定义为"一个极度关注时尚和潮流外观的人"[32]，是指对生活方式和穿着极为挑剔的人。这一词语最早可追溯至18世纪末，最初的丹蒂们穿着风格张扬、高调、夸张，进入19世纪以后，他们的风格逐渐转变为谨慎低调，注重去繁从简，并以优雅和对细节的极度关注而著称。

布鲁梅尔是摄政时期丹蒂主义最为重要的代表人物，也是英国贵族着装标准的设定者。[33] 他的日常着装以羊毛深色外套和紧身长裤（而不是马裤和长筒袜）为主。在他看来，男士的优雅应建立在高级的布料和合体的裁剪之上，一位绅士的服装应该是暗色调的且装饰不宜过多。他简化了繁复华丽的法国男装，在他的服装上，除了纽扣没有其他闪烁的装饰物。作为羊毛织物最具影响力的推崇者，布鲁梅尔特别强调衣服合身的重要性，他提倡服装的面料应该像皮肤一样自然，才能够更好地凸显形体和展示个人气质（图12.9）。

在这些看似漫不经心的极致讲究的背后，实则是大量的时间与精力的耗费。布鲁梅尔对衣着的要求严苛到近疯狂的程度，他声称自己每天要花5小时整理仪表，其中仅盥洗就需要2小时；他甚至会用小镊子调整略有偏差的

图12.9 《身穿燕尾服和庞塔龙的布鲁梅尔》
（罗伯特·迪顿作 1805年）

头发，用香槟刷皮鞋以保持光泽。[34]布鲁梅尔认为男装的核心是整洁的亚麻布衬衫和精心系结的领巾。这时期的领巾多使用上浆的细棉布或者丝绸制作，系的时候绕脖一圈，然后再在前面系个结。领巾系好后，衣服的领子必须保持竖立，衣领的两个角需与嘴角处于同一水平线上，并且要一直保持在这一位置。这使得人们在转头或者低头时颇为不便，他们只能始终保持抬头挺胸、眼睛直视前方的姿态。

布鲁梅尔所倡导的男装标准搭配包括：洁白无瑕的亚麻衬衫、合身的浅色马甲、剪裁精良的深色双排扣羊毛大衣、舒适贴合的紧身长裤、白色的领巾和高帽（top hat）。[35]这种男士套装不仅是19世纪初期时尚男性的标准装扮，更奠定了后来英国绅士的经典体态范式，其影响力层层扩散，遍及整个欧洲乃至世界其他国家。时至今日的21世纪，"丹蒂"一词在西方仍然被用来形容那些衣着讲究或艳丽的人。

二、法国大革命时期服饰文化

1789年5月，法国三级会议在巴黎凡尔赛宫召开，各阶层的参会人员需要按照指定的着装出席，第三等级（平民）与贵族之间在服装上的显著差异引起了人们的强烈不满。法国大革命爆发之后，服装成了被审查和监视的对象，曾经备受追捧的华丽服装不仅不再受到人们的欢迎，甚至会让人联想到那些被处死的贵族，继而引发仇恨的情绪，人们唯恐与之有任何关联。曾经流行的紧身胸衣、裙撑、假痣、洒着香粉的假发等一夜之间销声匿迹。在革命的激昂情绪中，服装成为人们向新秩序表达归属和忠诚的重要标志之一[36]，其政治色彩变得极为浓厚。

第十二章
近代服饰的开端——新古典主义与法国大革命时期服饰文化

（一）"无套裤汉"（sans-culottes）[37]

在法国大革命期间，"无套裤汉"代指穿长裤的城市平民（图12.10）。

当时的法国贵族男性盛行穿着长及膝盖的"套裤"（culotte），即紧身马裤，搭配长筒袜。他们常常讥讽那些没有特权的底层平民，嘲笑他们穿不起华丽的马裤，也佩戴不起需要精心打理的假发，故称他们为"无套裤汉"——主要包括新兴的资产阶级、手工业者、工人和农民。大革命来临之后，资产阶级决意要通过服饰表达自己的政治立场，不再追求贵族的穿衣方式。他们将当时法国工人们常穿的夹克改良成一种短至腰部的宽翻领外套（carmagnole）（图12.11）作为上衣，下身则着粗布长裤。最初这种长裤的长度仅及小腿肚，后来逐渐长至脚面。它起初主要存在于平民阶层中，是一种劳动型的裤式。随着平民力量在革命队伍中的壮大，这种长裤被视为消除等级差别的共和国样式，并作为表明政治立场的重要标志被广泛接受。一时间，"无套裤汉"也成了革命者的同义语和政治正确的代名词。

1794年7月，资产阶级右翼发动七月政变，国民议会解散。次年11月，法国迈入了督政府执政时期。进入新时代后，"无套裤"样式虽然失去了其特殊的政治意味，但仍然被广泛采用，并在男装现代化的进程中起着重要的作用。

图12.10 《身着无套裤汉服装的西蒙·奇纳德》（1792年 巴黎卡纳瓦雷博物馆藏）

图12.11 翻领短上衣（1790—1800年 巴黎加列拉宫博物馆藏）

(二)三色服饰

在法国大革命时期,三色服饰极为流行。"三色"指的是蓝、白、红三种颜色,它们源自革命军所佩戴的帽徽。由于象征着革命,这三色被广泛应用于男女服装和配饰中。普通民众阶层的女性会穿着三色条纹的短外套,戴着普通圆帽,在街头或公园散步。[38] 时髦的女性则会穿着印度细棉布制成的宪法裙(dress à la constitution),上面印有三色的小花图案,佩戴的帽子上也常会缀以三色徽章和丝带(图12.12)。一眼看去,到处都是着三色服装的人。

在服装饰品中,最具代表性、流行最为广泛的便是三色徽(cockades)(图12.13)。它是法国革命理念的化身,成千上万的人将其别在身上或者帽子上。任何没有佩戴三色徽的人都会被视为反革命。[39]

三色服饰上醒目的颜色不断强化着人们的身份意识,既时刻提醒着他们与旧时代断裂,也让人们更加紧密地凝聚在一起。这三种颜色后来成为法国国旗的颜色,分别象征着自由、平等和博爱。

(三)革命女性装束

在法国大革命时期,女性服装的廓形并没有出现明显的变化,普通女性在着装上主要追求一种"革命时尚"。在下层女性中,出现了与无套裤汉相对应的"女无套裤汉"[40](图12.14),她们头戴三色徽、穿着木屐,扛着长长的弯刀,和男性一起行

图12.12 穿三色服的女性 [1790年《时尚与品位杂志》(*Journal de la Mode et du Gout*)]

图12.13 配有三色徽的帽子(双角帽/拿破仑帽)(1790年 洛杉矶郡艺术博物馆藏)

进在去往凡尔赛宫的路上。激进的革命女性还会组织各种俱乐部活动,她们不顾男性革命者的激烈反对,穿着与国民自卫军军装相似的宝蓝色呢绒上装,头戴别有三色徽的小红帽,下身搭配长裙,甚至长裤和军靴,腰挎弯刀或手持长枪(图12.15)。她们郑重要求获得与男性同样的权利,包括穿着套裤和手持手杖的自由,[41]希望能像她们的父兄一样拿起武器加入国民自卫军,保家卫国。这支特别的女性队伍被称作大革命时期的"亚马逊女战士"。[42]她们通过独特的易装方式表达参与战事的诉求,试图争取男女平等的社会地位,将传统的性别秩序连同旧制度一起摧毁。然而,她们的行为招致了男性革命者的激烈反对和压制,男性革命者无法接受女性参政,也不支持这些革命女性的行为。如果发现有人女扮男装潜入军队,他们就会立即将其遣返回家,更不用说让她们获得平等的政治权利。

在那个女性被认为应该仅限于服务家庭的社会,这群勇敢的女战士是大革命时期一道独特的风景线。

法国大革命之后,服装的流行款式变得更加接近广大市民阶层和劳动群体的日常服装。男装朝着现代化趋势发展,进一步摒弃了遗留的贵族趣味;而女装虽然在新古典主义思潮的影响下,暂时去掉了紧身胸衣和裙撑的支撑,但是由于女性社会地位的变化不如男性那么剧烈,因此就其基本结构而言依然在原地徘徊。

图12.14 《女无套裤汉》(1792年 巴黎卡纳瓦雷博物馆藏)

图12.15 《法国女性获得了自由》(匿名版画 约1792年)

※ 本章小结

在法国大革命之前，社会等级之间存在着不可逾越的鸿沟，服装扮演着划分等级的重要角色。大革命的爆发摧毁了路易王朝封建专制制度，也强烈地影响了人们对服装的态度。服装成为人们传达政治观念的工具，服饰审美从以宫廷时尚为主导转向资产阶级品位。男装在大革命之后被彻底改变，开启了现代西装的思路，代表资产阶级形象的羊毛织物替代了象征皇室与贵族的丝绸，男装上那些繁复无用的装饰被统统摒弃，稳重暗沉的色彩更加受到欢迎，长大衣和长裤成为19世纪男性的新制服。[43] 男装随后200多年的基本样式就此被确定下来。

☼ 思考题

1. 试阐述资产阶级的审美标准对男女装分化的影响。
2. 请举例说明法国大革命期间服饰对于女性政治立场的表达。
3. 请简要阐述新古典主义时期女装的嬗变过程及其文化内涵。
4. 在你的身边是否有衣着极为讲究或艳丽的人？请描述他们的特点并谈谈你的理解。

【注释】

［1］中国大百科全书.新古典主义［EB/OL］.（2023-03-11）［2024-06-12］.https：//www.zgbk.com/ecph/words?SiteID=1&ID=538315&Type=bkzyb&SubID=228940.

［2］范梦.西方美术史［M］.太原：山西教育出版社，1993：226.

［3］希尔韦尔斯.新编牛津艺术词典［M］.王方，王存诚，译.北京：人民美术出版社，2015：572-573.

［4］安托万-洛朗德·拉瓦锡（Antoine-Laurent de Lavoisier，1743—1794年），法国贵族，著名的化学家和生物学家，被尊称为"近代化学之父"，在法国大革命中被送上断头台而死。画作中为他和妻子玛丽·安妮·拉瓦锡（Marie Anne Lavoisier）。

［5］在路易十四统治时期的最后几年，欧洲曾出现了"亲英热"，当时主要是对英式男装的模仿。

［6］韦伯.罪与美：时尚女王与法国大革命［M］.徐德林，译.北京：商务印书馆，2013：215-216.

［7］Fashion：the definitive history of coutume and style［M］.New York：DK Publishing，2012：156.

［8］克兰.时尚及其社会议题：服装中的阶级、性别与认同［M］.熊亦冉，译.南京：译林出版社，2022：132.

［9］盖奇，卡拉米娜.时尚的艺术与批评：关于川久保玲、缪西亚·普拉达、瑞克·欧文斯……［M］.孙诗淇，译.重庆：重庆大学出版社，2019：116.

［10］它的名字本身就来自"riding coat"（骑马外套）。

［11］FUKAI A. The collection of the Kyoto costume institute：fashion，a history from the 18th century to the 20th century［M］.Kyoto：Taschen，2013：116.

［12］霍兰德.性别与服饰：现代服装的演变［M］.魏如明，等译.北京：东方出版社，2000：94.

［13］Fashion：the definitive history of costume and style［M］.New York：DK Publishing，2012：156.

[14] 霍兰德.性别与服饰：现代服装的演变[M].魏如明，等译.北京：东方出版社，2000：103.

[15] 法国大革命时期的服饰文化将在后文进行阐述。

[16] 汤晓燕.革命与霓裳：大革命时代法国女性服饰中的文化与政治[M]杭州：浙江大学出版社，2016：161.

[17] 汤晓燕.革命与霓裳：大革命时代法国女性服饰中的文化与政治[M]杭州：浙江大学出版社，2016：169.

[18] EDWARDS L. How to read a dress：a guide to changing fashion from the 16th to the 21st century[M].New York：Bloomsbury Academic，2017：64.

[19] JOHNSTON L.19th-century fashion in detail[M].New York：Thames and Hudson，2005：142.

[20] FUKAI A. The collection of the Kyoto costume institute：fashion，a history from the 18th century to the 20th century[M].Kyoto：Taschen，2013：158.

[21] 李当岐.西洋服装史[M].北京：高等教育出版社，2005：236.

[22] BOUCHER F. 2000 Years of fashion：the history of costume and personal adornment[M].New York：Harry N. Abrams，1987：346.

[23] BOUCHER F. 2000 Years of fashion：the history of costume and personal adornment[M].New York：Harry N. Abrams，1987：344.

[24] 维多利亚与阿尔伯特博物馆，https：//collections.vam.ac.uk/item/O13827/jacket-unknown/.

[25] FUKAI A. The collection of the Kyoto costume institute：fashion，a history from the 18th century to the 20th century[M].Kyoto：Taschen，2013：167.

[26] BOUCHER F. 2000 Years of fashion：the history of costume and personal adornment[M].New York：Harry N. Abrams，1987：347.

[27] "庞塔龙"是一种长及脚踝的紧身长裤，有的侧面带有一排扣子。

[28] 李当岐.西洋服装史[M].北京：高等教育出版社，2005：239.

[29] 霍兰德.性别与服饰：现代服装的演变[M].魏如明，等译.北京：东方出版社，2000：102.

[30] 李当岐.男裤女裙：服装的性别符号[J].装饰，2008（1）：12-18.

[31] 霍兰德.性别与服饰：现代服装的演变[M].魏如明，等译.北京：东方出版社，2000：114.

[32] 英语牛津辞典.Dandy［EB/OL］.［2025-02-01］https：//www.oed.com/search/dictionary/?scope=Entries&q=dandy.

[33] 克兰.时尚及其社会议题：服装中的阶级、性别与认同［M］.熊亦冉，译.南京：译林出版社，2022：27.

[34] BOYLE L. Beau Brummell and the birth of regency fashion［EB/OL］.（2011-06-17）［2025-02-01］. https：//janeausten.co.uk/blogs/mens-fashion/beau-brummell-and-the-birth-of-regency-fashion.

[35] Fashion：the definitive history of costume and style［M］.New York：DK Publishing，2012：182.

[36] 盖奇，卡拉米娜.时尚的艺术与批评：关于川久保玲、缪西亚·普拉达、瑞克·欧文斯……［M］.孙诗淇，译.重庆：重庆大学出版社，2019：6.

[37] 法语"culottes"意为"套裤或紧身马裤"，"sans-culottes"相当于英文"without breeches"，字面意思为"无套裤"，此处特指穿长裤的人。

[38] 汤晓燕.革命与霓裳：大革命时代法国女性服饰中的文化与政治［M］.杭州：浙江大学出版社，2016：81.

[39] 洛杉矶郡艺术博物馆，https：//unframed.lacma.org/2016/08/03/french-revolutionary-fashion.

[40] 汤晓燕.革命与霓裳：大革命时代法国女性服饰中的文化与政治［M］.杭州：浙江大学出版社，2016：102.

[41] 汤晓燕.革命与霓裳：大革命时代法国女性服饰中的文化与政治［M］.杭州：浙江大学出版社，2016：86.

[42] 汤晓燕.革命与霓裳：大革命时代法国女性服饰中的文化与政治［M］.杭州：浙江大学出版社，2016：88."亚马逊女战士"一词最早是指古希腊神话中的女人族，她们生活在亚速海岸和小亚细亚一带。（详见：王觉非.欧洲历史大辞典［M］.上海：上海辞书出版社，2007：93.）她们骁勇善战，能骑擅射，在与外族联婚后，只将生下的女儿带回部落，所有成员都只为争战而生，为战争而训练。

[43] 洛杉矶郡艺术博物馆，https：//unframed.lacma.org/2016/08/03/french-revolutionary-fashion.

第十三章

摇摆与反复

——浪漫主义时期与克利诺林时期服饰文化

一、浪漫主义时期服饰文化

19世纪20年代，在经历了英国工业革命和法国大革命的洗礼之后，男装完成了彻底的变革，而法国女装也在滑铁卢战役之后，由于波旁王朝的复辟[1]，不再严格地追求"古典"，新古典主义时期进入尾声。与此同时，起源于18世纪末德国的浪漫主义运动已经蔓延到整个欧洲和美国，它涵盖了文学、艺术、哲学以及自然科学研究等众多领域。政治上的复古倾向和艺术上的浪漫主义热潮共同推动了服饰风格的转变。

（一）女装的X廓形

X廓形是浪漫主义时期女装最典型的特征之一。

1820年之后，女装的高腰风潮开始消散，腰线从胸部下方回归到自然位置，裙摆也迅速向外扩张。女装由新古典主义时期简约的直身造型回到了束腰时代，女性的腰身比例被重新关注起来（图13.1）。

紧身胸衣作为重塑上身曲线的工具，再一次回到人们的视线之中。[2] 相比帝政时期的短款紧身胸衣，这一时期紧身胸衣的长度被延至臀部，后背处使用了细绳，便于扎系勒紧；在胸部和臀部的位置被分别加入细长的三角形布，以提供更多的空间（图13.2）。

图13.1　时装画（1828年　维多利亚与阿尔伯特博物馆藏）

图13.2　紧身胸衣（1825—1835年　维多利亚与阿尔伯特博物馆藏）

第十三章
摇摆与反复——浪漫主义时期与克利诺林时期服饰文化

为了让裙子的下摆能够呈扇形向外扩张，女性开始在裙子里面穿上数层衬裙，并在外裙的腰部使用大量褶裥；裙子长度只及脚踝，正好露出女性一双玲珑的小脚。服装面料的色彩相比古典主义时期缤纷了许多，繁复的装饰重新开始流行，女性的身形在层层叠叠的细节之中显得格外的娇小。

袖型是这一时期服装中最具浪漫气质的代表。

为了衬托腰部的纤细，袖根被极度夸大化。女装的肩部不断向横宽方向扩张，在最为夸张的时候，上臂处袖子的围度甚至达到腰围的两倍。[3] 不同场合的服装常常会搭配不同的袖型：日装以长袖居多（图13.3），有袖山上装饰着缎带的曼丘洛装饰袖（macheron）或者小披肩袖；羊腿袖（gigot sleeves，leg-of-mutton）或半羊腿袖（semi-gigot）也是常见的日装的袖型，它们在肩部位置形状非常饱满，向肘部逐渐缩小，并且在肘部至手腕处收紧，袖口处通常有克夫；低领的晚装则多采用短泡泡袖（puff sleeves）（图13.4）。所有这些花样繁多的袖型都是为了极力地夸张肩部，将人们的视线牢牢地锁定在女性身体的上半部分。

图13.3 *Modes de Paris* 中的时装画 No.1050（1834年 纽约公共图书馆藏）

图13.4 *Modes de Paris* 中的时装画 No.1028（1834年 纽约公共图书馆藏）

图13.5 亚麻衬裙和以羽绒填充的棉布衬袖（19世纪30年代 京都服饰文化研究所藏）

图13.6 15款女性发型和发饰图（1830年 卫尔康博物馆藏）

为了支撑袖子的形状，人们会在袖根处使用袖撑（sleeve supports/pads）（图13.5），袖撑通常由鱼骨或金属丝制成，也有的由羽绒填充而成。女性在穿着时，需要将袖撑与紧身胸衣的肩带系在一起。[4]

这种膨大的裙摆和夸张的袖型相互呼应，让女性的宽肩、细腰和丰臀呈轻巧的X形，这便是浪漫主义时期女性服饰在廓形上的最为独特之处。

（二）发型与女帽

女性的发型和头饰在这一时期尤为精巧。

"阿波罗结"（apollo knot）是当时最时髦的一种发型，它通常出现在晚间的正式场合。这种发型的顶部发髻由女性自己的头发和假发组成，两侧的头发做成香肠卷发（sausage curls）排列在鬓角，发髻间经常装饰有鲜花或用玳瑁壳制成的梳子（图13.6），造型干净利落又有几分俏皮。

在浪漫主义时期，帽子是女装的重要组成部分，其尺寸大得惊人。其中，深冠阔檐帽（coal-scuttle bonnet）的帽冠需要用铁丝支撑才能保持形状，它围在女性脸部的周围，如同一圈宽大的光晕。丝带在帽子上的花朵和羽毛间飞舞，其用量也同样惊人，有时装饰一顶帽子甚至需要15英尺（约38

厘米)丝带才能完成。[5]许多已婚女士在夜间出席各种场合时，为了追求异国情调，喜欢斜戴用薄纱、缎面和天鹅绒做成的包头巾（turban）或无檐帽（beret）（图13.7）。它们与阿波罗结的高发型相呼应，在浪漫主义时期风靡一时。不过作为一种时尚，它在19世纪40年代便逐渐退出了时尚舞台。

(三) 细腰男装

法国大革命之后，现代男装"三件套"的基本构架逐渐形成。19世纪20年代，在浪漫主义和丹蒂风潮的浸润下，男性的自我展示和在装束上获得戏剧性效果的强烈渴望被激发出来，男装发展出了与女装相似的X形廓形（图13.8）。男性开始追求细腰，一些特别时髦的男性甚至效仿女性穿上紧身胸衣，以求获得理想的腰围。为了让男士看上去拥有结实的胸膛，男装外套里面继续使用衬垫，袖子也采用与女装相似的羊腿袖，使肩膀看上去更加宽阔。裤子流行上宽下窄的设计，小腿处紧绷，裤口处有一根带子，穿着时可以踩在脚下，类似今天女性穿的踩脚裤。[6]有的男性还会在袜子里添加衬垫，使腿部看上去更加匀称。

图13.7 《巴伐利亚的奥古斯塔》（1825年 私人藏品）

图13.8 *Costumes Parisiens*中的男士时装画 NO.2438（1826年 巴黎现代艺术博物馆藏）

图 13.9 夫拉克大衣（1828—1830 年 维多利亚与阿尔伯特博物馆藏）

马甲是男士衣橱中最精致、色彩最鲜艳的衣物。根据外衣的款式、季节、时间和场合的不同，男士们会选择不同款式和质地的马甲，如单排扣或双排扣、天鹅绒或丝绸质地等，它们为男装相对阴沉的色调增添了亮色，因此在男装中备受欢迎。

19世纪20年代，夫拉克大衣的款式也出现了变化。为了获得更好的保暖效果，大衣的前襟不再向后斜裁，衣摆整体长及膝盖，腰部使用了腰缝设计。[7] 大衣的廓形也同样追随当时的流行趋势，呈X形，袖根蓬起，下摆宽大，细腰、宽肩仍是视觉重点（图13.9）。里面的马甲短至腰部，前面略尖，这些设计都与同时期女装的造型遥相呼应。夫拉克大衣是当时男士日装中最为流行的服装之一，男士们出门时穿上它再搭配高帽（top hat）和手杖（cane），显得既潇洒又优雅。经过改良后的夫拉克大衣和燕尾服一同成为19世纪男装最主要的两款长外套。

二、克利诺林时期服饰文化

1837年，英国进入维多利亚时期（Victorian era，1837—1901年），社会和政治氛围从摄政时代的放纵与开放，逐渐转向保守，并且重新强调传统社会结构与秩序。

女性的服装开始由明艳转向克制。曾经盛极一时的羊腿袖、泡泡袖消失，女装的袖笼处顺着手臂方向滑落至肩线下方，形成上臂合体、下臂宽松的袖型，这种低袖虽然展示了女性柔美的肩部线条，但同时也限制了女性手臂的活动范围，使其难以抬到超过90度的位置。[8] 鲸须再次被使用到紧身上衣中，以帮助女性尽可能地达到理想的18英寸（约46厘米）腰围。[9] 裙子的长度由之前的脚踝以上重新回落到地面，女性的身形从X形转变为上轻下重的、稳定的三角形（图13.10），女装的关注点也由上衣转向了下裙。1850年，裙撑的尺寸被逐步扩大，最终发展出这一时期最具标志性的服装部件——克利诺林裙撑（crinoline）。

（一）克利诺林裙

随着技术的进步，纺织品的产量大幅上升，服装的面料种类增多，价格也更加便宜，各个阶层的服装消费都出现了明显增长。女性身上越来越繁重的衬裙阻碍了她们的行动，于是人们开始尝试使用其他的材料。其中，一种出现于1938年的马尾衬（法语为"crin"）硬质衬裙最受欢迎，它很快便替代了老式的廉价棉布衬裙。此后，19世纪出现的类似硬质衬裙均被称为"克利诺林"。[10]

缝纫机的大规模生产和应用让服装制作进入了机械化时代。裙子的制作时间缩短，装饰花边的过程变得简单。不过，裙摆也随之变得更加膨大，早期的马尾衬衬裙已经无法承受这样的重量。1850年，一种由鲸须或藤条做成的裙撑出现，[11]但这种裙撑依旧十分沉重，穿起来也颇为麻烦，一些富裕家庭的女性甚至需要好几个仆人帮助才能完成穿衣，其穿戴阵势蔚为壮观（图13.11）。

这种局面一直延续到1856年才得以改变。在这一年，英国人将裙撑的轮骨的材料换为钢圈，并在钢圈与钢圈之

图13.10　女裙（1836—1840年制　美国大都会艺术博物馆藏）

图13.11　女性需要在多人的帮助下才能穿上裙撑（约1850年）

间用亚麻布带相连接。[12] 由于外形酷似鸟笼，这种裙撑常被人们称为"鸟笼克利诺林"（cage crinoline）（图13.12）。

材料的改进使得裙撑的重量被大大减轻，不过它的尺寸也因此被人们不断加大，最终在19世纪60年代达到顶峰。[13] 在这一时期，人们最常见到的画面便是身着庞大、华贵的克利诺林裙的女人们"如同一艘巨大的船"与她们的丈夫出入于各种社交场合，她们"在前面昂首航行，而一艘小小的补给船——她们的男性守护者——在一旁相伴而行"[14]。对于男性而言，他们最为享受的莫过于向外人展示他们的妻子无须劳动、生活悠闲。在他们看来，妻子的花费越昂贵，不事生产的性质越明显，就越能提高自己的声望。[15] 女性在这一时期的理

图13.12 鸟笼克利诺林裙撑（1865年 京都服饰文化研究所藏）

想形象是端庄、温顺、被动的，她们被局限于家庭活动，生活完全依靠丈夫，正如同被关在笼中的小鸟一般，与世隔绝。

这种像穹顶一般庞大的裙撑给女性带来了诸多生活上的困扰，不仅让她们的社交活动备受限制，连生命都受到了威胁。她们在穿着这种裙子时，有的会因为大风而被掀翻在地，有的会因为不小心将裙子点燃或把蜡烛打翻引发火灾。[16] 女性的生活状态与19世纪社会的高速发展形成了鲜明的反差。

（二）装饰与色彩

19世纪50年代以后，女装上出现了洛可可风格的回潮，蕾丝和花边被大量使用于女裙，裙摆上也流行镶嵌数层荷叶边，宽的通常2—3层（图13.13），窄的6—7层。洛可可时期的塔

图13.13 晚装（1855年 京都服饰文化研究所藏）

袖也随之重现,不同的是它从肩部便开始逐渐变宽,袖口边缘嵌以蕾丝。[17]

这一时期女装面料的色彩也变得更加丰富。1856年,煤焦油染料被首次发现。19世纪60年代,人工合成的两种苯胺染料——紫色(magenta)和品红(solferino)问世。由于拿破仑三世的妻子欧仁妮皇后(Empress Eugénie)酷爱紫色(图13.14),因此在人工染料出现以后,欧洲掀起了一股紫色的旋风,很多女性将裙子、衬裙、帽子、长袜以及丝带都染成了紫色。[18]后来,随着各种其他颜色合成染料的出现,服装的色彩和图案旋即变得五彩斑斓起来,女装外裙装饰也更加华丽。

图13.14 《被侍女围绕的欧仁妮皇后》(1855年 贡比涅王宫博物馆藏)
中间那位身着白色克利诺林裙、胸缀紫色蝴蝶结的,便是欧仁妮皇后。

(三)布鲁默套装(Bloomer dress)

进入克利诺林时期以后,要求进行女性服装改革的呼声日益高涨,一些女权主义者决定将之付诸行动。1851年,艾米莉亚·詹克斯·布鲁默(Amellia Jenks Bloomer)和她的朋友伊丽莎白·史密斯·米勒(Elizabeth Smith Miller),开始推广一种由土耳其式宽松收口长裤和短裙组成的套装。布鲁默还将其刊登在了她主编

图 13.15 在舞台剧《布鲁默主义》中身穿布鲁默套装的伍尔加小姐（Miss Woolga）（1851年 维多利亚与阿尔伯特博物馆藏）

的禁酒杂志《百合花》（Lily）上，并配以相应的描述和制作说明，且以"自由服饰"（freedom dress）相称。起初她们推广这一套装的原因仅仅是因为它的舒适、方便、安全和整洁，并没有想过要引入一种新的时尚。[19] 但是，这种上下分身的套装很快便在女性中流行开来，她们在公共场合穿着它，把它视为属于自己的新服装，并将其称为"布鲁默"，这种套装也随之被命名为"布鲁默套装"（图13.15）。

布鲁默的出现为女性带来了行动上的自由，一些女权运动者随即开始寻求拥有与男人同等的选举权和工作权。她们的这些行为对大众所认知的男女性别特质产生了极大冲击，她们的着装被人们视为对各种意识形态的威胁，[20] 是对传统性别认同的公然挑战和对男性权威的篡夺。一些年轻的女人因此被剥夺教堂会员资格，有些女性甚至遭到了街头的骚扰。[21] 很多原本持支持态度的报纸杂志也开始嘲笑和谴责这种"布鲁默主义"（Bloomerism），丑化女性的形象。来自社会的巨大压力，让很多女性不得不重新穿回了及地长裙。

1859年以后，布鲁默套装逐渐淡出了人们的视线。虽然布鲁默流行的时间短暂，但是它为后来女装的发展指明了方向。在19世纪90年代，当女性开始积极投身于体育运动的时候，这种灯笼裤再一次进入了女性的着装选择。对于今天的女性而言，着裤装是一件稀松平常的事情，然而在服装发展史中，从女性开始在公众场合着裤装到被普遍接受却经历了艰难的过程。

（四）男士运动着装

当女性还被困在巨大的"鸟笼克利诺林"中的时候，男性服装却已经在朝着舒适和自由的方向迈进。划船、射击、高尔夫等运动在这一时期开始流行。参加体育运动成了男士们生活的重要部分，它被视为"男性的领地"，是证明男性气概的一种方式。[22] 为了适应运动的需要，有弹性的针织面料被大量使用在运动套装上，服装在版型上也更加注重舒适度。宽松马裤（knickerbockers）成为男性外出打猎和登山时的常用裤装，与之相配的通常是粗花呢小领外套、草帽和皮制的护腿。[23] 著名的诺福克夹克（Norfolk jacket）（图13.16）在19世纪60年代开始流行，这款工字褶的猎装外套据称是专门为诺福克公爵（Duke of Norfolk）所设计，并因而得名。[24] 19世纪80年代，这款夹克成了自行车骑行、钓鱼等户外爱好者的运动服。直至今日，它仍然作为一款精致的复古单品为很多男士所喜爱。

图13.16　诺福克夹克（1890—1900年）

（五）男士日常装与礼服

随着制造业的快速发展，纺织工厂已经可以生产出结构更为复杂、色彩更加丰富的布料。同时，缝纫机的出现也推动了成衣市场的发展，大批量的工业生产让服装呈现出标准化、规范化的趋势。几乎所有男装款式都有成衣可售。所谓"成衣"，就是指按一定规格、型号标准批量生产的成品衣服，是相对于量体裁衣式的定做和自制服装而出现的概念。自此，男士休闲装与正式礼服的区分变得更加明显，时尚的流行越来越转化为大众消费的认同，款式也更加丰富。

19世纪60年代，男装的三件套西服便装（lounge suit）出现，其西装外套、马甲和长裤都使用同一种面料。不过，那时的西服套装并非商务装扮，并且直到19世纪90年代都属于非正式服装，人们只有在早晨、外出旅行或者乡村环境中才会穿它。[25] 原本在19世纪50年代白天和夜晚都可穿着的燕尾服，到19世纪60年代被规定为晚间专属礼服，它需要搭配深色裤装、飞翼领衬衫，并且配以白色领结，因此燕尾礼服又常被称为"白领结（white tie）礼服"。最为正式的燕尾服在翻领处还需要使用缎面或者天鹅绒面料进行制作。

这一时期，男装上衣已不再痴迷于细腰设计，裤子的腰部也被加入了褶裥，裤口的踩脚带消失，裤子上出现了裤线（crease）[26]；马甲没有了过去的奢华，单色、格纹或者条纹取代了华丽的刺绣图案。

男士在着装细节上十分讲究,他们在日常生活中都会佩戴领结或领带,并用宝石或金银材质制成的领带夹固定,领扣也是男士的必备饰品。男式衬衣的领型以立领和翻领为主,假领在那时已经出现。

男性的发型通常为短发,络腮胡(mutton chops)在该时期十分流行。成年男性中最受欢迎的是"邓德里雷长连鬓髯"(Dundreary wiskers),它是一种有两片又长又翘的唇上须的络腮胡,其名称源自话剧《我们的美国表亲》(Our American Cousin)中的角色邓德里雷勋爵(Lord Dundreary)。[27]

(六)特殊场合的服装

1. 婚礼服

19世纪中期以前,西方新娘出嫁时所穿的婚纱并没有固定的颜色,直至1840年,英国维多利亚女王(Queen Victoria)大婚之后,白色婚纱才成为最为普遍的新娘礼服。[28]

维多利亚女王是欧洲历史上最有影响力的君王之一,她从1837年开始统治英国,长达64年。在此期间,她巩固了英国的统治,加强了内部团结,推动了君主立宪制的充分发展。同时,她的家庭生活和她相对克制、重情感的人格,对英国国民的道德观念和社会风气的形成也起到了重要的作用。

对于时尚,维多利亚女王并不算是一位特别敏感的女王,但是她仍然以独特的方式在婚服、丧服和珠宝等重要的服饰领域影响了英国乃至整个欧洲。她统治的时期也因此而成为一个时尚与情感联系极为紧密的历史阶段。

1840年,21岁的维多利亚女王与阿尔伯特亲王(Prince Albert)举行婚礼,婚礼上的她头戴由丈夫亲自设计的香橙花头饰,胸前佩戴缀有巨大蓝宝石的钻石项链,身穿一件拖裾长达6码(约5.5米)的露肩白色缎面礼服(图13.17)。与以往皇室婚礼上常见的镶满珠宝银饰的天鹅绒长袍相比,

图13.17 《维多利亚女王婚礼》局部(乔治·艾泰作 1840年 伦敦皇家收藏信托藏)

她的婚纱显得格外不同,它除了象征财富,更重要的是向世人传达女王作为一名妻子的身份,以及婚姻中所应蕴含的浪漫与忠贞。当然,也展示了她作为女王的权力和威望。为了表达对英国纺织业的支持,维多利亚选择了产自伦敦东部的斯皮塔佛德(Spitalfields)的丝绸来制作她的婚纱,[29]上面覆盖着精致的霍尼顿式手工蕾丝(Honiton lace)[30]。这些举动让维多利亚女王迅速获得了手工业者的支持,也赢得了民众的喜爱。

后来,尽管手工蕾丝最终还是不可避免地被机器生产的蕾丝替代,但这也意味着蕾丝已不再是奢侈品,婚礼上新娘身穿白色婚礼服的习俗逐渐在民间形成,并一直流传至今。

2. 丧服

一直以来,人们都会穿着特别的服装来表达对逝去亲人的哀悼。在19世纪后半叶的欧洲,对于哀悼礼仪的重视更是达到了前所未有的高度。

1861年12月14日,维多利亚的丈夫阿尔伯特不幸去世。为了寄托对丈夫的哀思,维多利亚女王在余生的40年间始终穿着黑色的丧服,佩戴哀悼珠宝(图13.18),即使在女儿的婚礼上她也是如此。[31]她的这一行为为民众设立了一个极高的标准。在当时严格的丧服守制中,黑色成为哀悼服的标准颜色,丧服的布料多为黑色绉绸(black crepe)。由于制办丧服的开销昂贵,一些支付不起这笔费用的人会把日常服装染成黑色来充当哀悼服。此外,根据亲属与故去之人关系的亲疏远近和不同的哀悼阶段,对

图13.18 **维多利亚女王(1897年)**

黑色在服装中所占的比例以及服丧时间的长短也有明确的规定。如果去世的是某位女性的丈夫,那么该女性需要服丧两年,其中,第一年应着全黑丧服(full mourning)且不能接受除亲人之外任何人的社交邀请,第二年可着有适当暗色边饰的黑色服装(half mourning);如果逝去的是其父母,该女性需要服丧一年;如果是祖父母,则服丧半年。[32]这些复杂的规定适用于所有阶层,但仅仅针对女性,男性只需要佩戴黑色袖圈即可。[33]因为"他们不能被纷繁的哀悼仪式所累,否则会

限制他们参与社会活动的能力"[34]。这一时期的时装杂志在传播和规范哀悼礼仪及服饰方面也展示了时尚媒体在塑造社会习俗方面的重要影响力,它们通过详细报道和展示著名人士的哀悼服装,对当时的公众在黑色丧服的穿着方式和细节方面发挥了重要的指导作用。

(七)珠宝

在维多利亚女王统治时期,珠宝首饰的意义与以往相比大为不同。相较于过去主要作为权力和财富的象征,这时期的首饰被赋予了特殊的情感与内涵。这一变化的产生与维多利亚女王的成长经历有着密不可分的关系。

维多利亚自幼对珠宝首饰就有着自己独特的理解。在她不到一岁的时候,父亲便离开了人世,母亲在她随身佩戴的吊坠和手镯中分别放置了一缕父亲的头发和一张小画像以表哀思。因此,她从小就认为首饰是为了纪念某一个人或某一段记忆而存在的,并不仅仅代表华丽和奢侈。婚后,她的丈夫阿尔伯特也常常会为她设计具有特殊含义的首饰,例如将他们疼爱的大女儿的牙齿镶到一枚胸针上,并将其设计成一朵漆上珐琅的蓟形白花;[35]或在圣诞节的时候送给她镶有公主画像的手镯。[36]他们将珠宝首饰作为个人情感的物质载体,引来了民众的纷纷效仿。"藏头诗珠宝"(acrostic jewelry)就是人们最为喜爱的一种首饰。它们通常镶嵌着数颗宝石,每一颗宝石名称的首字母按顺序组合起来会是一个表达爱意的词语,例如 "Beloved" "Regard" 等。[37]年轻的女子会找匠人订购不同花式的心形吊坠,在里面放置爱人的头发或是孩子的牙齿。

此外,哀悼珠宝在维多利亚时期也曾大规模流行。这是一种用以寄托相思和悼念逝去亲人的首饰,它出现于16世纪,但真正受到人们的关注却是在1861年阿尔伯特亲王去世之后。亲王的忽然离世让整个英国都进入了哀悼期。为了纪念阿尔伯特,维多利亚女王将他的头发和画像镶入吊坠、胸针和戒指中随身佩戴,其中最著名的是一枚存放着阿尔伯特亲王照片的黑玉戒指(图13.19)。黑玉(jet)既坚硬又轻,是当时最常见的一种制作哀悼珠宝的材料。[38]一些失去亲人的妇女还会选择用逝者的头发制作胸针和垂饰,或将逝者和生者的头发交织在一起做成手镯。这些首饰不仅仅是

图13.19 带有阿尔伯特亲王照片的哀悼戒指(1857—1862年 伦敦皇家收藏信托藏)

关于死亡或对死者的哀悼，它们更是一场死者和生者之间的对话，一种情感上的延续。哀悼首饰在欧洲和美国一直流行到第一次世界大战的爆发。

在维多利亚长达64年的统治期间，首饰被赋予了浓重的人文色彩，极尽华美和浪漫，这也是它们至今仍然受到现代人喜爱的重要原因之一。

※ 本章小结

19世纪的欧洲和美国社会进入了快速发展的时期。工业化的发展、机器的发明、人口的增长以及市场的建立，使得中产阶级的人数不断扩大，财富迅速积累，消费文化随之萌芽。现代男装的基本范式在这一阶段逐渐形成，资产阶级男性在服装上注重高档的面料、沉稳的色彩和精良的裁剪，将服装和配饰中的流光溢彩留给了女士们，男装进入了一个发展相对缓慢的时期。

在这一世纪的相当长一段时间里，男女两性之间依然存在着巨大的权力失衡。因此，无论女性如何装扮自己，她们始终处在男性审美主导之下，被凝视和评判着。大多数女性仍然被禁锢于家庭之中，与工业革命发展的滚滚车轮形成鲜明的对照。19世纪中期，伴随着女权主义浪潮，服装改革的呼声不断涌现，虽然它们对当时主流时尚的影响微乎其微，但是对19世纪末以后女装的发展进程却产生了非常积极的影响。

☼ 思考题

1. 如何理解浪漫主义时期的女装重新回归宫廷式的繁复？请试析其背后的成因。

2. 请比较克利诺林时期资产阶级男装与女装的特点，并分析其背后所蕴含的文化内涵。

3. 试阐述维多利亚时期珠宝的特点，并请设计一款珠宝以纪念某位逝去的亲人。

4. 请以西方历史上的一位君王为例，阐述统治者的个人魅力以及治国理念对服饰发展的影响。

【注释】

[1] 1814—1815年，路易十六的弟弟路易十八两度登上法国王位。1824年，其弟查理十世嗣位并在法国疯狂地推行极端保守的统治。

[2] BELL C J. Collecting Victorian jewelry: identification and price guide [M]. Iola: KP Books, 2004: 21, 542.

[3] CUNNINGTON C W. English women's clothing in the nineteenth century: a comprehensive guide with 1,117 illustrations [M]. New York: Dover Publications, 1990: 122.

[4] EDWARDS L. How to read a dress: a guide to changing fashion from the 16th to the 21st century [M]. New York: Bloomsbury Academic, 2017: 75.

[5] CUNNINGTON C W. English women's clothing in the nineteenth century: a comprehensive guide with 1,117 illustrations [M]. New York: Dover Publications, 1990: 154.

[6] NORRIS H, CURTIS O. Nineteenth century costume and fashion [M]. New York: Dover Publications, 1998: 46.

[7] 维多利亚与阿尔伯特博物馆，https://collections.vam.ac.uk/item/O13952/frock-coat-unknown/.

[8] CUNNINGTON C W. English women's clothing in the nineteenth century: a comprehensive guide with 1,117 illustrations [M]. New York: Dover Publications, 1990: 627.

[9] CUNNINGTON C W. English women's clothing in the nineteenth century: a comprehensive guide with 1,117 illustrations [M]. New York: Dover Publications, 1990: 628.

[10] WAUGH N. Corsets and crinolines [M]. New York: Theater Arts Books, 2004: 93.

[11] BOUCHER F. 2000 Years of fashion: the history of costume and personal adornment [M]. New York: Harry N. Abrams, 1987: 381.

[12] WAUGH N. Corsets and crinolines [M]. New York: Theater Arts Books, 2004: 93.

[13] FUKAI A. The collection of the Kyoto costume institute: fashion, a history from the 18th century to the 20th Century [M]. Kyoto: Taschen, 2013: 220.

[14] LAVER J. Costume and fashion: a concise history [M]. New York: Thames and Hudson, 1986: 179.

[15] 凡勃伦. 有闲阶级论 [M]. 凌复华, 彭婧珞, 译. 上海: 上海译文出版社, 2019: 145.

[16] MITCHELL R N. 15 August 1862: the rise and fall of the cage crinoline [J/OL]. BRANCH: Britain, representation, and nineteenth-century history, 2016, [2025-02-01]. https://branchcollective.org/?ps_articles=rebecca-n-mitchell-15-august-1862-the-rise-and-fall-of-the-cage-crinoline.

[17] CUNNINGTON C W. English women's clothing in the nineteenth century: a comprehensive guide with 1,117 illustrations [M]. New York: Dover Publications, 1990: 266.

[18] CUNNINGTON C W. English women's clothing in the nineteenth century: a comprehensive guide with 1,117 illustrations [M]. New York: Dover Publications, 1990: 324.

[19] 克兰. 时尚及其社会议题: 服装中的阶级、性别与认同 [M]. 熊亦冉, 译. 南京: 译林出版社, 2022: 127.

[20] 克兰. 时尚及其社会议题: 服装中的阶级、性别与认同 [M]. 熊亦冉, 译. 南京: 译林出版社, 2022: 128.

[21] BLACKWELL A S. Lucy stone: pioneer of woman's rights [M]. Charlottesville, VA: University of Virginia Press, 2001: 105.

[22] 克兰. 时尚及其社会议题: 服装中的阶级、性别与认同 [M]. 熊亦冉, 译. 南京: 译林出版社, 2022: 132.

[23] Fashion: the definitive history of costume and style [M]. New York: DK Publishing, 2012: 217.

[24] JOHNSTON L. 19th-century fashion in detail [M]. New York: Thames and Hudson, 2005: 66.

[25] BOUCHER F. 2000 Years of fashion: the history of costume and personal

adornment [M].New York：Harry N. Abrams, 1987：384.

[26] COLE D J, DEIHL N. The history of modern fashion [M].London：Laurence King Publishing, 2015：70.

[27]《我们的美国表亲》先后公演了将近500场。1865年，美国总统林肯就是在观看该剧时不幸遭到刺杀。CHRISP P. History of fashion and costume：the Victorian age [M].New York：Facts on File, 2005：53.

[28] CHRISP P. History of fashion and costume：the Victorian age [M].New York：Facts on File, 2005：31.

[29] GOLDTHORPE C. From queen to empress：Victorian dress 1837-1877 [M]. New York：The Metropolitan Museum of Art, 1988：61.

[30] GOLDTHORPE C. From queen to empress：Victorian dress 1837-1877 [M]. New York：The Metropolitan Museum of Art, 1988：15. 霍尼顿蕾丝是英国德文郡制造的一种线轴蕾丝。

[31] CHRISP P. History of fashion and costume：the Victorian age [M].New York：Facts on File, 2005：33.

[32] MCDANIEL K. Angels in black：Victorian women in mourning [EB/OL].[2025-02-01]. https：//greeleymuseums.com/victorian-women-in-mourning/.

[33] CHRISP P. History of fashion and costume：the Victorian age [M].New York：Facts on File, 2005：32.

[34] MCDANIEL K. Angels in black：Victorian women in mourning [EB/OL].[2025-02-01]. https：//greeleymuseums.com/victorian-women-in-mourning/.

[35] 沃斯利.维多利亚女王 [M].张佩, 译.北京：北京燕山出版社, 2019：173.

[36] 沃斯利.维多利亚女王 [M].张佩, 译.北京：北京燕山出版社, 2019：167.

[37] BELL C J. Collecting Victorian jewelry：identification and price guide [M]. Iola：KP Books, 2004：23, 542.

[38] BELL C J. Collecting Victorian jewelry：identification and price guide [M]. Iola：KP Books, 2004：212, 542.

| 第十四章 |

转化与过渡

——巴塞尔时期与S形时期服饰文化

一、巴塞尔时期的服饰文化

19世纪50年代中期，克利诺林裙的尺寸达到顶峰，这导致了一系列的安全问题。同时，由于工业化的快速发展，服装制作成本大幅降低，裙撑的大小已经不再能代表女性的社会地位，上层阶级的女性对这一时尚逐渐失去兴趣。克利诺林裙撑的前面弧度开始逐渐回缩，呈现出前短后长的形态。1869年以后，女裙的两侧开始收窄，重心后移，臀部曲线被夸张地突出，一种新的款式——巴塞尔裙（bustle skirt）出现在人们的视野中（图14.1）。

图14.1　巴塞尔裙（1870年　美国大都会艺术博物馆藏）

从19世纪70年代到80年代的20年间，巴塞尔裙曾经在两个不同时期都十分流行：第一阶段为1870—1875年，第二阶段为1883—1889年。在这两个阶段之间的1876—1882年流行过一段公主线（princess line）造型，也称"自然形态"（natural form）。[1]不过，在服装史上通常把1870—1889年这一段时间整体称为"巴塞尔时期"。

（一）巴塞尔（bustle）与巴塞尔裙

巴塞尔是指用来支撑女性裙子后部的臀垫或者裙撑。

女性在16世纪便开始使用软臀垫（bum roll），不过在穿着时通常会与法勤盖尔组合使用，这样可以使裙撑的后部显得略微丰满一些。在经历了一段巴洛克时期的无裙撑阶段以后，女裙在17世纪末期曾出现过一段短暂的"巴黎臀"造型。时隔两个世纪后的19世纪60年代中期，裙子的体积又一次向后转移。裙撑前面的轮骨被去掉，侧面的宽度逐渐变窄，这种裙撑被称为半衬裙（crinolette）或半克利诺林裙撑（half-crinoline）。[2]1867年，时装设计师查尔斯·弗雷德里克·沃斯（Charles Frederick Worth）[3]在此基础上推出了一款精美的户外女装，它外衣似骑马服，前面呈心形打开，衣摆向后撩起并在臀部堆积，再由穗带拉起形成褶皱，上面饰有一个巨大的蝴蝶结。[4]这种款式从某种程度上说是对洛可可时期波兰罗布的复兴。

随着这款服装的成功推出,人们纷纷开始效仿,各种新奇的褶皱设计不断涌现,凸臀和拖裾的组合普遍流行,塑造了巴塞尔时期早期的女性形象。进入1876年以后,女性服装开始流行"公主线"裙,直至1883年,巴塞尔臀垫卷土重来。相较于前一次,这一阶段女装的臀部线条与上身几乎成直角,外形似蜗牛壳(图14.2),巴塞尔裙撑的结构更加复杂,样式变化也更加丰富。

这一期间的巴塞尔主要分为三种类型:大巴塞尔,它们的外形较大,通常长及小腿处,多以金属丝或者鲸须圈支撑(图14.3),有的在臀部处还设计了可调节大小的结构(图14.4);小巴塞尔(small bustle),这种类型的巴塞尔相对舒适、轻便,例如坐着可以折叠的"坎菲尔德巴塞尔"(Canfield bustle)、散热功能良好的"健康巴塞尔"(health bustle)[5]、小型"龙虾巴塞尔"(lobster-tail bustle)等;另外一种为小臀垫(bustle pad),它们形似月牙儿,有的是用马毛或者羽毛填充的软臀垫[6],有的则用藤条或者金属丝编织而成

图14.2 下午装(1885—1888年 纽约布鲁克林博物馆藏)

图14.3 巴塞尔(1871年 美国大都会艺术博物馆藏)

图14.4 白色纯棉布制作的巴塞尔(1884年)

图14.5 小型巴塞尔和臀垫（19世纪80年代 美国大都会艺术博物馆藏）
左边为坎菲尔德巴塞尔，中间为小型龙虾巴塞尔，右边为金属丝编织的臀垫。

（图14.5），由于其尺寸较小，因而使用起来十分方便。这一时期的女性通常拥有一种或多种巴塞尔，它们可以单独穿戴，也可以组合使用。这些巴塞尔除了起到支撑作用之外，更是为了夸张女性的臀部体积和线条，从而吸引异性的目光。

巴塞尔时期的日装女裙（walking dress）通常为高领，裙摆短至脚踝以上，方便女士出行和社交；晚装则常常裸露肩膀，并有拖地裙裾。

19世纪70至90年代女性独特而性感的形象是同时期绘画作品中的常见素材。点彩派绘画大师乔治·修拉（Georges Seurat）的《大碗岛的星期天下午》（图14.6）就生动地表现了1886年女性服装的造型；法国画家詹姆斯·提索斯（James Tissot）的绘画作品也常以上流社会女性的生活为主题（图14.7），清晰地展现出女性服装从巴塞尔到公主线造型的演变过程。

图14.6 《大碗岛的星期天下午》（乔治·修拉作 1884—1886年 芝加哥艺术学院博物馆藏）

（二）女装外套和帽饰

由于巴塞尔时期女装的特殊廓形，斗篷（mantle /dolman）成为该时期最为流行的一种外套。斗篷的袖子宽大且与身体部分一体裁剪，通常前片较长，垂至腹部以下；后片短至腰部，露出性感的巴塞尔裙。

这一时期的女性流行将长卷发扎成发髻，特别是在19世纪80年代中期，女装流行高领的时候，这种发型最为常见。女帽的形状小巧，佩戴的时候只是浅浅地扣在发髻上，使头部看上去又高又窄，增加了视觉上的高度；帽子上常常被精心装饰着丝带、花朵、蕾丝和羽毛，有的甚至还饰有动物、贝类和昆虫类饰品，[7] 这也导致19世纪80年代鸟类被大量捕杀，许多物种濒临灭绝。[8] 欧洲各国也就是在这个时期纷纷开始设立自己的动物保护组织。

（三）公主线裙（princess line dress）

19世纪70年代末，设计师沃斯推出了著名的"公主线裙"，[9] 它是一种腰部没有横向接缝的连衣裙，上面仅使用了多条自肩颈部纵向通往臀胯部的省道，[10] 这种省道即"公主线"。它的应用改变了之前女装的廓形，恰到好处地衬托出女性婀娜的形体（图14.8）。"公主线裙"的名称取自亚历山德拉公主（Alexandra, Princess of Wales），[11] 后来的爱德华七世的妻子。她身形曼妙，气质端庄华贵，是公主线裙最为理想的呈现者，也正是她将女装的这一新造型推广至全欧洲。

在1876年至1882年的"自然形态"时期，公主线不仅出现在长裙上，也常常被应用于长

图14.7 《泰晤士河上》（詹姆斯·提索斯作 1874年 私人收藏）

图14.8 《晚装》（詹姆斯·提索斯作 1878年 巴黎奥赛博物馆藏）

过臀部的女式上衣中。直至今日，在女装的连衣裙、外套和大衣等服装中，我们依然可以见到公主线的存在。

（四）极端的紧身胸衣

在巴塞尔和公主线裙流行的时期，如果想要展现完美的腰臀比例和流畅的形体线条，女性需要拥有更为紧身的胸衣，一些采用新方法和新材料制作出来的紧身胸衣受到了女性的热烈追捧。

钢骨（steel boning）作为鲸须的替代品被大量使用于紧身胸衣的制作中。所谓"钢骨"，就是与鲸须宽窄相近的钢条，它能够承受更大的压力且比鲸须更耐用，比细绳又更坚硬、更富有弹性。[12]钢骨的使用让紧身胸衣出现了一些新的款式，其中沙漏形紧身胸衣最符合女性对蜂腰的追求，而19世纪60年代末出现的蒸汽定型技术又让这种紧身胸衣的线条更加完美。这一技术的发明者是埃德温·伊佐德（Edwin Izod），他将浆过的紧身胸衣放置在蒸汽加热的铜制人台上，让其自然晾干、收紧定型。[13]这样制作的紧身胸衣穿在身上，即使在重压之下，女性的身体线条依然可以保持圆润、顺滑。1873年，一种钢制的勺形巴斯克（busk）被置入了紧身胸衣的前中，它在腹部的位置向外微微弯曲再向内收，确保了紧身胸衣的底部不会有突出，形成柔和的流线型向下过渡（图14.9）。这种巴斯克让紧身胸衣的左右两片可以很轻松地扣在一起，易于穿脱，同时，其宽宽的勺身处可以相对减弱紧身胸衣对女性内脏的压力。

不过，蒸汽定型技术、勺形巴斯克以及大量钢条的使用，让紧身胸衣变得更加沉重，从某种程度而言，对女性的身体造成了更加严重的摧残。[14]

（五）理性着装（rational dress）

19世纪70年代后期，服装改良主义者对当前的时尚发出了声讨，他们从健康、卫生、女性权利和美学等方面呼吁对女性服装进行改革。

1881年，著名骑行爱好者、服装改良运动的领导者哈伯顿夫人（Lady Harberton）在英

图14.9　紧身胸衣（1887年　维多利亚与阿尔伯特博物馆藏）

这是一件利用蒸汽定型技术制作的紧身胸衣，前中嵌入了勺形巴斯克。

国与他人联合创立了"理性着装协会"（Rational Dress Society），希望将女性从服装的束缚中解放出来。哈伯顿夫人认为女性目前的着装根本无法让她们成为完整的社会成员，她主张服装功能化，提倡女性着裤装。她提出，理想的服装应该首先能够赋予女性自由，让她们可以"通过户外运动和旅行让自己拥有健康、真实的美，这样才是男性真正欣赏和爱慕的对象"[15]。她的理性着装协会甚至为女性专门定制无鱼骨内衣，以推广"服装不应改变身形"的理念。

哈伯顿夫人的这些主张最初也曾遭到大众的揶揄，但是她仍然获得了一部分名人和勇敢女性的支持。奥斯卡·王尔德（Oscar Wilde）[16]和他的妻子康斯坦斯·劳埃德（Constance Lloyd）便是"理性着装"以及同时代"唯美主义运动"的坚定支持者。1885年，王尔德在《纽约论坛报》刊登的《着装的哲学》（The Philosophy of Dress）一文中明确反对女性穿臀垫或者克利诺林，他认为"臀垫是所有小物件中最为邪恶的"，并指出"服装之美如同生活之美，都是以自由为基石的"[17]。哈伯顿夫人的"理性着装"理念逐渐得到了传播。19世纪80年代，随着铁路电气化技术逐渐兴起，人们可以便利地去往乡村、海滨度假，这为女性的生活提供了更多的选择和可能，功能性女装的需求越来越强烈。19世纪晚期，两侧开衩长裙和布鲁默裤再次出现在女性的运动服装中。

（六）唯美主义服饰（aesthetic dress）

唯美主义运动（Aesthetic Movement）始于19世纪70年代的英国。[18]早期的唯美主义服饰深受19世纪中期拉斐尔前派（Pre-Raphaelite Brotherhood）人物画像的影响，画中人物以中世纪晚期以及文艺复兴早期的形象为灵感，女主人公大多长相绝美，拥有浓密卷曲的头发和苍白的皮肤；她们身着宽松柔软的长裙，没有紧身胸衣也不穿厚重的衬裙和裙撑，看上去神秘而忧郁（图14.10）。拉斐尔前派的画家们通过画作表达了对当时主流服装的反抗和抨击，同时，在日常生活中他们也鼓励家人和朋友穿着这样的服装。

图14.10 《莉莉斯小姐》（但丁·加百利·罗赛蒂作 1867年 美国大都会艺术博物馆藏）

唯美主义服饰的推崇者吸收和采纳了拉斐尔前派作品中服装的特点，倡导能体现人类自然体形的服装。他们认为工业化生产下的服饰丑陋低劣，呼吁摒弃维多利亚时期装饰繁复和扭曲形体的服装风格，强调手工技艺、天然面料质感以及简洁款式。他们认为女性的服装应该与她们所处的环境相协调，[19]在色调上以柔和的绿色、蓝色、棕色为主，且色彩都应来自天然染料（图14.11）；[20]唯美主义女装多为高腰设计，面料柔软飘逸；古希腊的丘尼克、中世纪的袖型和伊丽莎白时代的小拉夫领都是唯美主义服饰中常见的元素。[21]

图14.11　女裙（1893—1894年　维多利亚与阿尔伯特博物馆藏）

唯美主义者主张"为艺术而艺术"，相较布鲁默女士和理性着装协会提出的舒适、方便与健康的服装改革要求，他们更注重追求服饰单纯的美感。[22]"唯美主义服饰"与"理性着装"等其他服饰改良运动一起，对19世纪末的时尚产生了深远的影响。

（七）高级定制时装之父——沃斯

自19世纪中期以来，巴黎的高级定制（haute couture）一直都处于时装界的金字塔顶端，它所践行的现代时装体系最早由查尔斯·弗雷德里克·沃斯（1825—1895年）建立，他也因此被后人誉为"高级定制时装之父"[23]。

沃斯（图14.12）出生于英国林肯郡，他13岁时便在伦敦的一家布料店当学徒，在那里他学会了很多关于纺织品的知识。1846年，沃斯只身来到巴黎，入职加热兰公司（Gagelin Opigez & Cie）担任销售助理，专门为宫廷供应丝绸面料和羊绒披肩。不久后，他在公司新开设了服装部，将公司的业务拓展

图14.12　查尔斯·弗雷德里克·沃斯

到服装制作领域。沃斯的才华很快引起了皇室的注意,他本人也成为欧仁妮皇后的私人服装设计师。[24]1857年,他和朋友一起在巴黎创立了第一家高级定制时装屋——沃斯时装公司(House of Warth)。[25]

沃斯在他的职业生涯中成功地将"设计"这一理念融入服装制作中,开启了由设计师主宰时尚品位和潮流的时代。

在19世纪中期以前,服装制作者都必须根据顾客的喜好缝制衣服,主导权始终掌握在顾客的手中,因此他们称不上是真正的设计师。此外,制作者还必须提供上门服务,由于他们与顾客之间的交流非常私密,因此为女性提供服务的都是女性,女装制作也被认为是"一个被闺房的神秘气氛所笼罩的领域"[26],男性的参与在当时是一件十分罕见的事情。19世纪中期,沃斯在巴黎的成功改变了这一状况。他在时装屋中举办沙龙秀,吸引顾客到店洽谈,再以设计师的身份在服装的色彩和款式上给予建议,使服装师不再只是实现客户要求的裁缝。同时,他发挥男性设计师的优势,将"增加女性在男性眼中的魅力"作为设计的第一考虑要素,这一策略极大地提升了男性设计师在女性心目中的地位(图14.13)。[27]

除了上层社会的女性,很多明星也请沃斯为她们设计演出服和私人服装,沃斯的名字频繁出现在各种女性时尚杂志上,欧洲和美国的名流纷纷慕名而至,力求紧随巴黎的流行趋势,[28]巴黎的高级时装屋成了时尚流行的策源地。

沃斯不仅拥有灵敏的时尚嗅觉,还有着精明的商业头脑。他为服装的制造和营销制定了一整套策略,并被高级时装行业沿用至今。他是首位使用真人模特向客户推销服装的设计师。他最初聘请职员玛丽·弗内特(Marie Vernet)穿上他设计的服装在店里走动以吸引顾客。玛丽后来成了沃斯的妻子,也是历史上的第一位时装模特。在沃斯的店里,顾客们可以根据模特们穿在身上的效果,按照各自的需求做出购买选择,这便是后来的高级时装定制。[29]

沃斯的时装公司采取工业化流水线的生产方式,不同职位的制衣工人负责不同部分的制作。沃斯对服装的细节、技巧和工艺要求极高,尽管当时缝纫机已经普及,但是他仍然要求大部分的服装由手工完成。沃斯还

图14.13 沃斯设计的晚礼服(1882年 美国大都会艺术博物馆藏)

是第一个将个人品牌标签缝在定制服装上的设计师,他有效地保持了品牌的独有性。

在19世纪末的巴黎,其他著名的时装设计师还有卡洛姐妹(Callot Soeurs)、雅克·杜塞(Jacques Doucet)和帕康夫人(Jeanne Paquin)等,他们被认为是服装史上最早的一批现代时装设计师。

二、S形时期的服饰文化

从19世纪末到第一次世界大战之前是欧洲相对和平的一段时期。当时的法国正处在它一战前最为繁荣的阶段——"美好时代"(Belle Époque),巴黎作为欧洲的时尚中心涌现出了许多新的高级时装屋;进入20世纪以后,英国也步入了其相对自由、开放的时代——爱德华七世统治时期(1901—1910年)。英、法两国于1904年签订的《英法协约》让它们的消费者得以自由地出入于各大时装屋。[30]远在大西洋彼岸的美国时装行业在这一时期也因为成衣制作的发展而迸发出了勃勃生机。

与此同时,兴起于19世纪末的新艺术运动(Art Nouveau)[31]正风行于整个欧洲,这一运动在装饰上师法于自然,强调对自然形态的模仿,大量采用的曲线和非对称性的线条也多取自自然界中动、植物的波状形态。[32]受其影响,该时期的女装在整体造型、纹样和紧身胸衣的结构等方面都充分回应并体现了这一风格(图14.14)。

(一)女装的S形

图14.14 晚礼服(沃斯作品 1898年 美国大都会艺术博物馆藏)

19世纪末,女装的造型从巴塞尔时期对臀部的关注转而注重突出女性形体整体的流动性和曲线性。臀垫的尺寸被逐渐缩小,紧身胸衣成了女性追求优美身形最主要的工具,它对身体的挤压使女性的呼吸和血液循环受到强烈的压迫,许多女性的内脏出现移位并且患上严重的妇科疾病。针对这一问题,众多医学工作者纷纷提出异议甚至介入紧身胸衣的设计当中。1900年,拥有医学学位的茵斯·约瑟芬·加什·莎洛特(Inez Josephine Gaches Sarraute)决定对传统紧身胸衣进行改良,她把紧身胸衣的上边缘从乳房中部挪到下部,将女性的胸部解放出来，让她们能够自由呼吸；她用细绳将腰腹部勒紧的同时放松臀部，女性的骨盆被后推，胸部往前倾斜，形成一种丰满的鸽胸状。这种压腹式前直型紧身胸衣（straight-fronted corset）在当时被称为"健康紧身胸衣"（图14.15）。虽然事实证明，它在释放女性身体所遭受的整体挤压方面并没有明显的效果，[33]但是相对于沙漏形紧身胸衣，它让女性的身体呈现了一种新的S形曲线，这引起了女性的极大兴趣，前直型紧身胸衣迅速成为女性的新宠。女装裙子的线条则顺势自然下滑包裹住臀部，在下摆处张开成一个巨大的喇叭形。女性挺胸收腹翘臀的身形呈现出优美的S形曲线（图14.16）。

S形时期女服也同样有明确的日装与晚装之分。日装裙长及地、高领、长袖，通常再配以长手套和宽檐大帽；晚礼服则裙长拖地并形成拖裾、低领、短袖衬托出女性的美艳与性感。曾经在文艺复兴和浪漫主义时期十分流行的羊腿袖在这一时期再次回归，并且出现了新的变化，袖子的上半段极为夸张地呈灯笼状或圆球状，自肘部忽然收紧，视觉上对比强烈（图14.17）。

图14.15 穿前直型紧身胸衣的女人（1890年）

图14.16 演员卡米尔·克利福德（1910年 伦敦国家肖像馆藏）

图14.17 日装（古斯塔夫·比尔作品 1895年 京都服饰文化研究所藏）

（二）"新女性"（New Woman）形象和"吉布森少女"（The Gibson Girl）

在19世纪90年代，出现了一批被称为"新女性"的知性女性，她们接受过良好的教育，生活独立且愿意积极投身于公共事业。[34]她们喜爱穿一种男式女衬衫（shirtwaist），这种衬衫的前面有一排扣子，在胸前的位置有褶裥。由于衬衫通常都被塞在裙子里面，因此会用一条带子在腰部将这些褶裥整齐地固定住，让它们始终保持在合适的位置。衬衫的领型为紧靠脖子的小立领（band collar）或者翼领（wing tip collar）；袖型似羊腿袖，肩头高耸，上端蓬开，下臂处收紧。女性在穿这种男式女衬衫的时候常饰以黑色小领结或领带，搭配一条简洁的深色长裙（图14.18）。这种衬衫为女性身体自由活动提供了可能，也成为女性在运动时最常见的服装。不过在这种衬衫的里面，女性还是需要严格地穿着内衣和紧身胸衣。

在19世纪的最后十年，由于美国成衣制造已初具规模，这种男式女衬衫在美国得到批量生产并出现在了百货公司的货架上。[35]由衬衫、夹克、长裙和马甲组成的女装成衣套装在美国已普及至社会各个阶层的女性，其中的西装夹克更被认为是"19世纪女性解放的象征"[36]，它使用的是厚重的男装面料，并且还保留了翻领、袖扣等男装中的细节。这种简洁的套装相比繁复的传统时装更为舒适，也更加有利于健康。

图14.18　女图书馆员（1895年　多伦多公共图书馆藏）
照片中的女性身穿着款式略有不同的男式女衬衣。

几乎在每一个历史时期，都会有艺术家将各个时期的人物形象理想化地呈现在他们的艺术作品中，美国插画家查尔斯·达纳·吉布森（Charles Dana Gibson）创作的"吉布森少女"就是这种典型形象的代表。他画作中的年轻女性骑自行车、打高尔夫球、登山、游泳，她们身材修长、腰肢纤细，飘逸蓬松的卷发高高盘起，自信而迷人（图14.19）。在吉布森的笔下，热爱运动的女性是时尚的，是与社会相融的。[37]

吉布森少女身上的优雅、从容与活力很快受到全国各地年轻女性的喜爱，她们不仅模仿吉布森少女的穿着打扮，更学习画作中所传递出的"新女性"生活态度，积极投身于社会活动和各项体育运动中。一时间，在整个美国甚至欧洲，处处可见"吉布森少女"。

图14.19　吉布森少女形象

（三）女性的运动着装

19世纪90年代，女性参与运动的人数大幅增加。许多女子大学将篮球列入标准体育项目；越来越多的女性开始打高尔夫球、网球和游泳。她们参加这些运动时所穿的服装各式各样，既有衬衫套装（shirtwaist suit），也有具备一定功能性的运动服装。其中，游泳装的变化较为明显：最初的泳装十分保守，女性只能穿着长袖衣、长裙在海边涉水；19世纪60年代，女式泳装选用了其他公共场合禁穿的短裤或灯笼裤；[38]20世纪初，无袖的连身泳装开始流行，裤子的长度也被缩短至膝盖（图14.20）。网球或高尔夫球运动服上已经开始使用针织面料，但在款式上，仍然保留了传统的腰部收身设计和羊腿袖；弹性运动型紧身胸衣也在这时候开始出现。

然而，在当时的所有这些运动中，没有哪一项像自行车运动那样对服装的影响如此深远。

图14.20　穿连身泳装的打着阳伞的女性（1910年　纽约公共图书馆藏）

自行车最早出现在19世纪早期，但是当时并没有获得太多关注。直到1876年的美国费城世界博览会，来自英国的新型自行车引起了制造商的兴趣，他们决定将其投入生产，自行车热潮随即席卷各地，自行车也成为深受人们喜爱的交通工具。它既实用又高效的特点改变了人们尤其是女性的生活，帮助她们到达那些以往难以涉足的地方。

由于自行车是一项全新的运动，因此它出现的时候并未被视作男性专属运动。[39]早期很多上流社会的女性都是骑行爱好者，她们骑车时依旧穿着日常的夹克、长裙和系带短靴。19世纪90年代，一种专门为女性设计的"骑行装"（cycling suit）出现，它由双排扣夹克、男式女衬衣和灯笼裤组成（图14.21），其中的灯笼裤是一种类似布鲁默的裤装，长度仅至膝盖下方。虽然这种装束很适合骑行，但是人们对它仍然持抵触态度。在美国，即使自行车普及的时期，灯笼裤也大概只流行了两年。[40]大部分情况下，女性都会在这种灯笼裤的外面再罩上一条裙子（图14.22）。不过，这时候的女性在骑车的时候已不再穿紧身胸衣和巴塞尔了。[41]

图14.21　女性的骑行服——夹克和布鲁默（1895年　京都服饰文化研究所藏）

无论如何，灯笼裤作为骑行装的一部分，还是标志着女性着裤装的首次成功，而且一旦裤装开始被某些特定体育运动的女性人群接受，它很快也就出现在了登山、徒步等其他运动当中。可以说，是自行车的出现改变了人们对于女性运动装的态度。[42]

（四）男式正装的休闲化

图14.22　骑自行车的姑娘们（1898年　维多利亚与阿尔伯特博物馆藏）

19世纪90年代的男装依旧整体保持着狭长廓形。

直摆门襟的夫拉克大衣已经有些过时，晨礼服（morning coat）成为日间正式场合的社交礼服。这种单排扣外套从前襟的腰部开始往后斜裁，有腰缝，后中开衩。[43]晨礼服套装（morning suit）通常由相同布料的单色外套、长裤和马甲组成；只有在极为隆重的日间活动，晨礼服才会与条纹长裤和礼帽相搭配。英国国王爱德华七世就偏爱穿晨礼服套装参加白天的正式活动。

西服便装在城市里是深受男士们欢迎的日常社交服装（图14.23）。根据季节和场合的不同，它的外套分为双排扣或者单排扣，通常搭配V字领的西装马甲和直筒长裤。休闲西装外套（blazer）则是专指一种与不同颜色的裤装相搭配的西服外套，也是一种运动款上衣。男士们在参加运动，如打高尔夫球或狩猎时，尤其喜欢穿休闲西装外套搭配过膝的灯笼裤、长筒袜和休闲鞋或高筒靴。

燕尾服在这时已经是极其隆重、正式度极高的场合才要求的着装。无尾晚礼服（tuxdo）作为仅次于燕尾服的正式晚礼服出现，也被称为"黑领结礼服"（black tie）。

以前白天穿戴的时髦单品，如高顶礼帽（top hat）、领巾、紧身长裤，都变成了正装，更为休闲的圆顶帽（bowler hat）和领带（tie）取而代之成为日常配饰。[44]

图14.23　一组衣着讲究的男士（1903年　爱尔兰国家图书馆藏）
中间三位所着为西服便装。

※ 本章小结

19世纪后半期是一个变革的时期，新的技术，例如电力被运用到服装的批量生产中，使成衣制作行业发展迅速，服装的制作成本被大幅降低。中下层妇女也有能力穿上体面的长裙，人们已经很难通过衣着来判断社会地位的高低。19世纪末期，服装改革的呼声一浪高过一浪，女装终于开始远离维多利亚时期的传统与保守，转而向简洁与实用的风格发展。旧的、僵化的社会模式正在瓦解，对于年轻人来说，空气中开始弥漫着自由的气息。[45]

☼ 思考题

1.试比较并阐述"理性的着装"和"唯美主义服饰"运动在理念上的异同，以及其对后世服装发展的影响。

2.请结合个人的理解，举例说明沃斯对高级时装产业发展的贡献。

3.在服装史上，时尚的出现经常具有偶然性，请谈谈你对这一现象的理解。

【注释】

[1] EDWARDS L. How to read a dress：a guide to changing fashion from the 16th to the 21st century［M］.New York：Bloomsbury Academic，2017：94.

[2] 维多利亚与阿尔伯特博物馆，https：//www.vam.ac.uk/articles/corsets-crinolines-and-bustles-fashionable-victorian-underwear.

[3] 关于沃斯详见后文。

[4] CUMMING V，CUNNINGTON C W，CUNNINGTON P E. The dictionary of fashion history［M］.New York：Berg Publishers，2010：202.

[5] LAVER J. Costume and fashion：a concise history［M］. New York：Thames and Hudson，1986：218.

[6] 维多利亚与阿尔伯特博物馆，https：//collections.vam.ac.uk/item/O88766/bustle-pad-unknown/.

[7] 克兰.时尚及其社会议题：服装中的阶级、性别与认同［M］.熊亦冉，译.南京：译林出版社，2022：115.

[8] SHRIMPTON J. Victorian fashion［M］. Oxford：Shire Publications，2016：26.

[9] REEDER J G. High style：masterworks from the Brooklyn Museum costume collection at the Metropolitan Museum of art［M］. New York：Metropolitan Museum of Art，2010：41.

[10] 美国大都会艺术博物馆，https：//www.metmuseum.org/art/collection/search/156423.

[11] FUKAI A. The collection of the Kyoto costume institute：fashion, a history from the 18th century to the 20th century［M］. Kyoto：Taschen，2013：246.

[12] 在今天的服装制作行业，人们依然习惯将这种钢条和后来的塑料条统称"鱼骨"，或称之为"钢的鱼骨"和"塑料的鱼骨"。

[13] 维多利亚与阿尔伯特博物馆，https：//collections.vam.ac.uk/item/O115825/wedding-corset-edwin-izod/.

[14] WAUGH N. Corsets and crinolines［M］.New York：Theater Arts Books，

2004：83.

［15］MITCHELL R N. Fashioning the Victorians：a critical sourcebook［M］.New York：Bloomsbury Publishing，2018：83.

［16］奥斯卡·王尔德(1854—1900年)，19世纪英国爱尔兰伟大的作家与艺术家，唯美主义代表人物。

［17］MITCHELL R N. Fashioning the Victorians：a critical sourcebook［M］.New York：Bloomsbury Publishing，2018：89.

［18］STEELE V. Encyclopedia of clothing and fashion：2［M］.Detroit：Thomson Gale，2004：220.

［19］CUNNINGTON C W.English women's clothing in the nineteenth century：a comprehensive guide with 1,117 illustrations［M］. New York：Dover Publications，1990：394.

［20］CUMMING V，CUNNINGTON C W，CUNNINGTON P E. The dictionary of fashion history［M］.New York：Berg Publishers，2010：2.

［21］STEELE V. Encyclopedia of clothing and fashion：1［M］.Detroit：Thomson Gale，2004：12.

［22］LAMBOURNE L. The aesthetic movement［M］. London：Phaidon Press，1996：6.

［23］美国大都会艺术博物馆，https：//www.metmuseum.org/toah/hd/wrth/hd_wrth.htm.

［24］COLE D J，DEIHL N. The history of modern fashion［M］.London：Laurence King Publishing，2015：34.

［25］CHRISP P. History of fashion and costume：the Victorian age［M］.New York：Facts on File，2005：24.

［26］霍兰德.性别与服饰：现代服装的演变［M］.魏如明，等译.北京：东方出版社，2000：131.

［27］霍兰德.性别与服饰：现代服装的演变［M］.魏如明，等译.北京：东方出版社，2000：133.

［28］美国大都会艺术博物馆，https：//www.metmuseum.org/toah/hd/wrth/hd_wrth.htm.

［29］美国大都会艺术博物馆，https：//www.metmuseum.org/art/collection/search/156423.

[30]弗格.时尚通史[M].陈磊,译.北京:中国画报出版社,2020:196.

[31]新艺术运动产生于19世纪末,它从英国的工艺美术运动中生长出来,是19世纪末20世纪初在欧洲兴起的一场影响到群众欣赏趣味的、范围比较广的设计运动.阿纳森.西方现代艺术史[M].巴竹师,邹德侬,刘珏,译.天津:天津人民美术出版社,1999:71.

[32]中国大百科全书.新艺术运动[EB/OL].(2023-03-15)[2024-02-16]. https://www.zgbk.com/ecph/words?SiteID=1&ID=107703&Type=bkzyb&SubID=61073.

[33]STEELE V. The corset: A cultural history[M].New Haven: Yale University Press, 2001: 84.

[34]美国国会图书馆, https://www.loc.gov/exhibits/gibson-girls-america/the-gibson-girl-as-the-new-woman.html.

[35]弗格.时尚通史[M].陈磊,译.北京:中国画报出版社,2020:195.

[36]克兰.时尚及其社会议题:服装中的阶级、性别与认同[M].熊亦冉,译.南京:译林出版社,2022:116.

[37]美国国会图书馆, https://www.loc.gov/exhibits/gibson-girls-america/the-gibson-girl-as-the-new-woman.html.

[38]克兰.时尚及其社会议题:服装中的阶级、性别与认同[M].熊亦冉,译.南京:译林出版社,2022:133.

[39]克兰.时尚及其社会议题:服装中的阶级、性别与认同[M].熊亦冉,译.南京:译林出版社,2022:135.

[40]克兰.时尚及其社会议题:服装中的阶级、性别与认同[M].熊亦冉,译.南京:译林出版社,2022:136.

[41]CHRISP P. History of fashion and costume: the Victorian age[M].New York: Facts on File, 2005: 59.

[42]克兰.时尚及其社会议题:服装中的阶级、性别与认同[M].熊亦冉,译.南京:译林出版社,2022:138.

[43]李当岐.西洋服装史[M].北京:高等教育出版社,2005:261.

[44]COLE D J, DEIHL N. The history of modern fashion[M].London: Laurence King Publishing, 2015: 94.

[45]LAVER J. Costume and fashion: a concise history[M]. New York: Thames and Hudson, 2012: 211.

| 第十五章 |

轻装时代的到来

——20世纪上半叶服饰文化

一、一战前的女装

从1910年到第一次世界大战爆发前的短短几年间，一批极具创造力的设计师们将古典主义与东方主义元素融入服装设计中，为随后而来的女装变革提供了新的思路，并极大地推动了女性身体的解放。

（一）保罗·波列（Paul Poiret）

保罗·波列是20世纪欧洲最具创造力的服装设计师之一。[1]他早期曾在雅克·杜塞的工作室工作，随后进入沃斯的时装屋学习。1903年，他开设了一家属于自己的服装店。1906年，他设计了一款具有帝政裙特点的女裙，他将裙子的腰线提高到胸部下面的位置，去掉了女装中的紧身胸衣，让裙摆直接垂至地面。这一设计摆脱了紧身胸衣对人体的束缚，让女性的身体得以喘息。

图15.1 服装设计师莱昂·巴克斯特（Leon Bakst）为《天方夜谭》所画的效果图（1912年 美国大都会艺术博物馆藏）

1910年，俄国芭蕾舞团在巴黎公演了舞剧《一千零一夜》，舞台上具有浓郁东方情调的服装轻盈飘逸，色彩鲜艳夺目（图15.1），引起了巴黎人对明艳色彩的狂热喜爱和对东方时尚的向往，这股风潮很快在巴黎时装设计师的作品中得到了回应。[2]保罗·波列在1911年举行了著名的"一千零二夜"（One Thousand and Second Night）舞会。他的妻子头戴插着羽毛的包头巾（turben），穿着保罗设计的垮裆裤（harem pants）[3]和一件及膝的高腰裙出现在客人面前，

图15.2 舞会上的保罗·波列和妻子丹尼斯·波列（1911年）

这款连衣裙在胸部的下方有束带，下摆的边缘处有一圈钢丝，缀满裘羽，形似灯罩，故也称"灯罩裙"（lampshade tunic）（图15.2）。这种充满异域风情的装扮，让他的妻子看上去宛如一位从《一千零一夜》中走出的公主。借助舞会的巨大影响，这种服装很快便在上流社会流行开来。

在保罗·波列那些异域风情十足的设计作品中，以霍布尔裙（hobble skirt）最为著名。"hobble"一词即"步履蹒跚"的意思。这种裙子上部宽松，长及脚踝，自膝盖下方开始收紧，裙摆的前面有一道开衩，让穿着者可以小步行进（图15.3）。这种款式在刚刚推出时引起了很大争议，但此时的巴黎正沉浸在一股社交舞蹈的热潮中，来自布宜诺斯艾利斯的探戈风靡整个上流社会，[4]霍布尔裙似乎专为这种舞蹈而生，舞池中身着霍布尔裙和垮裆裤的女性步履细碎，隐藏的小腿随着裙尾的摆动忽隐忽现，既端庄又性感。很快，霍布尔裙不仅成为一战前巴黎舞会上的流行款式，同时还作为日装备受女性的追捧（图15.4）。战前这一段短暂的时光也因此常被称为"霍布尔裙时代"。

（二）马瑞阿诺·佛坦尼（Mariano Fortuny）

马瑞阿诺·佛坦尼是19世纪末20世纪初另一位杰出的时装设计师。他于1871年出生在西班牙的一个艺术家庭，自小就在绘画和纺织方面表现出极高的天赋。1890年，佛坦尼搬到威尼斯，在那里完成了他大部分的服装设计与纺织品的制作。

佛坦尼不仅是一位时装设计师，还是纺织品设计师、画家、雕塑家和舞台灯光设计师，同时也是一名极具创造力的手工艺师。他在自己的发明室里研制出了独有的鲜亮色彩，通过复古古代褶皱工艺发明并注册了加热褶皱装置，生产出著名的细

图15.3 时装画中的霍布尔裙［（1914年《好品味杂志》(Gazette du Bon Ton)］

图15.4 霍布尔裙（1911年 明信片）
明信片中的文字："那是什么？""碎步裙。"

图15.5 马瑞阿诺·佛坦尼创作的德尔斐斯褶皱裙（20世纪10年代）

密褶皱面料。1907年，他和妻子亨丽埃特·内格林（Henriette Negrin）共同创作了著名的细密褶皱连衣裙——德尔斐斯褶皱裙（Delphos dress）（图15.5）[5]，其名称源自古希腊雕像——出土于德尔斐的《男子驾战车者》。在裙子的侧缝和袖口处的丝绸绳子上，他们模仿古希腊时期用悬挂铅锤增加布料垂度的方法，手工缝制意大利威尼斯的穆拉诺（Murano）玻璃珠，为轻薄的丝绸增加轻微的重量，[6]确保布料在身体上的流动，使玻璃珠的装饰性与功能性兼备。这种褶皱裙以一种既古典又现代的方式展现了女性自然柔美的身体线条，成为那个时代上层社会女性的经典服饰。

古典艺术和东方艺术融合的世纪之交，可谓巴黎时装界的辉煌时期，时装设计界人才辈出。在这些才华横溢的设计师的引领下，女装从19世纪的浮华雕琢转向了对人体自然美的表达。

二、一战期间的服饰文化

（一）紧身胸衣的消失

1914年，第一次世界大战爆发。这场战争的风暴几乎波及欧洲的每一寸土地，男人们纷纷奔赴前线。劳动力的严重缺乏注定要改变服饰的发展方向，女性服装上那些不必要的装饰品已不能再生产，一切都必须以前线的需求为第一要务。为了节省钢材，各国政府甚至呼吁妇女们停止穿着紧身胸衣。因此，无论从主观意愿还是客观条件、物质基础还是审美导向上，女性脱下紧身胸衣的时机都已经成熟。虽然紧身胸衣在20世纪50年代曾经短暂回归，在时装秀场上也偶有出现，但它终究还是退出了历史的主舞台。

(二)女裤的公开亮相

在战争时期,女性成为支撑社会运转的重要劳动力。为了保障前线的后勤供给,许多岗位都不得不由女性填补,她们已不能再小步蹒跚,必须大踏步前行。虽然女性的长裙不再垂地,装饰不再繁复,但是为了能够胜任一些特定的工作,她们需要更加自由、耐用的服装。行动方便、色彩暗沉的男式女装被很多女性采用,女裤终于在公开场合正式亮相。

其实早在16世纪,在煤矿工作的英国女工便穿着及膝马裤。19世纪,工人阶级女性在煤矿、钢铁厂和砖厂也穿马裤、长裤和工装连衣裤。不过,这都是由于她们大都在矿区或者其他远离城市的偏远地区工作,这种非传统的工作服才得以发展。[7]第一次世界大战以后,女性工人阶级开始承担大量繁重的生产劳动,她们在一些公共场所已经不必遵循维多利亚时期所规定的那些着装惯例。身处工作场所的女性穿起了包括工装连衣裤和宽腿长裤在内的制服,女装中开始出现了与社会工作相匹配的职业化服装。

虽然在战争期间的正式场合,女性着裤装依然被视为叛逆的行为,但女装已经不可避免地在经历一个男性化时代。富有机能性的男式女装在女性生活中逐渐确立,[8]这为战后女性服装的变革奠定了坚实的基础。

(三)战壕风衣(trench coat)与卡其布男装

第一次世界大战期间,由于绝大部分男人都参加了战争,在这一时期留下的照片中,男性大多身穿军装。一些军装制服中的单品和制作军装的布料被沿用到日常生活,并且成为一种时尚。1917年,贸易杂志《美国绅士》(*American Gentleman*)声称"一切军装风格的服装都能受到老人和年轻人的欢迎"[9]。

其中最为著名便是战壕风衣和卡其布男装。

"战壕风衣"的前身为巴宝莉(Burberry)的前襟无纽扣束腰男式雨衣(Tielocken),[10]最初主要用于户外运动,如狩猎、射击、垂钓和打高尔夫球等。第一次世界大战爆发以后,这款长外套经过改良被归入军装制服,投入前线,它也因而得名"战壕风衣"(图15.6)。战壕风衣的面料为斜纹棉织物(gabardine),由汤姆斯·巴宝莉(Thomas Burberry)于1878年研制而成,它防水、透气、保暖且牢固,是制作军装的理想面料。一战结束后,由于这种风衣既轻薄又能遮挡风雨,而且还能轻松地罩住西装或长裙,因而迅速获得民众的喜爱,转而成了人们的日常服装。[11]起初,战壕风衣的颜色主要为卡其色和深灰色,第二次世界大战之后，它的颜色变得丰富起来，织物表面的防水处理技术也获得了提升，20世纪30年代，战壕风衣在好莱坞电影中的频繁出现，使其成为一款直至今日仍广受欢迎的时尚单品。

在军装的影响下，人们对卡其布套装也表现出浓厚的兴趣，这进一步推动了休闲装的流行，正装的销售量随之锐减。为了不失去顾客群，很多服装公司都开始制作与军装制服相关的款式。[12]

图15.6　巴宝莉广告（1916年）

三、20世纪20年代服饰文化

第一次世界大战后的欧洲满目疮痍、负债累累，而大西洋彼岸的美国却成为战后最大的赢家，由债务国变成了最大的债权国和资本输出国。资本主义世界的金融中心由伦敦转移到纽约，美国经济得到快速发展。

战后的各国劳动力总量大幅度减少，男女比例严重失衡。一部分女性走出家庭、走向社会，进入社会的各个领域从事生产活动或补充到不同职能部门。女性的经济地位获得提高，精神上也变得更加独立和自由。自19世纪末开始的第一次女权运动，最终以1920年美国国会通过第十九条修正案而取得成功，女性拥有了与男性平等的选举权，妇女在政治上的从属地位得到改变。女性外出工作、开车旅行，她们的活动空间不断向外延伸，服饰中的传统性别差异被逐步拉近。

（一）摩登女郎（flapper）

20世纪20年代的时尚对于女性来说，意味着前所未有的简洁、斑斓和彻底。

直筒的管状造型（la garçonne）成为20年代女装的时尚主流。有史以来，女裙的长度首次被提高至膝盖，一直以来备受关注的腰线被向下挪至臀部的位置。丰乳肥臀已不再是女性的追求目标，身形扁平小巧的女性更受欢迎。

"flapper"是20世纪20年代的时尚代名词，意为新潮的、轻佻的女郎。这些女性穿着时髦，敢于打破传统的外貌标准和行为规范。她们常常喝着鸡尾酒，叼着套有精致烟杆的香烟，身着深V领口的齐膝无袖晚礼服，上面点缀着各种珠饰、亮片、流苏和刺绣等华丽的装饰（图15.7），在欢快的爵士乐曲中，跳着飞快旋转的舞步。许多女性将头发剪成波波头（bob hair）（图15.8）、小推波（finger wave）以及更短的伊顿发型（Eton crop），这些都是20年代极为流行的发型。吊钟帽（cloche）也随之成为这一时期最受欢迎的帽子，它帽檐很窄，帽冠极深，既可以保护短发型不受挤压又不影响活泼可爱的男童般（boyish）的整体造型。

（二）嘉柏丽尔·香奈儿（Gabrielle Chanel）

在20世纪20年代女装的解放潮流中，一批女性时装设计师扮演了十分重要的角色。嘉柏丽尔·香奈儿（又称Coco或可可·香奈儿）无疑是其中一位能最好地诠释和理解现代女性的标志性人物。她是20年代女装"轻装化"的重要推动者，也是20世纪最为杰出的设计师之一。

香奈儿的童年并不幸福。母亲在她11岁的时候去世，她被送往修道院，在那里度过了她的少女时期。艰辛的早年经历让香奈儿的性格中带有强烈的反叛色彩，也让她成长为一位极具争议和传奇色彩的独立女性。1913年，凭借在修道院学会的缝纫技术，香奈儿在法国南部的多维尔（Deauville）开设了

图15.7 琼·克劳馥（Joan Crawford）（1929年 摄影：露丝·哈里特·路易丝）

图15.8 露易丝·布鲁克斯（Louise Brooks）（20世纪20年代）

图 15.9　香奈儿身穿她自己设计的针织套装（1928年）

图 15.10　香奈儿晚礼服（1925年美国大都会艺术博物馆藏）

第一家帽子店，并且开始为当地女性设计服装。在缺工缺料的情况下，她采用了制作马童球衫的平针织面料（jersey）来制作女装，获得了巨大成功。1915年，她在比利亚兹（Biarritz）创建了自己的时装屋；1919年，香奈儿搬入康朋街31号，那时的她已经具备了运转一个成熟的高级时装屋的能力。在设计过程中，香奈儿常常从男性劳动阶层的服饰中汲取灵感。她将门童制服上浆的领子和袖口应用到女装衬衣上，将管家制服马甲的版型和色彩融入女性的套装中[13]；她受水手衫的启发，设计出适合女性穿着的海魂衫和阔腿长裤。她的设计摒弃了女性服装上过度烦琐的装饰，让穿着者既可以从容地完成工作，又可以在海边优雅地漫步。她还简化裁剪，将男式套装的理念引入女装，推出由开襟针织衫、短裙和套头衫组成的无腰身套装（图15.9），为女性打造出真正属于自己的职业装。这种职业女装的基本样式被一直沿用至今，其间所透出的优雅和知性始终被女性消费者喜爱。

在香奈儿看来，19世纪末20世纪初期的女装上"装饰抹杀了线条，过度窒息了人体"[14]。1917年，她将自己的一头长发剪短，穿着一条简单的小黑裙前往巴黎歌剧院。[15] 1926年，在她的爱人鲍伊·卡柏（Boy Capel）去世后一年，香奈儿创作了一系列黑色裙装，她将羊毛织物用于日装，真丝或者雪纺用于晚装，大片的黑色上仅配以少许的珠饰。[16] 这种小黑裙既优雅又实用，正如1926年的 *Vogue* 所预言的：它成为"新的女性制服"[17]（图15.10）。如今，小黑裙已经不局限于某一款特定的裙子，而是泛指适合于各种场合的黑色连衣裙。

（三）职业运动装的出现

20世纪20年代，体育运动服饰取得了重要突破。随着经济的发展和生活水平的提高，越来越多的人热衷于体育运动，女性也积极参与到公共生活和户外运动中，滑冰、登山、高尔夫、网球、自行车等运动备受欢迎。但是，由于女性的日常生活装实在不利于各种体育动作的完成，她们只好在着装上借鉴男装的款式[18]（图15.11）。服装上的问题成了阻碍女性参与体育运动的绊脚石。[19]很快，服装设计师们便发现了其中的巨大潜力，开始着手为女性设计专门的运动装。其中最著名的是让·巴杜为网球运动员苏珊·朗格伦（Suzanne Lenglen）设计的比赛服，它由一件白色无袖上衣和一条宽松的百褶短裙组成，穿上这身服装的朗格伦在比赛场上健步如飞，远比穿传统长裙的对手更加快速轻盈（图15.12）。朗格伦最终赢得六次温布尔登网球公开赛冠军，百褶裙也因此受到女性的追捧，成为很多女性体育项目的标准着装。

图15.11　穿男式服装的青年女性（20世纪20年代）

图15.12　苏珊·朗格伦身穿让·巴杜设计的网球服（1922年）

泳装的发展在20世纪20年代也向前迈进了一大步。男女泳装都采用平角短裤，女泳装的上衣部分呈背心款式，让穿着者在游泳时的动作可以更加舒展，也更便于她们进行日光浴。泳装品牌"詹森"（Jantzen）在1920年推出弹力泳装，并且使用身着红色泳衣的跳水女孩作为它的图形商标。1921年，詹森第一次开始正式使用了"泳装"（swimsuit）一词（图15.13）。[20]

图15.13　詹森泳装广告（1921年 纽约公共图书馆藏）

这一时期的男运动装也摒弃过于正式、严肃和复杂的服装款式，进一步追求着装上的舒适、轻盈和自然。法国网球大满贯冠军勒内·拉科斯特（René Lacoste）对当时的长袖马球衫进行了重新设计，他将其改成宽松的三粒扣小翻领针织短袖，后摆略长，这种改良后的上衣后来取代了传统的长袖上浆衬衣，成了男士的职业网球服。由于拉科斯特在运动场上的绰号"鳄鱼"，他的设计师朋友将鳄鱼图案绣在了衣服的左上方，这就是最早在服饰上外表可见的商标。[21]

随着职业运动装在20世纪20年代的出现，很多人的日常穿戴也开始向运动装风格靠拢。以前只有在驾车时才会出现的皮夹克、头盔甚至护目镜都成为人们去观看赛车或者外出游玩时的标配；有的人还会穿着百褶裙去时尚餐厅就餐或者参加鸡尾酒会。[22]美国的很多生产商看到这一商机，纷纷踊跃地投入运动服饰的设计和生产当中。

四、20世纪30年代服饰文化

第一次世界大战之后，美国的资本家们在追逐利益的过程中不断扩大投资，赚得盆满钵满，却没有察觉到巨大的灾难正在悄然来临。1929年，由于产能过剩和消费能力大幅下滑，华尔街股市崩盘。成千上万普通民众辛劳积累的财富在股市暴跌中化为乌有，大批工人甚至很多曾经富裕的中产阶级都失去了工作，美国由此进入了经济大萧条时期。欧洲很多倚靠美国贷款进行战后重建的国家，经济也遭受重创。这一状况一直持续到1935年,美国总统罗斯福实施新政两年以后,经济指标才开始缓慢回升。

(一)经济衰退下的体面

从繁荣疯狂到资本寒冬,巨大的经济变化摧毁着人们的希望与信心,也迫使他们的价值观发生适应性的调整,节俭和传统的着装理念重新回归。

经济大萧条下的每一位家庭主妇都需要精打细算。为了节省开支,她们将装面粉的布袋洗干净后用来为家人做衣服。精明的面粉厂甚至为此推出了带有印花图案的包装袋以吸引顾客。为了减少购买丝袜的开销,裙摆从及膝的位置下放到脚踝上方几英寸处;装饰简化、鞋跟变矮、省道替代了活褶,甚至连人们的妆容都变淡了。

巴黎的高级时装设计师们一直没有放弃将长裙带回女装的努力。1929年,在女装的晚礼服中出现了一种前短后长的样式,它前面短至膝盖,后摆触及地面。[23]这种晚礼服作为一种过渡,仅仅存在了大约一年的时间,裙长便整体下跌,中长和及踝的裙装开始流行,女性身体的优美线条重新显现,女装中的直线再次被曲线替代,女装的腰线从20世纪20年代流行的胯部回调到腰部的自然位置。虽然服装上没有了珠片、刺绣、流苏,但是略微收紧的腰身和合体的裙款却让女性的轮廓看上去更加柔和,线条更加流畅。在这股风潮下,宽肩、窄臀、瘦高的体形成为每一个女人的梦想,公主线的大衣也因其完美体现女性的腰身而重新回到女性的衣橱中。

为获得修长的视觉效果,女性依然保持短发或者将长发梳成一个小发髻。小巧的帽子呈扁平状,常被斜扣在头上,用发夹固定,这样可以让头部看上去很小,从而在视觉上获得更加理想的身材比例。(图15.14)

不过,对于美国人来说,要在这个时候获得巴黎服装的新式样却并非易事。在经济大萧条之前,美国一直是巴黎高级时装公司的重要买家,然而,经济的衰退迫使美国政府对高级时装征收高额关税,很多美国买家承受不起如

图15.14 **20世纪30年代女装日装(1935年)**

此昂贵的价格,转而选择购买巴黎时装屋的布版(toiles),这是一种用白坯布或者其他廉价布料按照服装版裁剪出来的布片,不存在税费的问题,[24]因而价格低廉。很多妇女将这些布版买回家,根据附带的制作指南自己缝制衣服。这对于当时本已萧条的服装制造业来说无疑是雪上加霜。于是,一些精明的美国商人对流行款的布版进行简化、缩放,然后批量生产,服装的生产成本被大大降低,一件在巴黎可能需要花费10万法郎[25]的高级时装,在美国经过简化批量生产后却只需要50美元。[26]这种价格低廉的翻版强烈地刺激着消费者的购买欲望,美国规模化、批量化的成衣生产水平也随之得到快速的提升。

为了减少在服装上的消费,女人们会添置一些便宜的装饰性首饰,通过简单的搭配调整,创造出一些新鲜感。这些首饰虽然并非生活中的必需品,但是相比服装,它们兼具着廉价的优点和粉饰的作用。[27]

20世纪30年代的女性虽然经济状况大不如前,但是她们通过自己的智慧应对困境,在经济大萧条的日子里存留住了基本的体面。

(二)电影明星与时尚

在经济大萧条时期,人们比以往任何时候都更渴望获得心灵和精神上的安慰,他们希望能够通过一些廉价的方式来打发闲暇时光,而电影正是他们逃避现实、寄托心灵的庇护港湾。这一时期的美国电影工业正处于从无声电影向有声电影迈进的转型期,一系列经典作品的出品和有效的营销手段使得电影业成为大萧条时期的受益者,美国电影迎来了它的"黄金年代"(Golden Age)。

电影中角色的造型很快成为人们争相追逐和效仿的目标。美国梅西百货(Macy's)声称影片《名媛杀人案》(*Letty Lynton*)公映以后,他们卖掉了将近50万件与林顿裙(Letty Lynton dress)(图15.15)类似款的连衣裙。[28]这种采用层叠的半透明欧根纱

图15.15 琼·克劳馥(Joan Crawford)身穿吉尔伯特·阿德里安(Gilbert Adrian)设计的林顿裙

强调宽肩的连衣裙,也预示了随后女装宽肩造型的流行。[29]在1934年的电影《一夜

风流》(*It Happened One Night*)中，影星克拉克·盖博(Clark Gable)脱掉衬衣后，里面没有穿内衣，这种在当时不常见的着衣方式迅速开启了一场无内衣时尚潮流，导致当年美国男士内衣的销量锐减30%[30]，这一趋势一直延续到20世纪50年代，男士内衣的销量才逐步回升。30年代好莱坞电影还塑造了许多强势且"男性化"的女主人公，凯瑟琳·赫本(Katharine Hepburn)在《塞莉娅·斯卡利特》(*Sylvia Scarlett*)中的男性装扮，让长裤成为新女性的象征；玛琳·黛德丽(Marlene Dietrich)身穿男装套装时的潇洒不羁（图15.16）征服了一代男性观众，也成为无数女性效仿的对象。在她们的带动下，男性对女性的审美发生了巨大的变化，他们开始逐步接受女性着裤装。[31]

图15.16 《金发维纳斯》(*Blonde Venus*)中的玛琳·黛德丽(Marlene Dietrich)

电影工业的繁荣极大地推动了化妆品行业的快速发展。每当好莱坞的女星们带着精致的妆容出现在大众面前，各种杂志都会随即跟进解读，并提供完成相关妆容的具体步骤，普通女性们立刻跟风模仿，希望能依靠化妆将自己装扮得如同好莱坞明星一般美丽。化妆产品的种类日益丰富，质量也获得大幅度提升。假指甲、假睫毛等新兴产品在这一时期出现，眼影、眼线笔、睫毛膏以及唇膏的销量也大幅增长。化妆品进入了大众商品市场，广泛出现在百货公司以及其他零售场所。[32]

20世纪30年代男性的服装也深受电影明星的影响。男人们经常在生活中模仿乔治·拉夫特(George Raft)和亨佛莱·鲍嘉(Humphrey Bogart)等明星在银幕上的形象，他们穿着装有垫肩的长外套或者风雨衣，将领子竖起遮住一部分脸部，以求吸引女性的注意。

电影明星的出现让普通阶层拥有了自己的时尚偶像。电影不仅塑造了大众审美，还将时尚渗透到社会的各个群体，其中包括长久以来一直属于被模仿对象的精英阶层。

图15.17 女帽（1937年 美国大都会艺术博物馆藏）

图15.18 领带套头针织衫（1927年 维多利亚与阿尔伯特博物馆藏）

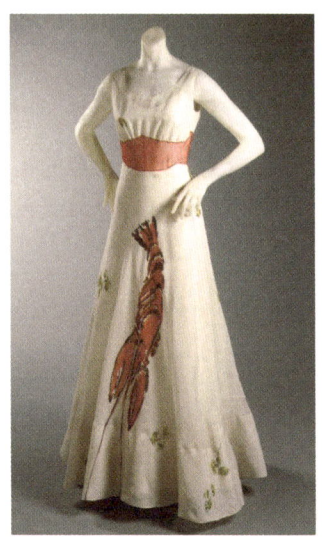

图15.19 "龙虾裙"（20世纪30年代 费城艺术博物馆藏）

（三）时装界的超现实主义者——艾尔莎·夏帕瑞丽（Elsa Schiaparelli）

20世纪30年代的服装潮流不仅被电影引领，同时也深受艺术运动的影响，尤其是超现实主义运动。巴黎涌现出了一批设计前卫的时装设计师，其中最著名的便是意大利设计师艾尔莎·夏帕瑞丽。

夏帕瑞丽出身于意大利罗马的贵族家庭，她于1922年认识了保罗·波烈，从此进入时装设计行业。她与当时的很多超现实主义艺术家交往甚密。在她的设计中，常常能看到完全不相关联的事物被并置在一起，产生出令人震惊的效果，她也因此被称为"时装界的超现实主义者"。[33] 夏帕瑞丽擅长玩视觉游戏，她把高跟鞋颠倒过来做成帽子，看上去幽默怪诞（图15.17）；她设计的带有视觉错觉图案的针织毛衣（trompe-l'oeil）（图15.18）吸引了众多20多岁的年轻女性；她在1937年与达利共同设计的"龙虾裙"（The Lobster Dress）（图15.19）让她名动天下，还被温莎公爵夫人（Wallis Simpson）穿着为Vogue杂志拍摄了一组照片。夏帕瑞丽设计的女性套装，剪裁完美，夸张地突出女性的肩和纤细的腰部，缔造了30年代女性的众多经典形象。

（四）"斜裁女王"——玛德琳·薇奥奈（Madeline Vionnet）

20世纪30年代女性礼服中那优美的曲线得益于一位重要的设计师，她就是著名的"斜裁女王"——玛德琳·薇奥奈。

玛德琳·薇奥奈是20世纪最伟大的时装设计师之一。她不足20岁便先后在伦敦凯特·瑞丽（Kate Reilly）和巴黎卡洛姐妹的时装屋任职。1912年，在一位客户的资助下，薇奥奈开设了自己的"Vionnet"

时装屋。1914年,由于战争的爆发,时装屋暂时关闭。1918年,再次开始营业的薇奥奈对布料的裁剪进行了反复的试验与创新,在20年代早期,她摒弃了传统的直布纹裁剪,推出了史无前例的"斜裁法"(bias cut),这是一种将裁片的中心线与布料的经纱方向呈45度进行裁剪的方法。用这种方法制作服装可以最大限度地发掘出面料的伸缩性和柔韧性,改变布料的垂坠方式,使之更加贴合和包裹女性的身形(图15.20)。薇奥奈的斜裁服装,虽然看似简洁,实际上版型和结构十分复杂。[34] 她用斜裁法制作的裸背晚礼服,在直向裁剪盛行的20年代,显得格外的灵动与飘逸。

20世纪30年代,薇奥奈已经是高级时尚的领导者,她的斜裁法尤其适合这一时期流畅、修长的长裙,好莱坞明星玛琳·黛德丽、凯瑟琳·赫本和葛丽泰·嘉宝(Greta Garbo)等都穿过她设计的斜裁礼服,她的"斜裁法"至今仍影响着一代又一代的时装设计师。

图15.20 玛德琳·薇奥奈设计的真丝晚礼服(1932年 美国大都会艺术博物馆藏)

五、二战时期的服饰文化

(一)服装与布料配给制

1939年9月1日,随着希特勒入侵波兰,第二次世界大战爆发,战火在欧洲大陆蔓延。前线需要武器和装备,生活物资被严格管控,由政府统一调配。英国于1941年开始实行服装与布料配给制,政府每年给每位女性发放66张购物券用于购买衣物,而在当时,一双丝袜就需要花掉2张[35],因此妇女们常常不得不去抢购无须购物券的残次品丝袜。政府还号召大家将衣柜中过时的衣服拿出来进行旧物改造。时装杂志 Vogue 上刊登了各种DIY建议,指导人们如何将旧衣物改造出新的花样。[36] 珍珠港事件后,美国也于1942年颁布了实行配给制的命令,并对女性服装的长度、褶裥以及纽扣的数量都进行严格规定,高跟鞋的鞋跟高度也被要求不超过1英寸(约2.54厘米);尼龙被列为军需品,丝袜生产陷入瘫痪,女

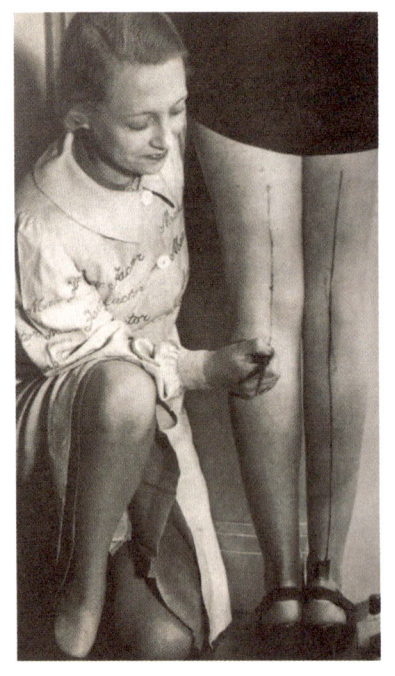

图15.21　画丝袜的女士（第二次世界大战期间）

性只好用眉笔在腿上画出一条线以模仿丝袜的中缝[37]（图15.21）。男装也受到了严格的规范，单排扣外套取代了双排扣款式，翻领尺寸和口袋的数量受到限制，裤子所用布料也被削减，裤口翻边被取消。

由于布料受到严格管控，制帽材料严重缺乏，妇女们将装扮的重心转移到发型的变化上。她们把头发烫成精致的卷发，或在肩膀、颈后处层叠垂着，或堆至头顶，其中最著名的发型是"胜利卷"（victory roll）。人们在制作这种发型时，将头发从中间分开，再从两边斜着往上卷起，在脑后形成一个代表"胜利"的"V"字形，[38] 该发型的名称源自战时为了庆祝胜利而进行的一种飞行表演。"胜利卷"在简洁的服装的映衬下，显得颇为华丽，因此也是40年代最具标志性的发型之一。

（二）没有了巴黎的时装界

1940年6月，德军占领巴黎以后，高级时装的面料供应紧张，一部分时装设计师和工人选择撤离，但是仍然有相当一部分时装屋维持营业。希特勒（Adolf Hitler）在意识到法国高级时装巨大的经济和文化价值之后，计划将整个时尚产业由巴黎迁往柏林或者维也纳，这一决定震惊了整个时装界，巴黎时装协会主席吕西安·勒隆（Lucien Lelong）与德国人进行艰难的谈判之后，最终达成协议，允许这些高级时装屋继续在巴黎营业，但主要为德国女性提供服务。[39] 巴黎时尚界被与世隔绝。

英国和美国的设计师们很快成了时尚风格的设定者。

为了控制布料的使用，战时的英国政府决定推出功能性服装（utility clothing）。然而，要让民众愿意接受这一转变，就必须让他们尤其是女性相信自己不会看上去过于平庸。1942年，英国政府决定组织伦敦时装设计师联合会（Incorporated Society of London Fashion Designers），由英国本土的设计师负责设计一系列可供搭配的固定款式的服装，包括衬衣、裙子、外套等。这些服装上必须贴有"CC41"的标签[40]，服装的价格由政府控制，购买时可以使用政府发放的配给券。

英国的设计师们在这些功能性服装中融入了军装元素，服装整体的廓形呈"T"字形，宽肩掐腰，上身呈倒三角形，裙摆统一略低于膝盖。这种设计的比例和线条都恰到好处，造型简洁时尚且棱角分明（图15.22），很快便获得了人们的响应，功能性服装的推出取得了巨大的成功。战争初始，英国制造的纺织品中用于功能性服装生产的布料约占50%，后来，这一数字一度达到85%。[41] 1943年，即使是非功能性服装也延续了同样的款式，形成了流行于二战时期的"军服式"（military look）女装。相较于20世纪30年代的修长柔和，此时女装的整体面貌已经完全转变为线条简洁硬朗、实用性强的现代装束。它不仅满足了战时服装必须方便省料的要求，同时还凸显了这一特殊时期女性坚韧果敢的独特魅力，因此深受战时女性的喜爱。

巴黎被德军占领以后，美国很快停止了与占领区的贸易往来，法国时尚对美国服装业的影响就此中断。一批效力于大众市场制造商的美国本土设计师，尤其那些曾经在法国接受过训练的女性设计师们，例如克莱尔·麦卡德尔（Claire McCardell）、邦妮·卡辛（Bonnie Cashin）等，借助美国在战前就已经发展起来的成衣生产规模，为美国普通女性创作了一系列符合美国人休闲生活方式的运动服和休闲装。[42] 她们设计的衣服时尚简洁又易于打理，各种单品可以相互搭配。[43] 她们大胆挑战当时服装业的许多公认做法，形成了与法国流行的着装风格截然

图15.22 标准的英国战时功能性女装（1943年）

不同的"美国风貌"（American look）（图15.23）。《时代周刊》曾经对二者作出这样的比较：巴黎设计师的服装彰显的是设计师自身的理念，而美国的服装则是对穿着者的赞美。[44] 美国时尚行业终于从过去一味追随法国设计师的被动局面中摆脱出来。

图15.23 美国迈阿密女性身穿批量生产的成衣（1946年）

1943年，受战争的影响，时装业内人士已无法前往巴黎观看法国时装秀。美国时装设计师协会（CFDA）创办人之一埃莉诺·兰伯特（Eleanor Lambert）决定利用这一契机，在广场酒店（The Plaza Hotel）创办"时装媒体周"（Press Week），以此宣传美国设计师的作品，提升他们的知名度。最初"时装媒体周"的时装秀只对媒体人开放，模特儿们在坐满记者的观众席之间穿梭，展示着美国设计师最新一季的作品。这便是如今诸多时尚之都每年都举办两次的时装周活动的前身，纽约时装周也因此成为世界上历史最悠久的时装周。

※ 本章小结

两次世界大战给人类带来了深重的灾难，各国的政治、经济和社会体制都发生了重大变革；人们的社会行为被改变，传统的社会结构被打破，这些都对当时欧洲各国和美国的服装文化和时尚产业产生了戏剧性影响；战争期间女性社会地位的提升大大推动了女装现代化的进程，女装在这时期完成了从繁复到简约、从重装到轻装、从古典到现代的演变。战争的冲击改变了时尚的设计理念，也成为服装向机能化转变的助推器。

☼ 思考题

1. 自19世纪末电影诞生以来，时尚与电影便有着千丝万缕的联系，请结合个人理解对这一现象进行阐述。

2. 试述两次世界大战对女装走向机能化的影响。

3. 黑格尔在他的哲学著作《美学》中曾经提到："服装是流动的建筑"，请结合具体案例阐述如何理解建筑与服装的相互融合。

第十五章
轻装时代的到来——20世纪上半叶服饰文化

【注释】

[1] 维多利亚与阿尔伯特博物馆，https：//collections.vam.ac.uk/item/O15549/sorbet-evening-dress-paul-poiret/.

[2] 美国大都会艺术博物馆，https：//www.metmuseum.org/art/collection/search/698632?exhibitionId=%7B77f65f33-078f-4420-ac37-edaa58632fb6%7D&oid=698632&pkgids=434&pg=0&rpp=20&pos=47&ft=*&offset=20&nextInternalLocale=en.

[3] "垮裆裤"源自伊斯兰后宫女子的宫廷着装。

[4] COLE D J，DEIHL N. The history of modern fashion [M].London：Laurence King Publishing，2015：116.

[5] WORSLEY H. Decades of fashion [M].London：Getty Image，2004：54.

[6] FUKAI A. The collection of the Kyoto costume institute：fashion，a history from the 18th century to the 20th century [M]. Kyoto：Taschen，2013：381.

[7] 克兰.时尚及其社会议题：服装中的阶级、性别与认同 [M].熊亦冉，译.南京：译林出版社，2022：139.

[8] 李当岐.西洋服装史 [M].北京：高等教育出版社，2005：309.

[9] COLE D J，DEIHL N. The history of modern fashion [M].London：Laurence King Publishing，2015：125.

[10] COLE D J，DEIHL N. The history of modern fashion [M].London：Laurence King Publishing，2015：123.

[11] WORSLEY H. Decades of fashion [M].London：Getty Image，2004：78.

[12] COLE D J，DEIHL N. The history of modern fashion [M].London：Laurence King Publishing，2015：125.

[13] GARELICK R K. Mademoiselle：Coco Chanel and the pulse of history [M]. New York：Random House，2014：102，313.

[14] 皮卡蒂.可可·香奈儿的传奇一生 [M].郭昌京，张宏，邵志杰，等译.南宁：广西科学技术出版社，2011：79.

[15] 皮卡蒂.可可·香奈儿的传奇一生 [M].郭昌京，张宏，邵志杰，等译.南宁：

广西科学技术出版社，2011：87.

［16］GARELICK R K. Mademoiselle：Coco Chanel and the pulse of history［M］. New York：Random House，2015：102，313.

［17］皮卡蒂.可可·香奈儿的传奇一生［M］.郭昌京，张宏，邵志杰，等译.南宁：广西科学技术出版社，2011：92.

［18］WORSLEY H. Decades of fashion［M］. London：Getty Image，2004：179.

［19］谢滋.论女性解放运动与女性运动装的发展［J］.服饰导刊，2014，6（2）：44.

［20］COLE D J，DEIHL N. The history of modern fashion［M］. London：Laurence King Publishing，2015：154.

［21］弗格.时尚通史［M］.陈磊，译.北京：中国画报出版社，2020：255.

［22］BROOKE M E. The highway of fashion［N］. The Tatler，1921-05-11.

［23］COLE D J，DEIHL N. The history of modern fashion［M］. London：Laurence King Publishing，2015：140.

［24］LAVER J. Costume and fashion：a concise history［M］. New York：Thames and Hudson，1986：246.

［25］1930年12月，美元与法郎的兑换汇率约为：1∶25.5。

［26］LAVER J. Costume and fashion：a concise history［M］. New York：Thames and Hudson，1986：246.

［27］谢滋.20世纪30年代西方经济大萧条对服饰审美的影响［J］.服饰导刊，2013，9（3）：58.

［28］COSTANTINO M. Fashions of a decade：the 1930s［M］. New York：Chelsea House Publishers，2007：34.

［29］WORSLEY H. Decades of fashion［M］. London：Getty Images，2004：290.

［30］LANDIS D N. Dressed：a century of Hollywood costume design［M］. New York：Harper Collins Publishers，2007：92.

［31］COLE D J，DEIHL N. The history of modern fashion［M］. London：Laurence King Publishing，2015：167.

［32］美国国会图书馆，https：//guides.loc.gov/business-of-beauty/history.

［33］李当岐.西洋服装史［M］.北京：高等教育出版社，2005：324.

［34］维多利亚与阿尔伯特博物馆，https：//www.vam.ac.uk/articles/madeleine-vionnet-an-introduction.

［35］WORSLEY H. Decades of fashion［M］.London：Getty Image，2004：361.

［36］波希娜.迪奥传［M］.尉晓东，潘洋，译.北京：中国旅游出版社，2008：84.

［37］NÉRET G.1000 Dessous：a history of lingerie［M］. Los Angeles：Taschen，2008：13.

［38］COLE D J，DEIHL N. The history of modern fashion［M］.London：Laurence King Publishing，2015：208.

［39］COLE D J，DEIHL N. The history of modern fashion［M］.London：Laurence King Publishing，2015：199.

［40］"CC41"为"Civilian Clothing 1941"的缩写，即"平民服装1941"。

［41］SHRIMPTON J. Fashion in the 1940s［M］.New York：Shire Publications，2014：54.

［42］克兰.时尚及其社会议题：服装中的阶级、性别与认同［M］.熊亦冉，译.南京：译林出版社，2022：160.

［43］LAVER J. Costume and fashion：a concise history［M］. New York：Thames and Hudson，1986：253.

［44］The Amercian look［EB/OL］.［2025-02-01］.https：//content.time.com/time/subscriber/article/0，33009，866314-2，00.html.

| 第十六章 |

颠覆与变革

——20世纪下半叶服饰文化

一、二战后的服饰文化（1945—1957）

1945年，第二次世界大战结束，美国迅速取消配给制，物资生产的重心从大规模武器转向民用品，电视机开始进入寻常百姓家，厨房电器的色彩也变得斑斓起来。相较之下，欧洲的步伐则要缓慢很多，战争摧毁了工厂、房屋、港口和铁路，经济难以在短时间内复苏，配给制在欧洲继续实行了很长一段时间。

饱经战争伤痛的人们，内心充满了对幸福婚姻和家庭生活的渴望。从战场上归来的男性希望重新明确性别分工，而女性又因为"婴儿潮"（Baby boom）[1]的到来，不得不从战时的工作岗位回归家庭。"快乐的家庭主妇"成为政府着力宣传的理想形象。

（一）时尚剧场（the Theatre de la Mode）

1944年8月25日，巴黎的高级时装行业在风雨飘摇中终于迎来解放。为拯救战后的法国时装业，时装协会主席吕西安·勒隆和罗伯特·丽姿（Robert Ricci）决定举行一场名为"时尚剧场"的展览。为了尽量减少服装对纺织品、皮革、毛皮等材料的消耗，展览采用了200多个高仅3英尺（约61厘米）的金属丝人台（图16.1）。[2]法国高级时装屋的设计师让·德塞斯（Jean Dessès）、让·巴杜（Jean Patou）、杰奎斯·菲斯（Jacques Fath）、克里斯托瓦尔·巴伦夏加（Cristóbal Balenciaga）、简奴·朗万（Jeanne Lanvin）、克里斯汀·迪奥（Christian Dior）等纷纷送来最新作品。1945年3月27日，"时尚剧场"在巴黎开幕，并且随后在欧洲各个主要城市及美国进行了巡展。展览中那些优雅的时装轰动了整个西方世界，巴黎再一次成了时尚的中心。

图16.1　简奴·朗万和她的助理在准备参展作品（1945年　马利丘艺术博物馆藏）

（二）"新风貌"（New Look）

1947年2月12日，克里斯汀·迪奥推出花冠系列，90套列队展出的礼服呈现出全新的女性形象。[3] 这些利用传统元素打造出来的新造型让刚走出战争阴霾的女人们既震惊又兴奋。《时尚芭莎》(Harper's Bazaar)的编辑卡梅尔·斯诺(Carmel Snow)在发布会之后立刻向迪奥表达了她的溢美之词:"这是一场革命,亲爱的克里斯汀,你设计的裙装给人全新的视觉享受。"[4] 自此便有了传世名称"新风貌"。

在迪奥的花冠系列中,束腰礼服套装(bar suit)(图16.2)是"新风貌"最具标志性的设计。[5] 其上衣为本白色山东府绸收腰小翻领外套,袖长至小臂中部,肩膀圆且窄,战时流行的宽垫肩已经不复存在;下身为巨大的黑色羊毛绉绸伞裙(swing skirt),长至小腿处,蓬勃的裙摆宛如盛开的鲜花。女性胸、臀、腰的曲线重新成为人们关注的

图16.2 迪奥第一场时装发布会上的"束腰礼服套装"(1947年)

焦点。然而,如果想要获得理想的效果,制作一套该系列的日装需要大约15米布料,晚装则需25米,[6] 如此巨大的消耗引来了欧洲和美国社会的一片哗然,一些公众人物甚至认为"新风貌"裙子的长度是战后物资浪费的粗俗表现[7]。不过,这些批评并没能阻挡人们内心对美的追求和对奢华的渴望。对于经历过残酷战争的这一代人来说,"新风貌"是重新发现快乐的源泉[8],它唤起了女性对过去好时光的回忆,吹响了时尚复兴的号角。新型的紧身胸衣(waspie)、腹带、吊袜带(girdle)和尖锥形内衣开始流行[9],早已消失的小臀垫也重新被穿上身,女性的曲线如花朵般重新焕发生机。

迪奥后来在1953—1955年还分别推出了"郁金香""H形""A形"等不同的系列,呈现了女装多样而优美的廓形。

(三)其他设计师

1947年以后,尽管"新风貌"无处不在,但是巴黎的高级时装设计师们并没有盲目跟风,他们各自用自己的方式诠释着战后的繁荣,与迪奥一起重新定义了女性时尚风格。时装设计大师巴伦夏加崇尚从反人体曲线的造型中汲取灵感,设计出了宽松的直筒形裙(tunic dress)和丰盈饱满的布袋裙(sack dress)等简洁、

图16.3　布袋裙（1957年 维多利亚与阿尔伯特博物馆藏）

舒适的时装（图16.3）。他对服装与身体之间空间的关注，为时尚指出了新的方向。[10] 年轻的设计师休伯特·德·纪梵希（Hubert de Givenchy）在他推出的第一个时装系列中，用极为朴素的白棉布设计了以女模特贝蒂娜·格拉齐亚尼（Bettina Graziani）命名的"贝蒂娜衬衫"（Bettina blouse）（图16.4），袖口的多层荷叶边上绣着密密的小圆眼，为衬衫的版式增加了几分清新、明朗的朝气。这件衬衫的版权后来被卖给纽约零售商卢塞克（Russeks），复制品的价格仅为10.95美元[11]，是著名的女式衬衫时尚单品。1954年，香奈儿的时装屋也重新开张，她的宽松夹克配微喇叭裙套装在经历了一段时间的沉寂后，再次受到欢迎（图16.5）。

图16.4　穿着贝蒂娜衬衫的贝蒂娜·格拉齐亚尼（1952年 摄影：纳特·法布曼）

图16.5　香奈儿设计的海军蓝针织套装（1956年 京都服饰文化研究所藏）

（四）男装的"宽肩装"（bold look）

随着和平时期的到来，大批军人退伍后重返故土，男装库存短缺，男士再难恢复战前那种根据不同时间和场合更换不同服装的着装习惯。西装便服成为男士的万能着装，几乎可以出现在任何场合，双排扣西装也重新回到人们的视线中。

加入战后重建的男人们依然保持着军人的坚毅和服从，他们的服装也仍然保留了军装的痕迹。为了展示魁梧的身材和宽阔的肩膀，男士西装外套使用了又厚又宽的垫肩，让服装的线条看起来十分硬朗；领子、驳头和领带也随之变宽；裤子为高腰，在腰处有褶裥，裤筒肥大，裤口有翻边。美国时尚杂志《时尚先生》（Esquire）将这一造型称为"宽肩装"[12]，与同时代女装的"新风貌"相映生辉。

二、20世纪60—70年代服饰文化

20世纪50年代末的西方社会已经逐渐走出战争的阴霾，经济繁荣发展。战后"婴儿潮一代"在60年代逐渐走向成熟，到1965年，世界人口的5%—10%都是20岁以下的年轻人。[13]相比父辈在战争期间所面临的物资紧俏，这些年轻人见证的是战后经济的飞速增长，两代人之间在价值观和世界观上出现了巨大的鸿沟。经济上富足的年轻人有着强烈的自主意识，他们渴望获得精神上的自由——想象力以及反叛性、煽动性思想的自由，他们追求"另类"和"非主流"，寻求个性与身体的解放。这种颠覆、叛逆、否定的表达方式催生了前所未见的新文化现象——一场关于年轻人的文化风暴，它预示着时尚变革和消费革命的到来。

（一）街头时尚

自19世纪末到20世纪50年代，新的时尚潮流都由巴黎的高级时装屋主导，它们面向的是宫廷和上层社会享有特权的人群，其主要消费力量都来自上流社会的精英阶层。进入60年代，年青的一代成为消费的主体，他们不愿继续沿袭父母的穿着风格，而高级时装业又还没有做好迎接他们的准备，于是年轻人便将目光投向了街头时尚。

当时的英国正流行一股青年亚文化风潮，摩斯族（Mods）、摇滚客（Rockers）、垮掉派（Beatniks）等众多的年轻群体分散在伦敦街头。每一个群体都有着各自完整的价值观、信仰、生活方式和处世哲学。他们拒绝传统的着装方式，主张"反时尚、反主流"，大学校园里的反传统、反体制运动也愈演愈烈，每个群体都在致力于发展出能够表达个人身份和具有群体认同感的时尚风格。摩斯族的信条是"少即是多"（less is more）[14]，他们的形象更像大学生（图16.6），男性喜欢着精致简洁的意大利式小翻领合体西服，背后双开衩，前面三颗纽扣，裤子裤形狭窄，裤口无外翻边，最大围度不超过17英寸（约43厘米）[15]；女性则偏爱穿直筒裤或短裙配靴子。他们大多喜欢聚集在能体现生活品位的爵士乐俱乐

部。摇滚客主要受摇滚音乐的影响，以"活得真实"为行为准则，具有反叛精神，常自视为社会的局外人；[16]他们喜欢骑改装过的摩托车，穿嵌满铜铆钉、人造钻石的皮外套、皮裤或者李维斯（Levis）牛仔裤（图16.7）。垮掉派的年轻人反对对外侵略和种族隔离，偏好穿黑色的高领衫，下身配紧身或者合体的铅笔裤，脚蹬黑色的乐福鞋。

图16.6　摩斯族和他们的小摩托车（1964年《每日镜报》）

图16.7　摇滚客（1964年　摄影：保罗·波佩尔）

第十六章
颠覆与变革——20世纪下半叶服饰文化

20世纪60年代中期,在媒体和市场的高度关注下,青年亚文化现象被推向高潮,并迅速蔓延至整个欧洲和美国。

1966年初,以垮掉派为核心精神的"嬉皮士(hippie)运动"在美国旧金山爆发。[17]其主要原因是越南战争的胶着,无数美国青年被派往前线做无谓的流血牺牲。迷茫的青年人背负着对和平的渴求,掀起了一场反战运动,并逐渐扩大到对习俗、主流与政治的反抗。

嬉皮士蔑视传统,反对精英主义与物质主义,他们的口号是"我们都是平等的"(we are all equal),女权主义者高喊着"解放胸部",要求摆脱一切束缚。在这些年轻人中,经常难以区分男性和女性的时尚风格[18],大家都留着长发,身穿牛仔裤,头系发带(图16.8)。嬉皮士反对社会固有的"制服式"时尚观念,倡导回归自然,厌恶工业制造以及合成产品。[19]跳蚤市场和二手店是他们新的购衣场所,年轻女孩开始翻出过去的物品重新进行创作。[20]各种手工制作的服饰,如扎染衬衫、印花长裙、针织披肩、钩编帽子、手工羊毛套头衫等都是热门单品,夸张的阔腿裤、印第安式的流苏也都是嬉皮士风格的代表。嬉皮士运动为当时的时尚提供了一种中性和民间风格兼具的基调。

图16.8　早期嬉皮士(1967年　摄影:欧文·佩恩)

20世纪60至70年代的城市亚文化创造了独特的街头时尚。各个亚文化群体颇具个性的着装风格不仅为大众提供了更多选择，也为潮流和趋势注入了新的创意，成为众多服装设计师的灵感源泉。

（二）迷你裙（mini skirt）与印花长裙

超短裙早在20世纪50年代末便已出现，但是其裙长一直难以为大众所接受，时尚杂志 *Vogue* 在1962年4月的期刊中，甚至对这种长度仅至膝盖以上3—4英寸的短裙进行了明确的否定。[21]然而，随着青年群体的成长，年轻人与传统时尚阵营展开了艰难的拉锯。60年代中期，主流设计师们终于开始接纳这股新生力量。

图16.9　安德烈·库雷热的作品（1964年）

1964年，法国时装设计师安德烈·库雷热（André Courrèges）首次在时装发布会上将裙子的长度提升至高于膝盖的位置，并搭配白色或彩色的小短靴（图16.9），久违地露出了女性迷人的双腿，成为60年代最经典的造型之一。

不过，真正让迷你裙大众化并且席卷欧美的是英国设计师玛丽·昆特（Mary Quant）。早在1958年，玛丽·昆特便在伦敦切尔西的国王路（King's Road）开设了一家小精品店——芭莎（Bazaar）。这原本是一家买手店，可是当昆特发现她很难挑选到适合年轻人的衣服后，她决定自己设计服装。受街上摩斯族简洁的意大利式服装和库雷热的启发，昆特于1965年设计了具有个人风格的超短裙，并以她最爱的汽车迷你库帕（Mini Cooper）为这款裙命名，称为"迷你裙"（mini skirt）。[22]她设计的迷你裙与多彩的连裤袜相搭配，成为当时年轻女性最为钟爱的打扮(图16.10)。在迷你裙流行的时期,其长度一直是年轻女性展示个人魅力的焦点,也被设计师们不断上调。1968年,甚至出现了超级迷你裙(micro-mini skirt),其裙长仅至臀部以下2厘米的位置。[23]

图16.10　玛丽·昆特和她的模特们(1967年)

迷你裙的设计打破了传统的服装观念、比例和平衡,它线条简洁、色彩跳跃、面料易于打理,年轻女性穿上它之后不需要再搭配珍珠、皮草,也不用在意穿着所暗示的社会等级。这样的服装对于年轻人来说,既经济实惠,又充满朝气。

从20世纪60年代后期开始,与超短裙同时流行的还有各种源自嬉皮士风格的长裙。早期的嬉皮士们大概没有想到,那些曾经被他们视为反主流时尚的服装元素,后来被设计师们融入了高级时装系列之中。[24] 其中印花齐脚踝长裙更是作为嬉皮士奢华风格的代表,成了很多富人外出旅游度假时最为钟爱的服装。

不同长度的超级迷你裙、迷你裙、迷笛裙(midi skirt)和马克西长裙(maxi skirt)[25]在这一时期同时流行。女性的裙长不再受单一流行趋势所左右,而是由

图16.11 安德烈·库雷热的作品（1968年 美国大都会艺术博物馆藏）

图16.12 用卡丁布制作的"鸡蛋盒"裙（1968年 皮尔·卡丹档案馆藏）

穿着者根据个人喜好做出选择。

（三）太空时代（Space Age）与新材料

20世纪60年代是一个充满重生与冒险的时代。

1961年4月12日，苏联宇航员完成了首次太空载人飞行。1969年7月，美国阿波罗11号成功地将人类送上了月球。人们对科技进步的热情高涨，开始了对各种新材料的尝试，时装领域也随即展开了一场关于现代科技与外太空的畅想，出现了全新的未来主义风格服装，最新开发的材料如塑料、蜡光织物、闪亮的PVC材料等被广泛用于制作外套、裙子和首饰（图16.11）。[26] 1964年，安德烈·库雷热在春夏时装发布会上推出以太空为灵感的"月光女孩"（Moon Girl Look）系列。他以颇具未来感的白色和银色为主色调，搭配"宇航员"头盔、小山羊皮月球靴和巨大的白色太阳镜，描绘了一幅充满未来主义风格的画面。皮尔·卡丹（Pierre Cardin）在1966年秋季也推出了"宇宙服风格"（Cosmocorps Look）系列，他把新型面料、拉链以及金属材料等运用到高级时装中，将他标志性的几何美学和服装的未来科技感展现得淋漓尽致。皮尔·卡丹甚至还研发了一种名为"卡丁"（Cardine）的新织物，专门用于制作他设计的那些廓形简洁而特别的服装（图16.12）。

（四）吸烟装

20世纪60年代，法国时装设计师

们开始将裤装纳入他们的时装系列。1966年，迪奥的接班人伊夫·圣洛朗（Yves Saint Laurent）在秋冬高级时装发布会上推出了具有划时代意义的女装"吸烟装"（Le Smoking），这是他以男士吸烟装为灵感创作的三件式细条纹女套装，由无尾礼服外套、高腰长裤和马甲组成，保留了男式西服套装的经典结构。在那个鲜有女性穿长裤套装的年代，女士吸烟装的出现打破了性别刻板印象，颠覆了女性在正式场合只能穿裙子的传统观念，此后，中产阶级女性也开始逐渐接纳了裤装。[27]

1975年，法国版 *Vogue* 杂志刊发了由时装摄影师赫尔穆特·纽顿（Helmut Newton）拍摄的吸烟装黑白照片 *Rue Aubriot*（图16.13）。这张照片是时尚摄影史上的经典之作。照片中的女性手持香烟，姿态慵懒而优雅，展现出一种随性而自信的迷人气质。吸烟套装由此进入了更多人的视野，开启了70年代无性别设计的风潮。

（五）艺术时尚

20世纪60年代的女装廓形简洁，这让它成为展现艺术作品理想的画布。超现实主义（Surrealism）、立体主义（Cubism）和波普艺术（Pop art）作品都被转化为织物图案，出现在了服装面料上。

1966—1967年，金宝汤（Campbell Soup）食品公司受波普艺术家安迪·沃霍尔（Andy Warhol）作品的启发，用纸张制作生产了一批金宝汤连衣裙作为营销工具（图16.14）。1965年，伊夫·圣洛朗创作

图16.13 伊夫·圣洛朗设计的吸烟装
（1975年 赫尔穆特·纽顿基金会藏）

图16.14 纸制裙 金宝汤连衣裙
（1966—1967年 美国大都会艺术博物馆藏）

了"蒙特里安裙"（Mondrian dress）（图 16.15），他在直筒连衣裙上大胆地使用了"新造型主义之父"皮特·蒙德里安（Piet Cornelies Mondria）的作品[28]，为高级时装带来了一种新的雅致。这款直筒裙后来在经由杰奎琳·肯尼迪（Jacqueline Kennedy）穿着并登上《女装日报》之后，迅速流行起来。

在蒙德里安系列大获成功之后，伊夫·圣洛朗于 1966 年推出了"波普艺术"系列；1979 年设计了"毕加索系列"（Picasso collection）（图 16.16）；在 1988 年的时装秀上，他用有 22 种颜色的 250,000 个相互叠搭的珠片效仿凡·高的笔触将油画《鸢尾花》呈现在了晚礼服上。[29]

图 16.15　伊夫·圣洛朗创作的"蒙特里安裙"（1965 年　摄影：皮特·纳普）

图 16.16　伊夫·圣洛朗创作的"毕加索晚装"（1979—1980 年　摄影：约翰·埃尔德森）

（六）迪斯科服装

1977 年，电影《周末夜狂热》（Saturday Night Fever）的热映让迪斯科风靡美国和欧洲。演员约翰·特拉沃尔塔（John Travolta）在电影中所穿的白色三件套西装成为这个年代标志性的男装（图16.17），[30]迪斯科也从此进入主流，达到流行的顶峰。[31]

在迪斯科舞厅里，年轻的女性常穿着通常只有在游泳或者滑冰时才穿的氨纶（spandex）紧身连体衣（leotard）搭配高饱和度的服装，例如黄色的热裤（hot pants）、紫色的连裤袜（tights）和橘色的高水台鞋等，展示出独特的色彩审美。[32]闪闪发亮的挂脖长裙（halter dress）（图16.18）也是迪斯科舞厅中十分流行的装束，这些由色彩鲜艳、对比强烈的缎面、亮片和天鹅绒组成的服装是舞池中的焦点，它们在反射球光线的映衬下，显得格外耀眼。

图16.17 电影《周末夜狂热》中穿白色西装的约翰·特拉沃尔塔（1977年 Everett collection）

图16.18 候司顿（Halston）迪斯科晚装（1974年 美国大都会艺术博物馆藏）

（七）新的购物场所——精品屋（the boutique）

从20世纪60年代中期开始，欧洲和北美市场涌现出像"芭莎"那样的精品屋——一种专门为青少年顾客设计的小型服装店，开启了一种新型购物方式。不

图16.19 在伦敦比芭（Biba）精品店内的年轻客户（1965年 摄影：罗伊·米利根）

同于传统的时装屋和大型百货公司，精品屋里通常播放着流行音乐，提供的是适合年轻人的小尺码服装。有的精品店甚至设有咖啡吧台，将购物与社交融为一体（图16.19）。年轻的店主会与顾客一起讨论和尝试新的造型，共同营造出轻松、时髦的购物氛围。[33] 时尚开始从普通人群和小型的精品屋中诞生。

1966年，伊夫·圣洛朗将业务重心从高级时装转向了成衣行业，他的精品连锁店Rive Gauche开业，并迅速扩展到全球160个分支机构。这一举措引发时装设计师们的纷纷效仿。[34] 高级时装品牌副线产品和精品店如雨后春笋般涌现。到1971年，仅英国便出现了将近15,000家精品店，[35] 成衣的销售量也被不断推向新高。

（八）朋克（punk）风

"朋克风"是一种源于反主流文化运动——朋克运动的时尚风格，它诞生于20世纪70年代中期的英国。当时的年轻人愤怒于失业率的不断上升，对现实社会产生了极大的怀疑和强烈的不满，他们拒绝"和平与爱"（Peace & Love），提出新的口号"没有未来"（No Future）希望通过狂放宣泄的方式将自己从既定社会中解放出来。

1971年，英国服装设计师维维安·韦斯特伍德（Vivienne Westwood）和她后来的丈夫马尔科姆·麦克拉伦（Malcolm McLaren）合伙在伦敦英王大道开设了一家名叫"尽情摇滚"（Let It Rock）的小型精品屋[36]。起初，店里主要售卖20世纪50年代的唱片和韦斯特伍德设计的服装。后来，麦克拉伦成为摇滚乐队"性手枪"（Sex Pistols）的经理人，韦斯特伍德开始为乐队设计演出服，她的设计利用了20世纪70年代初工人阶级对英国社会的幻灭感，将新兴街头风格的元素融入与朋克音乐有关的极度叛逆的装束中，[37] 具有强烈的反时尚性和煽动性。在她设计的那些凌乱、宽松、破旧的衣服上，常有切口或撕裂，上面饰满安全别针、链

第十六章
颠覆与变革——20世纪下半叶服饰文化

条和铆钉；黑色皮衣、超短裙和渔网袜与各种本不相配的配饰混搭在一起；无政府主义口号和挑战性图案也是她的设计主题（图 16.20）。韦斯特伍德力图通过设计服装来撼动传统的政治和性别秩序，[38] 其激进的设计与"性手枪"乐队一起对朋克风的形成起到了重要的引导作用。在他们的带动下，朋克风很快引起了广泛的关注和争议，并在时尚和音乐圈中迅速蔓延。

维维安·韦斯特伍德后来专注于时装设计，逐步形成了自己的朋克时尚风格。她不断向传统时尚发起挑战，将街头流行变成普及的时尚潮流。[39] 在她的设计中，表现那些破口子、破洞和污点是为了将边缘人物、贫困者或非主流重新融入时尚的语法中[40]，她通过摧毁旧的东西，创造了新的存在[41]。她和同时代的其他朋克风设计师一起掀起了一场时装界的革命，将朋克风格带给了更多的观众。

图 16.20 马尔科姆·麦克拉伦和维维安·韦斯特伍德（右）（1976年）

（九）男装革命

20世纪60年代到70年代初，文化的多元性以及社会的富足，让男装整体呈现出极具创造力的、自由的、"有时俗气但很少无聊"[42] 的景象，男装的风格在这一时期发生了显著改变。

20世纪60年代中期，男性想要重拾法国大革命之前的男装风格，开始追求一种趋于华丽倾向的[43] 着装上的自由。男装的"孔雀革命"（Peacock Revolution）爆发，图案丰富、色彩鲜艳的西装、衬衫和领带开始流行。男装衬衣变得合体收腰，袖口的克夫窄长，裤子低腰，微喇，腰部无褶，紧身，男装的整体风格由过去的简单、严肃变得花哨起来（图 16.21）。

图 16.21 杰西潘尼（JC Penny）服装公司服装宣传册（1975年）

图16.22　披头士乐队成员（1963年）

图16.23　吉米·亨德里克斯（1967年　摄影：Gered Mankowitz）

摇滚明星在这一时期被大部分年轻人和媒体视作群体的代表，无论在舞台上还是生活中，他们极具个性化的服装和发型都是青年文化的象征。[44] 其中最具影响力的是英国摇滚乐队"披头士"（The Beatles），早期带有摩斯族风格的他们梳着齐刘海的长发，脚蹬切尔西靴，穿着同色的四粒扣西装外套搭配衬衣或高领衫（图16.22），他们的穿着低调而精致，看上去如同校园里青涩的大学生。他们的音乐中所传达的对自由、和平以及社会公正的追求，深深触动着人们的心灵；他们在20世纪60年代末的嬉皮士运动中所创作的反战歌曲产生了巨大的回响，他们嬉皮士风格的装扮也被当时的年轻人疯狂追捧和效仿，并成为六七十年代穿着的经典。军装也是当时摇滚音乐人喜爱的表演服装，在流行音乐史上具有重要地位的电子吉他手吉米·亨德里克斯（Jimi Hendrix）就酷爱在舞台上以彩色头巾搭配复古的军装夹克（图16.23）。一时间，军装店成了年轻人时常光顾的地方，穿军装夹克、黑色牛仔裤、机车靴，留长发的摇滚青年随处可见。

这一时期男装的丰富变化充分表达了人们对个性化的追求和自由至上的时装理念，同时也证明男装可以时尚且具有活力，这为之后男装时尚产业的蓬勃发展奠定了基础。

三、20世纪80—90年代服饰文化

20世纪80年代，世界政治格局相对缓和，西方经济全面增长，服装流行趋势呈现出异彩纷呈的局面。在时尚界，品牌的徽标成为身份与地位的重要标志；[45] 在日常生活中，运动装因有氧运动热潮而成为时尚潮流。机车短裤、紧身

裤、超大运动衫、露肩衬衫、3/4长袖上衣、系在腰间的毛衣等单品都是女性平日穿着的热门选择，紧身皮裤、各种款式的牛仔裤和灯芯绒裤也十分流行。一方面，西方传统的优雅审美继续发展；另一方面，解构主义和极简主义风格的服装也同样备受青睐。时尚行业在科技手段的加持下到达了一个新的高度。

（一）"雅皮士"风格与职业时尚

20世纪80年代，美国的经济再次腾飞。很多年轻人在20—30岁的时候便可以获得理想的工作和稳定的收入，开始享受优越的物质生活。他们热衷于通过开汽车、穿名牌、喝速溶咖啡来塑造生活富裕的成功人士形象[46]，于是，"雅皮士风貌"（yuppie look）出现。"雅皮士"通常指生活在大城市的、年轻的职业人士，[47]他们受过高等教育、有着较高的社会和经济地位，偏好拉夫劳伦（Ralph Lauren）服装、古驰（Gucci）猪皮箱包、劳力士（Rolex）手表和打壁球。[48]雅皮士群体并无明确的组织性，但是他们的着装、消费行为及生活方式等却带有较明显的群体特征。

为了满足职场女性对职业套装的需求，20世纪80年代的设计师们为她们设计了"权力套装"（power dress）——一种"像盔甲一般的西装和裙装"[49]。套装的上衣是衬有宽大垫肩的西装外套，搭配阔腿裤或者长过膝盖的铅笔裙（pencil skirt）、夸张的饰品以及尖头高跟鞋。这种硬朗的轮廓模糊了男女两性职业装上的界限，帮助女性在以男性为主导的职场环境建立一种权威感。阿玛尼权力套装（Armani power suit）（图16.24）是女性职业套装的经典之作，它由意大利设计师乔治·阿玛尼（Giorgio Armani）设计，双排扣、软宽垫肩的长款西装上衣弱化了女性的腰臀差，既方便活动又可以保持女性的优雅与威信，是80年代精英女性最钟爱的职业服装之一。

图16.24 穿乔治·阿玛尼权力套装的模特（1989年 摄影：泰德·布莱克布朗）

在20世纪80年代中后期，权力套装也出现在了男装中。男性上班族常着宽肩意大利细条纹双排扣西装，在宽翻领的中间系一条色彩鲜艳且同样宽大的领带，与女性的强势着装形成彼此的呼应。

(二)牛仔裤(jeans)

牛仔裤的起源最早可以追溯至19世纪50年代的美国西部淘金潮。它最初是犹太人李维·斯特劳斯(Levi Strauss)用棕色帐篷布为淘金人制作的工装裤;后来由于布料材质较硬,被改换成深蓝色的斜纹布料丹宁布(denim),即牛仔布。这种牛仔布做的宽腿裤既耐磨又便宜,深受西部牛仔和工人们的喜爱。到19世纪末,牛仔裤已在美国的邮购目录中随处可见,是标准的大批量生产的流水线产品。[50] 20世纪50年代中期,一些城市的年轻人也纷纷穿起了牛仔裤。他们将牛仔裤与简单的白衬衫和棒球外套相搭配,以表达与父母不一样的生活态度。[51] 不过,当时穿着牛仔裤的青少年是不被允许进入学校的。[52] 20世纪60至70年代,年轻人中穿着牛仔裤的比例已经明显高于其他风格的服装,牛仔套装也逐渐流行起来。进入80年代以后,西方掀起了健身热潮,在服装上越发注重展现健美的身材。美国设计师卡尔文·克莱恩(Calvin Klein)设计的高腰牛仔裤借助影星波姬·小丝(Brooke Shields)的广告宣传,获得了极大成功(图16.25),广告中波姬·小丝所展示的玲珑有致的身材线条,让卡尔文·克莱恩牌牛仔裤在一个月内的销量达到了惊人的200万条[53],紧身牛仔裤从此打入了服装的主流市场,并在全世界范围内广泛流行。牛仔裤在各个阶层的普及进一步模糊了服装领域的性别界限,服装中性化的趋势也日趋明显。

图16.25 波姬·小丝牛仔裤广告(1980年)

（三）运动装与时尚

1977年，美国作家詹姆斯·菲克斯（James Fixx）出版了《跑步人生》（The Complete Book of Running）一书，它很快成为非小说类畅销书，并且将慢跑变成了一项风靡美国的运动。无论白天还是晚上，美国街头随处可见身穿运动服的女性，各种品牌的运动装成了时尚的宠儿。1980年，纽约地铁大罢工之后，运动鞋更是从运动场走向街头，千千万万上班族穿着运动鞋奔波在通勤的路上。[54]此外，演员简·方达（Jane Fonda）在20世纪80年代推出的有氧运动视频掀起了一股健身操热潮，紧身连体衣和护腿成为流行的运动服装（图16.26），人造弹性面料氨纶（spandex）被广泛地应用于运动服装，日常运动装的样式获得了极大的丰富。

图16.26　做有氧运动的演员简·方达

人们在挑选运动装时，已不再仅仅关心设计师的名字和品牌本身，他们对产品代言人的追随度日益提高。为了获得更多关注，耐克（Nike）、阿迪达斯（Adidas）、彪马（Puma）等运动品牌纷纷与体育明星建立合作，并在20世纪90年代末开始邀请知名时装设计师推出联名款。从此，运动装成为现代生活理念和舒适着装方式的代表，频繁出现在时尚设计师系列之中。

（四）时尚配件与品牌狂热

20世纪80年代是人造珠宝流行的年代，大号人造珍珠耳环、钻石项链等夸张饰品因其强烈的视觉效果而备受人们的喜爱。斯沃琪（Swatch）手表、友谊手链、圈形耳环和发圈是80年代的日常配饰；彩色头发、侧马尾辫和竖刘海都是最常见的发型；浅粉色嘴唇和闪光的蓝色眼影也都十分受欢迎。马丁靴依旧受到年轻人的偏爱，它常常与碎花连衣裙之类的女性特征极强的服装相搭配，呈现出一种不寻常的混搭效果。

与此同时，奢侈品市场越来越重视品牌管理，产品品牌成为公司至关重要的有形资产。卡尔·拉格菲尔德（Karl Lagerfeld）在1983年接管香奈儿之后，加大了香奈儿菱格纹金属链手提包的双C商标，在满足人们希望通过服饰来显示自己身份的心理的同时，也吸引了追求优越生活品质的年轻人，使这款手提包成为具有标志性的单品。拉格菲尔德的这一有效举措对其他奢侈品牌产生了深远影响，芬迪（Fendi）、迪奥、古驰（Gucci）和路易·威登（Louis Vuitton）等公司也先后推出了使用醒目商标的产品和服饰，这些品牌多为品牌名称首字母缩写的商标，以直观的视觉效果吸引了众多消费者，强化了品牌识别度和市场影响力。

（五）日本浪潮

巴黎的日本浪潮始于20世纪60年代末。1964年，日本服装设计师高田贤三（Kenzo Takada）移居巴黎，并于1970年因受到ELLE主编的赏识而在巴黎时装界崭露头角。他创立的服装品牌"Kenzo"具有强烈的个人色彩，他将多元文化巧妙地融合在一起，使之成为全球最具影响力的高级成衣品牌之一。在高田贤三取得成功以后，设计师三宅一生（Issey Miyake）也于1973年4月在巴黎举办了时装发布会。他的设计中强调身体与布料两者之间的相融关系，带来了与西方立体剪裁注重人体三维结构完全不同的思路（图16.27），在巴黎引起了轰动，为随后到来的日本设计师打下了良好的基础。三宅一生后来的作品还贯穿了"一块布"（A Piece Of Cloth）的理念，借鉴东方制衣技术以及包裹缠绕的方式，在结构上任意挥洒，[55]他在1993年发布的"Pleats Please"褶皱系列，时至今日仍是品牌的经典系列。

图16.27　三宅一生茧型衣（1976年　摄影：Noriaki Yokosuka）

1981年，设计师川久保玲（Rei Kawakubo）和山本耀司（Yohji Yamamoto）跟随着前辈的脚步来到巴黎，他们在首场时装秀上发布的那些不对称、充满破洞的宽松的衣服（图16.28、图16.29），立刻受到了时装界的关注，也引发了时尚评论家们的争议。在他们的作品中，衣服不再以身体的形状为基本依托，而是将设计语言集中在服装的结构上，利用对服装面料的分解、重构，打造出不对称和不规则的形状，用创新的裁剪创造与人体不协调的轮廓，[56]彻底改变了服装与身体的互动方式。他们的作品在某种程度上，更像是用有肌理质感的布料做成的雕塑。日本设计师们的理念影响了一大批西方时装设计师，例如解构主义设计师马丁·马吉拉（Martin Margiela）、德国极简主义设计师吉尔·桑达（Jil Sander）和美国的"哥特极简主义"设计师瑞克·欧文斯（Rick Owens）等。他们在设计中所表达的对传统服装设计观念和审美思想的质疑，促使人们重新审视对既有事物的认知，以及服装的审美和内涵。

图16.28　山本耀司作品（1983年　美国大都会艺术博物馆藏）

图16.29　川久保玲作品（1982年　维多利亚与阿尔伯特博物馆藏）

（六）怀旧与复古风

20世纪80年代，时装界掀起了一股复古风潮。设计师们将历史碎片拼贴为新的整体，以不同的方式投射往日的图像。[57]

维维安·韦斯特伍德和让·保罗·高缇耶（Jean Paul Gaultier）是这一时期的重要代表，他们将紧身胸衣设计成外衣，颠覆了传统服装的穿着方式和审美观念。韦斯特伍德在1982年的"泥土的乡愁（Nostalgia of mud）"系列中，首次将泥土色胸罩穿在了衬衣的外面，打破了传统内衣的穿着界限。在1987年发布的"哈里斯粗花呢（Harris tweed）"系列和1990年秋冬的"肖像画（Portrait）"系列中，她继续对传统紧身胸衣进行重新演绎，从17世纪和18世纪的时尚中汲取灵感，利用萨维尔街（Savile row）[58]传统的裁剪技术，将洛可可时期奢华的紧身胸衣进行现代化改造。她将华托的绘画作品印在紧身胸衣上，去掉紧身胸衣中的鲸须，在两侧使用莱卡等有弹力的布料，并且用拉链替代了系带（图16.30），[59]这不仅大大提高了紧身胸衣的舒适度，更为之赋予了一种新的时尚语言。

图16.30　1990年秋/冬的"肖像画"系列

1984年，年轻的法国时装设计师高缇耶设计了圆锥形胸罩连衣裙，1991年，他又为麦当娜的演唱会《金发雄心》（Blonde Ambition）设计了著名的金粉色子弹胸衣（图16.31）。在高缇耶的作品中，紧身胸衣已不再是束缚女性的工具，而是女性权力的象征。它们以夸张的造型和独特的剪裁展现了女性叛逆且充满力量的时尚之美。

如今，紧身胸衣虽然已极少出现在普通人的衣橱中，但是它仍是时装走秀和时尚杂志的常客，以其独有的方式演绎着不同时代对于性别的不同诠释。

图16.31　麦当娜（1990年）

迷你裙也在20世纪80年代卷土重来，它常常出现在MTV、说唱和嘻哈表演中，时装秀上也会频繁出现它的身影。迷你裙成了流行文化的支柱。[60]不过，与60年代迷你裙折射出的青春与叛逆不同，80年代的女性穿着迷你裙时常常搭配细高跟尖头皮鞋，她们彰显的是性感而成熟的女性魅力。

（七）新的服饰表达

在20世纪的最后十年，出现了一大批创作激进而先锋的时装设计师。他们的作品以创新的设计、精湛的剪裁和充满戏剧性的表达向当代人传递着无与伦比的美和张力。

英国设计师亚历山大·麦昆（Alexander McQueen）便是其中的一位佼佼者。麦昆16岁时就跟随伦敦萨维尔街的裁缝师学习，并且在戏剧服装公司工作了两年，这段经历让他拥有了高超的裁剪技术和丰富的服装史知识。1992年，麦昆进入中央圣马丁艺术与设计学院（St.Martin's College）修读时装设计，并于1993年成立了自己的服装品牌。他早期的时装秀以一款几乎可以看见股沟的极低腰裤（bumster）震撼了整个时装界，也为他赢得了"坏孩子"的"美誉"。[61]随后，他的作品日渐成熟，"层层叠叠、充满视觉冲击力，像是一个个表达出些许黑暗与人性光辉的幻觉"[62]。他的1995/1996年秋冬系列"高原强暴"，源自他对于那段高原上的祖先被掠夺的历史的耿耿于怀，[63]而1999年的春夏"NO.13"系列（图16.32）则是为了提醒自己不要忘记双手，它们既继承了工匠的技巧又能运用最新的科技[64]，在这一系列中，有着最为著名的场面：穿着白色裙装的模特莎洛姆·哈罗（Shalom Harlow）站在舞台中央的圆形转盘上，像八音盒中的洋娃娃一样不停旋转，两台机

图16.32　麦克·奎恩1999年春夏"NO.13"系列

器手臂如侵略者般疯狂地朝她身上喷洒黑色和黄色的荧光油漆。秀场上的戏剧性表达是麦昆作品的意义所在，展现出的是他对历史与人性的深刻思考。他的作品中常融入骷髅头、鸟类、印花等元素，以一种夹杂着暴力和恐惧的方式，在性感的同时呈现女装中罕有的力量感。

侯赛因·卡拉扬（Hussein Chalayan）是20世纪90年代出现的另一位天才设计师。他早期在学习建筑的同时就热衷于研究人体与空间的互动方式，后来他又进入中央圣马丁艺术与设计学院学习时装设计。他的作品拥有强烈的叙事性和科技感。早在1993年，他的毕业设计作品"The Tangent Flows"就让他在时装界一鸣惊人。他将衣物包裹铁屑埋在泥土里，六周之后再挖出来，用服装表面的铁锈向观众展示抽象的时间在面料上的具象表现。在他的"航空邮件（Airmail）"系列中，他使用白色杜邦纸（Tyvek）作为时装的材质，用一个能够变成裙子的信封讲述着儿子与母亲分离的故事。在他的2000年秋冬"Afterwords"秀场上，模特将咖啡桌缓缓拽起，像裙子一般穿在身上（图16.33），这种便携家具式的时装是他对自己动荡儿童时代的温情折射。在卡拉扬的设计中，还出现过可被遥控的连衣裙、遇水能溶解的裙子等，每一件作品都是他关于时间、生命和家园的自语。

图 16.33　侯赛因·卡拉扬 2000 年秋冬时装秀"Afterwords"秀场

20世纪90年代的青年设计师们用他们独特而前卫的设计，展示着对服装的重新定义和服装功能的探索，也为今天的设计师和人们的服装观念带来了深远的影响。

※ 本章小结

自第二次世界大战以后，传统的等级、种族、性别和性观念被不断挑战，性别的藩篱被逐渐打破；身体与服饰之间的关系也被反复重新诠释，时尚被分裂成了一个个小的群体，人们的着装习惯已不再趋向于同一个风格的发展。服饰的流行趋势敏感于社会的每一个动向，变得越来越多样。在不断的颠覆和变革中，服饰的变幻呈现出了异彩纷呈的局面，没有了绝对的规律可循。但是，服饰始终如同一面魔镜，清晰而客观地映照着社会的变革以及人们思想观念、生活方式和价值观的转变。

☼ 思考题

1. 请结合现代服饰的街头风格，举例论述年轻人服饰中的自我表达。
2. 自千禧年以来，男装套装的风格由过去强调男性的"强大、成功"转变为"年轻、苗条和性感"，请就此现象发表个人的看法并探讨发生这种转变的原因。
3. 在20世纪末期，时装设计师的作品开始呈现出强烈的戏剧性、叙事性和科技感。请结合21世纪新型科技手段的强势介入，谈谈你对未来服饰发展的展望。

【注释】

[1] "婴儿潮"特指第二次世界大战后因婴儿出生率大幅提升，而产生的"4664"现象：即从1946年至1964年，这18年间人口高速增长，这一人群被通称为"婴儿潮一代"。

[2] COLE D J, DEIHL N. The history of modern fashion [M].London：Laurence King Publishing，2015：208.

[3] 波希娜.迪奥传 [M].尉晓东，潘洋，译.北京：中国旅游出版社，2008：138.

[4] 波希娜.迪奥传 [M].尉晓东，潘洋，译.北京：中国旅游出版社，2008：139.

[5] PALMER A. Dior：A new look，a new enterprise（1947-57）[M].London：V&A Publishing，2019：48.

[6] 维多利亚与阿尔伯特博物馆，https：//collections.vam.ac.uk/item/O75379/bar-skirt-suit-christian-dior/.

[7] COLE D J, DEIHL N. The history of modern fashion [M].London：Laurence King Publishing，2015：210.

[8] 波娜.迪奥传 [M].尉晓东，潘洋，译.北京：中国旅游出版社，2008：143.

[9] NÉRET G.1000 dessous：a history of lingerie [M]. Los Angeles：Taschen，2008：206.

[10] FUKAI A. The collection of the Kyoto costume institute：fashion，a history from the 18th century to the 20th century [M].Kyoto：Taschen，2013：542.

[11] Fashion flashback：Givenchy，1952 [EB/OL].[2025-02-01].https：//www.life.com/lifestyle/givenchy-rare-and-classic-photos-from-a-fashionable-life/.

[12] COLE D J, DEIHL N. The history of modern fashion [M].London：Laurence King Publishing，2015：226.

[13] BOUCHER F. 2000 Years of fashion：the history of costume and personal adornment [M].New York：Harry N. Abrams，1987：423.

[14] POLHEMUS T. Streetstyle [M] .New York: Thames and Hudson, 1995: 52.

[15] POLHEMUS T. Streetstyle [M] .New York: Thames and Hudson, 1995: 51.

[16] POLHEMUS T. Streetstyle [M] .New York: Thames and Hudson, 1995: 55.

[17] POLHEMUS T. Streetstyle [M] .New York: Thames and Hudson, 1995: 64.

[18] COLE D J, DEIHL N. The history of modern fashion [M] .London: Laurence King Publishing, 2015: 303.

[19] 弗格.时尚通史 [M] .陈磊, 译.北京: 中国画报出版社, 2020: 386.

[20] WORSLEY H. Decades of fashion [M] .London: Getty Image, 2004: 549.

[21] COLE D J, DEIHL N. The history of modern fashion [M] .London: Laurence King Publishing, 2015: 278.

[22] COLE D J, DEIHL N. The history of modern fashion [M] .London: Laurence King Publishing, 2015: 278.

[23] PRZYBYSZEWSKI L. The lost art of dress: the women who once made America stylish [M] .New York: Basic Books, 2014: 296.

[24] CONNIKIE Y. Fashions of a decade: the 1960s [M] .New York: Chelsea House Publishers, 2007: 56.

[25] "midi skirt" 即"中长裙","maxi skirt" 即"超长裙"。

[26] COLE D J, DEIHL N. The history of modern fashion [M] .London: Laurence King Publishing, 2015: 277.

[27] 克兰.时尚及其社会议题: 服装中的阶级、性别与认同 [M] .熊亦冉, 译.南京: 译林出版社, 2022: 146.

[28] FUKAI A. The collection of the Kyoto costume institute: fashion, a history from the 18th century to the 20th century [M] . Kyoto: Taschen, 2013: 571.

[29] 美国大都会艺术博物馆,https://www.metmuseum.org/perspectives/articles/2023/12/yves-saint-laurent.

[30] COLE D J, DEIHL N. The history of modern fashion [M] .London: Laurence King Publishing, 2015: 318.

[31] 弗格.时尚通史 [M] .陈磊, 译.北京: 中国画报出版社, 2020: 407.

[32] HERALD J. Fashions of a decade: the 1970s [M] .New York: Chelsea House Publishers, 2007: 52.

[33] PRZYBYSZEWSKI L. The lost art of dress: the women who once made America

［33］stylish［M］.New York：Basic Books，2014：184，341.

［34］CONNIKIE Y. Fashions of a decade：the 1960s［M］.New York：Chelsea House Publications，2007：17.

［35］PRZYBYSZEWSKI L. The lost art of dress：the women who once made America stylish［M］.New York：Basic Books，2014：184，341.

［36］后来这家店几度易名，从"人生苦短（Too Fast to Live，Too Young to Die）"到"性（Sex）"再到"煽动者（Seditionaties）"。

［37］克兰.时尚及其社会议题：服装中的阶级、性别与认同［M］.熊亦冉，译.南京：译林出版社，2022：211.

［38］盖奇，卡拉米娜.时尚的艺术与批评：关于川久保玲、缪西亚·普拉达、瑞克·欧文斯……［M］.孙诗淇，译.重庆：重庆大学出版社，2019：17.

［39］中国大百科全书.朋克风格［EB/OL］.（2023-07-25）［2024-06-12］.https：//www.zgbk.com/ecph/words?SiteID=1&ID=183076&Type=bkzyb&SubID=126762.

［40］盖奇，卡拉米娜.时尚的艺术与批评：关于川久保玲、缪西亚·普拉达、瑞克·欧文斯……［M］.孙诗淇，译.重庆：重庆大学出版社，2019：51.

［41］盖奇，卡拉米娜.时尚的艺术与批评：关于川久保玲、缪西亚·普拉达、瑞克·欧文斯……［M］.孙诗淇，译.重庆：重庆大学出版社，2019：19.

［42］鲍斯特德.男装革命：当代男性时尚的转变［M］.安爽，译.重庆：重庆大学出版社，2020：79.

［43］鲍斯特德.男装革命：当代男性时尚的转变［M］.安爽，译.重庆：重庆大学出版社，2020：3.

［44］CONNIKIE Y. Fashions of a decade：the 1960s［M］.New York：Chelsea House Publications，2007：6.

［45］WORSLEY H. Decades of fashion［M］.London：Getty Image，2004：670.

［46］CARNEGY V. Fashions of a decade：the 1980s［M］.New York：Chelsea House Publishers，2007：32.

［47］"Yuppie"字源为"Yup"，即"Young Urban Professionals"的缩写。

［48］PIESMAN M，HARTLEY M. The yuppie handbook：the state-of-the art manual for young urban professionals［M］.New York：Pocket Books，1984：16.

［49］RAMZI L.1980年代的时尚历史课ǀ紧身健身衣正夯、女权当道的Power Suits.与日本设计师主宰的概念时尚［EB/OL］.（2024-06-21）［2025-03-21］.https：//www.

vogue.com.tw/article/1980s-fashion-history-lesson.

［50］克兰.时尚及其社会议题：服装中的阶级、性别与认同［M］.熊亦冉，译.南京：译林出版社，2022：99.

［51］WORSLEY H. Decades of fashion［M］.London：Getty Image，2004：456.

［52］Fashion：the definitive history of costume and style［M］.New York：DK Publishing，2012：345.

［53］弗格.时尚通史［M］.陈磊，译.北京：中国画报出版社，2020：427.

［54］CARNEGY V. Fashions of a decade：the 1980s［M］.New York：Chelsea House Publishers，2007：10.

［55］三宅一生官网，https：//www.issey miyake-shop.com/brand-story/.

［56］盖奇，卡拉米娜.时尚的艺术与批评：关于川久保玲、缪西亚·普拉达、瑞克·欧文斯……［M］.孙诗淇，译.重庆：重庆大学出版社，2019：40.

［57］盖奇，卡拉米娜.时尚的艺术与批评：关于川久保玲、缪西亚·普拉达、瑞克·欧文斯……［M］.孙诗淇，译.重庆：重庆大学出版社，2019：28.

［58］萨维尔街是位于英国伦敦一条拥有200多年历史的裁缝街，以订制男士西装而享誉世界。

［59］Westwood heritage：corsets［EB/OL］.（2023-04-17）［2025-03-21］.https：//www.viviennewestwood.com/en-gb/westwood-world/heritage/westwood-heritage-corsets/.

［60］STEELE V. Encyclopedia of clothing and fashion：2［M］.Detroit：Thomson Gale，2004：416.

［61］COLE D J，DEIHL N. The history of modern fashion［M］.London：Laurence King Publishing，2015：400.

［62］沃特.亚历山大·麦昆［M］.邓悦现，译.重庆：重庆大学出版社，2014：5.

［63］沃特.亚历山大·麦昆［M］.邓悦现，译.重庆：重庆大学出版社，2014：82.

［64］沃特.亚历山大·麦昆［M］.邓悦现，译.重庆：重庆大学出版社，2014：161.

后记
POSTSCRIPT

《服饰与中西文化》通识教育课程教材即将付梓，回顾并不轻松的写作过程，体会良多。由于无前人范本可供参考，为了写好这本服饰文化类通识课教材，我们反复斟酌，不断调整，几易其稿。写作原则逐步清晰：一是以教材体例为纲，避免长篇累牍，力求简明扼要；二是突出通识教育的本质，打破学科的壁垒，让专业知识更具普遍性；三是避免简单罗列芜杂的服饰百态，注重知识与价值的双重传递，择取最具典型性的中西服饰现象及事件，廓清眉目、突出重点；四是强调文化比较观，把握中西服饰在长时段内的发生演变规律，力图呈现两种文化的特异性所在，为深入理解中国文化精神提供"他者"视角。

我们以共同讲授的"服饰与中西文化"课程为研究基础，依托各自的专业方向，分别承担了中国和西方服饰文化的撰写工作。在材料甄选、逻辑建构和辞章表达上相互切磋，以确保体例风格的协调统一。在教材写作过程中，我们各自的研究生参与其中，提供了必要协助，他们是：2021级博士生苏文灏，2022级博士生崔晓旋，2023级博士生王丽珺，2021级硕士生田欣、王予芃，2022级硕士生吴婧婧。

由衷地希望本教材的推出为我国高等教育人才在中西服饰文化的观照比较中，理解中华优秀传统文化的精深内涵及当代价值，为中国特色的现代化建设提供不竭的精神动力。由于我们学识有限，本教材一定存在诸多不足，望读者批评、指正。

张玲　谢滋

图书在版编目(CIP)数据

服饰与中西文化/张玲，谢滋著. -- 北京：中国传媒大学出版社，2025.8. -- ISBN 978-7-5657-3928-6

I.TS941.12

中国国家版本馆CIP数据核字第2025KJ3033号

服饰与中西文化
FUSHI YU ZHONGXI WENHUA

著　　者	张　玲　谢　滋
责任编辑	郑　鸣
封面设计	赵　矗
责任印制	李志鹏
出版发行	中国传媒大学出版社
社　　址	北京市朝阳区定福庄东街1号　　邮　编　100024
电　　话	86-10-65450528　65450532　　传　真　65779405
网　　址	http://cucp.cuc.edu.cn
经　　销	全国新华书店
印　　刷	北京中科印刷有限公司
开　　本	710mm×1000mm　　1/16
印　　张	23
字　　数	443千字
版　　次	2025年8月第1版
印　　次	2025年8月第1次印刷
书　　号	ISBN 978-7-5657-3928-6　　定　价　118.00元

本社法律顾问：北京嘉润律师事务所　郭建平